구속사의 관점에서 본

사사기·룻기 파노라마

유 도 순 지음

머릿돌

목 차

사사기

룻기

사사기

머리말

저는 모세 5경과, 여호수아를 강해한 후 사사기를 뛰어, 사무엘상으로 넘어갔습니다.

그렇게 한 이유는,

구속사(救贖史)의 맥락(脈絡)에서 사사시대가 점하는 의미가 무엇인가?

이에 대한 확신(確信)이 서지 않았기 때문입니다.

저는 이 책(구속사의 관점에서 본 사사기, 룻기)을,

① 벌거벗었어도 부끄러운 줄 몰랐던 에덴동산이 낙원(樂園)이었듯이,

“권세 잡은 자(왕)가 없어서 무슨 일이든지 괴롭게 함이 없던”(삿 18:7) 사사시대가, 고도(高度)의 통치체제(統治體制)였다는 것과,

② 그러나 거짓된 인간은 눈에 보이는 왕이 없다고 이를 극도의 혼란(昏亂)한 시대로 만들어 버렸다는 것,

그래서 사사기의 마지막 말씀은,

“그 때에, 왕이 없으므로 사람이 각각 그 소견에 옳은(제멋) 대로 행하였더라”(삿 21:25) 하고 끝을 맺을 수밖에 없었고,

③ 이는 사사기의 결론이 자력구원(自力救援)의 불가능성(不可能性)이라는 것과,

그런데 "사사들이 치리하던 때에"(룻 1:1) 있었던 룻기의 마지막 말씀은, "이새는 다윗을 낳았더라"(4:22) 하고 끝을 맺고 있는데,

④ 이는 인류의 구원이 오직 다윗의 자손으로 오실,

그리스도를 의지할 것밖에는 달리는 소망이 없다는 것을 계시해주고 있다는, 이를 증거하기 위해서 썼습니다.

이 책을 통해서 예수 그리스도를 만날 수만 있다면,

무엇을 더 바랄 것이 있겠습니까?

그리고 이것은 제가 주님께 부름을 받았을 때,

주님과의 약속입니다.

우리교회 원로목사　　유 도 순

사사기 파노라마

사사기는 여호수아가 죽은 후부터 이스라엘에 왕이 세워지기까지의 약 350년의 기간(期間)에 사사들이 치리하던 역사입니다. 다시 상기시켜드립니다만 사사기는 독립적인 책이 아니라 구속사(救贖史)에 있어서 한 시대를 점하고 있는 역사(歷史)라는 사실입니다. 역사임을 어째서 강조하고 있느냐 하면 역사에는 단절(斷絶)이 없기 때문입니다. 그리하여 창세기로부터 시작된 하나님의 구원계획을 이 기간동안 어떻게 이루어 오셨는가를 깨닫는 일에 우리의 관심을 집중시키기 위해서입니다.

여호수아서와 사사기의 연속성

그러므로 최우선적으로 유념해야할 점은 여호수아서와 사사기서의 연속성입니다. 여호수아서는 말미에서, "이스라엘이 여호수아의 사는 날 동안과 여호수아 뒤에 생존한 장로들 곧 여호와께서 이스라엘을 위하여 행하신 모든 일을 아는 자의 사는 날 동안 여호와를 섬겼더라"(수 24:31) 하고 마치고 있는데, 사사기는 그 서두에서, "백성이 여호수아의 사는 날 동안과 여호수아 뒤에 생존한 장로들 곧 여호와께서 이스라엘을 위하여 행하신 모든 큰 일을 본 자의 사는 날 동안에 여호와를 섬겼더라"(삿 2:7) 하고 받고 있는 것입니다.

이 연속성이 어째서 중요하냐하면 사사기에 나타난 정치체제(政治

體制)를 이해하는데 결정적인 단서를 제공해주고 있기 때문입니다. 사사기에는, "그 때에 이스라엘이 왕이 없었다"는 말씀이 후렴처럼 네 번(17:6, 18:1, 19:1, 21:25)이나 등장합니다. 그렇다면, "어찌하여 그 시대에는 왕을 세우시지 않으셨는가?" 하고 마땅히 물어야만 하는 것입니다. 그에 대한 답변이 사무엘상에 나옵니다. 장로들이 마지막 사사라 할 수 있는 사무엘에게 왕을 요구하자 하나님은 말씀하십니다. "여호와께서 사무엘에게 이르시되 백성이 네게 한 말을 다 들으라 그들이 너를 버림이 아니요 나를 버려 자기들의 왕이 되지 못하게 함이니라"(삼상 8:7).

이로 보건대 사사시대는 결코 왕이 없던 시대가 아니었습니다. 하나님께서 친히 왕이 되셔서 다스리신 신정시대(神政時代)였던 것입니다. 이를 알았기에 기드온은, "당신이 우리를 미디안의 손에서 구원하셨으니 당신과 당신의 아들과 당신의 손자가 우리를 다스리소서(왕이 되소서)" 하고 말했을 때에, "내가 너희를 다스리지 아니하겠고 나의 아들도 너희를 다스리지 아니할 것이요 여호와께서 너희를 다스리시리라"(8:22-23) 하고 대답했던 것입니다.

사사기를 통해서 하시고자 하는 말씀이 무엇인가? 기드온이 300명의 적은 군사로 대군을 물리쳤다는 말씀도, 삼손의 이야기도 아닙니다. 첫째가 신정체제(神政體制)입니다. 이점이 어째서 중요하냐 하면 신약시대의 체제가 하나님이 친히 다스리시는 신정체제(神政體制)이기 때문입니다. 이를 망각한다면 오늘날도 왕이 없는 양 제 멋대로 행함으로 사사시대와 같은 혼란에 빠질 수밖에 없는 것입니다. 이는 염려가 아니라 현실적으로 나타나고 있는 현상이기도 합니다. 둘째가, 인간의 죄성(罪性)입니다. 왕이 없는 양 제 멋대로 행한 것은 사사시대가 처음이 아닙니다. 인류의 시조 때부터, 조상 적부터 지금까지 계속되고 있고, 개선(改善)되어 가고 있는 것이 아니라 더욱 악화(惡化)되어가고 있는 것입니다. 이를 보여줌으로 인간의 구원은 전적으로 하나님의 무조건적인 은혜에 기인함을 깨닫기를 원하고 있는 것입니다. 이것이 사사기가 우리에게 주는 메시지입니다.

왕의 제도

왕을 세우게 되면 어떻게 되는가? "열방과 같이 우리에게 왕을 세워 우리를 다스리게 하소서" 하고 장로들이 요구했을 때에 하나님은 말씀하시기를, "그들의 말을 듣되 너는 그들에게 엄히 경계하고 그들을 다스릴 왕의 제도를 알게 하라"(삼상 8:9) 하셨습니다. 여기서 말씀하시는 "왕의 제도"란 왕을 세울 경우, 왕으로 인하여 백성들이 메게 될 무거운 멍에를 뜻합니다. 그런 왕의 제도가 사무엘상 8:10-18절에 나오는데 왕을 세우게 되면, "취하여, 취하여, 취하리니 너희가 그 종이 될 것이라"(삼상 8:17) 하고 말씀합니다. 하나님이 친히 다스리시는 신정제도는 "주시고, 또 주시고, 아들까지 주시는" 베푸는 제도입니다. 그러나 왕정제도는 베푸는 것이 아니라 착취하게 되리라는 것입니다.

이를 아셨기에 경계하시기를, ① 하나님 여호와의 택하신 자를 네 위에 왕으로 세울 것이며, ② 왕 된 자는 말(馬)을 많이 두지 말 것이요, ③ 아내를 많이 두어서 그 마음이 미혹되게 말 것이며, ④ 은 금을 자기를 위하여 많이 쌓지 말 것이니라 하고 경계하신 후에 결정적으로 중요한 말씀은, ⑤ "그가 왕위에 오르거든 레위 사람 제사장 앞에 보관한 이 율법서를 등사하여 평생에 자기 옆에 두고 읽어서 그 하나님 여호와 경외하기를 배우며 이 율법의 모든 말과 이 규례를 지켜 행할 것이라"(신 17:14-19) 하고 명하셨던 것입니다. 그런데 열왕기에 등장하는 왕들 중에 이렇게 행한 왕이 몇이나 됩니까? 이를 아셨기에 왕을 세우시지 않으셨던 것입니다.

하나님이 친히 다스리시던 시대

하나님은 이스라엘이라는 민족을 중도에 간섭하신 것이 아닙니다. 아브라함이라는 한 사람을 택하심으로부터 시작하셨습니다. 택하신 것만이 아니라 "네 씨로 말미암아 천하만민이 복을 얻으리니"(창 22:18) 하신 언약을 세워 주셨습니다. 그리하여 섭리 중에 한 사람이, 한 민족으로 발전한 것이 선민 이스라엘 민족입니다. 하나님은 이 민족을 통해서 천하만민이 복을 얻게 하시려는 계획을 이루어 나가고 계셨던 것입니다. 이것이 창세기, 출애굽기, 민수기, 여호수아, 사사기로 이어져 내려온 것입니다. 그렇다면 사사시대의 통치체제는 무엇인가? 하나님이 거하시는 성막을 중심으로 제사장 지파인 레위 지파를 통해서 다스리시는 체제입니다. 구약시대 내내 하나님의 성막(전)은 중심에 있어왔습니다. 또한 레위 지파는 다른 지파들처럼 한 곳에 모여 살도록 땅을 분배해 준 것이 아닙니다. 각 지파가 얻은 기업에서 나누어 준 48 성읍(수 21:41)에 흩어져 살게 하신 것입니다.

그 48 성읍 가운데는 6개의 도피성이 포함되어 있었는데, 도피성을 6개나 주신 하나님의 의도에서 레위인을 전국 방방곡곡에 분산시켜 살게 하신 의중을 깨달을 수가 있습니다. 오살자가 도피성으로 도망을 가는데 그 거리가 너무 멀면 도중에 잡힐 가능성이 있기 때문에 이를 배려해서 6개나 주신 것입니다. 그렇다면 48개 성읍이나 되는 레위인들의 거주지는 무엇을 의미하겠습니까? 이스라엘 12지파의 아주 가까운 이웃에 레위인들을 골고루 배치하여 백성들을 하나님의 말씀으로 가르쳐 지키게 함으로 살아가도록 하셨던 것입니다. 이것이 레위인들의 사명입니다. 그러므로 레위인들은 백성들의 십일조로 살아가게 하셨습니다. 이것이 사사시대의 신정체제였습니다. 이는 고도(高度)의 정치체제였던 것입니다. 그리고 이것이 바로 신약교회의 체제라는 깨달음입니다. "왕

같은 제사장"들인 성도들이 지구촌 방방곡곡에 배치되어 살아가고 있습니다. 그들을 향하여 주님은 말씀하십니다. "너희는 세상에 소금이다, 너희는 세상의 빛이다". 그리하여 하나님의 나라를 확장해나가게 하신 것입니다. 그렇다면 사사시대에 이러한 체제가 제 기능들을 발휘하고 있었던가? 그리고 오늘날은 어떠한가?

일곱 번의 악순환

사사기는 크게 세 부분으로 나누어집니다. 첫째 부분(1:1-3:6)은 서론이라 할 수가 있는데, 사사시대가 혼란에 빠지게 된 모든 문제점과 원인 등이 요약되어 있습니다. 둘째 부분(3:7-16장)은 7번의 악순환이 되풀이되는 내용입니다. 7번의 악순환이란, ① 여호와를 버리고 다른 신을 좇습니다. ② 진노하사 대적에게 내어줌으로 징벌하십니다. ③ 여호와께 부르짖습니다. ④ 하나님께서 구원자를 세우셔서 구원하여주십니다. ⑤ 그 땅에 평화가 옵니다. ⑥ 시간이 지남에 따라 망각하고 다시 죄를 범합니다. ⑦ 진노하사 대적을 통해서 징계하십니다. 또 부르짖습니다. 구원자를 세우셔서 구원해주십니다. 이러한 악순환이 일곱 번이나 반복되고 있는 것입니다. 어찌 일곱 번뿐이겠습니까? 인류의 시조 아담으로부터 오늘에 이르기까지 이러한 악순환은 역사의 전 과정에서 수도 없이 반복되고 있음을 사사기는 보여주고 있는 것입니다. 이러한 악순환은 개개인 안에서도 되풀이되고 있다는데 경각심을 갖게 합니다. 셋째 부분(17-21장)은 당시의 부패상을 보여주는 두 개의 부록으로 되어 있습니다. 그런데 경각심을 갖게 하는 것은 두 사건의 중심에 "레위인"이 등장하고 있다는 점입니다. 사사기에서 레위인은 순기능으로 행하고 있는 것이 아니라 역기능(逆機能)으로 행하고 있는 것입니다. 그렇다면 그 원인이 어디에 있는 것일까요?

혼란에 빠지게 된 원인들

첫째 원인은 패역한 가나안의 일곱 족속을 완전히 내어쫓지 못했기 때문입니다. 하나님께서는 올무가 될 것을 아시고, "그들을 진멸할 것이라 그들과 무슨 언약도 말 것이요 그들을 불쌍히 여기지도 말 것이며 또 그들과 혼인하지 말지니"(신 7:2-3) 하고 경계하셨으나, 1장에는, ① "쫓아내지 못했다"는 말이 9번이나 반복되고 있습니다. 34절에 보면 "아모리 사람이 단 자손을 산지로 쫓아들이고 골짜기에 내려오기를 용납지 아니했다"고, 도리어 쫓겨 들어간 것을 보게 됩니다. 쫓아내지 못한 결과가 어떻게 나타나고 있는가? ② "이스라엘 자손은 마침내 가나안 사람, 사이에 거하여"(3:5), ③ "그들의 딸들을 취하여 아내를 삼으며 자기 딸들을 그들의 아들에게 주며", ④ "또 그들의 신들을 섬겼더라"(3:6) 합니다. 이는 하나님의 백성들이 세속화(世俗化)되고 타락하였음을 의미합니다. 이처럼 성(性)을 통한 타락은 여기가 처음이 아닙니다. 노아 당시도 그러했으며(창 6:2), 출애굽 당시에도 모압 여자들과 음행함으로 바알브올에게 부속됨으로 염병으로 죽은 자가 2만 4천명이었더라(민 25:9) 합니다. 그리고 이제도, "미혹한 데 행하는 사람들에게서 겨우 피한 자들을 음란으로써 육체의 정욕 중에서 유혹"(벧후 2:18) 하고 있다고 경계하고 있습니다. 음란은 사탄의 최대의 무기인 것입니다.

두 번째 원인은 자녀들의 신앙교육을 등한히 했기 때문입니다. "그 세대 사람도 다 그 열조에게로 돌아갔고 그 후에 일어난 다른 세대는 여호와를 알지 못하며 여호와께서 이스라엘을 위하여 행하신 일도 알지 못하였더라"(2:10) 합니다. 어찌하여 알지 못하게 되었는가? 모세는 이렇게 될 것을 우려하여 죽기 전에 당부하기를, "이스라엘아 들으라 우리 하나님 여호와는 오직 하나인 여호와시니 너는 마음을 다하고 성품을 다하고 힘을 다하여 네 하나님을 사랑하라 오늘날 내가 네게 명하는 이 말씀을 너는 마음에 새기고 네 자녀에게 부지런히 가르치며 집에 앉았을 때에든지 길에 행할 때에든지 누웠을 때에든지 일어날 때에든지 이 말씀을 강론할 것이며"(심 6:4-7) 했는데 이를 귓등으로 들었던 것입니다. 밭을 황폐화시키려면 어떻게 하면 되는가? 그냥 놓아두면 된다. 자녀들을 신앙으로 가꾸기를 게을리 했기 때문에 황무지처럼 되고 만 것입니다.

세 번째 원인으로는 사사기에서는 성막도 제사장의 모습도 찾아볼 수가 없다는 점입니다. 사사시대의 혼란기에 48개 성읍에 흩어져 살게 한 레위인들은 도대체 어디서 무엇을 하고 있었단 말인가? 17장 이하에는 당시의 어두웠던 시대상을 말해주는 두 편의 부록이 있는데 다른 곳에서는 찾아볼 수 없었던 레위인들이 두 사건에 모두 주동자로 등장을 하고 있습니다. 한 레위인 소년은 우상을 섬기는 제사장(17:7)으로, 다른 레위인은 그의 첩으로 말미암아 동족상잔을 일으켜 베냐민 지파가 전멸되게 만드는 원인 제공자로 등장합니다. 사사 말기의 대제사장이었던 엘리와 제사장들인 그의 두 아들을 통해서 사사시대의 제사장 지파의 부패와 타락상을 엿볼 수가 있습니다. "엘리의 아들들은 불량자라 여호와를 알지 아니하더라"(삼상 2:12) 합니다.

여기 중요한 요점이 있는데 사사시대가 타락하게 된 근본원인은, "이 백성이 내가 그 열조와 세운 언약을 어겼다"(2:20)는 데 있다는 점입니다. 그렇다면 열조와 세운 언약이 무엇인가? 이를 시내산 언약으로 보고 윤리적으로 접근하려 합니다. 아닙니다. 아브라함, 이삭, 야곱에게 세워주신 "메시아언약"입니다. 이점이 "너희 열조에게 맹세한 땅으로 이끌어 왔으며(2:1), 그 열조의 하나님 여호와를 버리고(2:12), 내가 그 열조와 세운 언약을 어기고"(2:20) 하신 데서 분명히 드러납니다. "하나님의 미리 정하신 언약을 사백 삼십 년 후에 생긴 율법이 없이 하지 못하여 그 약속을 헛되게 하지"(갈 3:17) 못하는 것입니다. 그들은 메시아를 버리고 우상을 섬겼던 것입니다. 이는 사사시대만이 아니라 구약시대 내내 그러했으며, 어느 시대를 막론하고 복음을 등한히 하게 되면 사사시대와 같은 암흑한 시대가 되고 만다는 것이 사사기가 말씀하고 있는 경고입니다. 그런데 교훈적으로 접근하다보니 이 핵심적인 원인을 놓치고 마는 것입니다.

구원자를 세워주신 하나님

그럼에도 불구하고 하나님께서는 구속사역을 던져버리시거나 중단함이 없이, "여호와께서 그들을 위하여 한 구원자를 세워 구원하게 하셨다"(3:9, 15)고 말씀합니다. 여기에 사사시대뿐만이 아니라 인류의 소망이 있는 것입니다. 사사시대도 "태평"한 시기가 있었습니다. "그 날에 모압 사람이 이스라엘 수하에 항복하매 그 땅이 팔십 년 동안 태평하였더라"(3:30) 합니다. 그런데 태평한 시기의 기사는 침묵한 체, 신음하며 고통 중에 부르짖으매 하나님께서 구원자를 세워 구원하여주셨다는 데 초점을 맞추고 있는 것입니다. 이것은 무엇을 말씀해주고 있느냐 하면 인간의 자력으로는 구원의 가망이 없음을 드러내기 위해서인 것입니다. 그렇다고 사사들이 온전히 구원해줄 수 있었던 것도 아닙니다.

그러므로 사사시대는 "구원자", 곧 왕을 대망하고 있던 시기입니다. 이것을 말해주고 있는 것이 사사기와 사무엘상 사이에 끼어있는 룻기입니다. 룻기는, "사사들이 치리하던 때에…"(룻 1:1) 이렇게 시작하여, "오벳은 이새를 낳았고 이새는 다윗을 낳았더라"(룻 4:22) 하고 마치고 있습니다. 다윗은 이새의 막내아들입니다. 그럼에도 불구하고 어찌하여 일곱 아들을 뛰어넘어, "이새는 다윗을 낳았더라" 하고 말씀함으로 끝마치고 있는가? 사무엘상 16:1절에서 사무엘을 베들레헴 사람 이새에게 보내시면서, "이는 내가 그 아들 중에서 한 왕을 예선하였음이니라" 하고 말씀하심을 통해서 왕이 없던 사사시대에 하나님은 "왕"을 준비하고 계셨음을 계시해주고 있는 것입니다. 그 왕이 일차적으로는 다윗이라 하여도 궁극적으로는 구원자요, 왕이신 예수 그리스도였던 것입니다.

이는 이사야 선지자가, "이새의 줄기에서 한 싹이 나며 그 뿌리에서 한 가지가 나서 결실 할 것이요"(사 11:1) 한 예언과 일치합니다. 선지자들은 한결같이, "내 종 다윗이 그들의 왕이 되리니 그들에게 다 한 목자가 있을 것이라, 내 종 다윗이 영원히 그 왕이 되리라"(겔 37:24-25) 하고 다윗이 그리스도에 대한 예표의 인물임을 증거하고 있습니다.

사사기가 우리에게 어떤 의미가 있는가?

열린 마음으로 바라본다면 교회시대란 사사시대에 세우셨던 신정시대(神政時代)의 성취라 할 수가 있습니다. 구약시대에 주셨던 "성막, 대제사장, 유월절과 오순절과 초막절, 선지자, 왕"이 누구의 예표들입니까? 이는 복음시대의 그림자입니다.

① 지금 가견적(可見的) 교회 앞에는 눈에 보이는 왕은 없습니다. 그러나 우리는 영원하신 진정한 왕을 모시고 있는 것입니다. 모든 문제는 이를 망각하고 제 멋대로 행하는데 있습니다.

② 신약시대는 눈에 보이는 왕만이 아니라 성막도, 제사장도 없습니다. 그러나 성경은, "너희가 하나님의 성전이고, 제사장"이라고 말씀합니다.

③ 사사시대는 신정(神政)의 범위가 이스라엘에 국한되어 있었지만, 교회시대란 "중간에 막힌 담을 허시고" 온 세계로 확장된 것입니다. 그리고 그리스도인들은 레위인들로서 세계 방방곡곡에 흩어져 살아가고 있습니다. 자, 이제 사사기가 우리에게 던지는 메시지는 분명해졌습

니다. 모든 그리스도인들이 자신의 위치에서 소금과 빛의 사명을 감당하라는 말씀입니다. 그리고 "내어 쫓으라", 즉 복음으로 정복해 나가라. 부지런히 가르쳐 지키게 하라는 명령입니다.

④ 이제 생각해보아야만 합니다. "사사기", 하면 대번에 왕이 없던 시기로 암흑시대였다 하고 말하는 경향이 있습니다. 그렇게 한다면 혼란의 책임을 왕을 주시지 않은 하나님께 돌리는 것이 되고 맙니다. 아닙니다. 사사시대는 고도(高度)의 신정체제(神政體制)였던 것입니다. 출발은 좋았습니다. ㉠ "여호와께 묻자와 가로되"(1), 얼마나 좋습니까? 그런데 후에는, ㉡ "사람이 각각 그 소견에 옳은 대로", 즉 제 멋대로 행했다는 것입니다. 모든 문제와 책임은 이를 믿음으로 화답(和答)하지 못한 인간에게 있는 것입니다.

⑤ 다윗은 이를 인식하고 있었습니다. 그러므로 그는 시편에서, "너희는 무지한 말이나 노새같이 되지 말지어다 그것들은 자갈과 굴레로 단속하지 아니하면 너희에게 가까이 오지 아니하리로다"(시 32:9) 하고 경계했던 것입니다. 왕인 내가 너희를 말이나 노새 취급을 해야만 따라오겠느냐는 말씀입니다. 그러나 결국 왕을 세우셔서 그렇게 단속하실 수밖에 없었던 것이 구약시대입니다.

⑥ 그렇다면 신약의 성도들은 어떻게 달라야만 하는가? 역시 말이나 노새같이 자갈과 굴레로 단속해야만 복종하게 된다는 말인가? 그리하여 성도들을 달달 볶듯 해야만 한단 말인가? 그리고 이것이 현실이기도 하다는데 사사기가 현대교회에 주는 메시지가 있는 것입니다. 깊이 생각해보아야만 하겠습니다.

사사기 1장 개관도표
주제 : 유다가 올라갈지니라

이 땅을 그 손에 붙였노라	1-20 여호수아가 죽은 후에 이스라엘 자손이 여호와께 묻자와 가로되 → 우리 중 누가 먼저 올라가서 가나안 사람과 싸우리이까(1) 여호와께서 가라사대 유다가 올라갈지니라 → 보라 내가 이 땅을 그 손에 붙였노라 하시니라(2) 여호와께서 가나안 사람과 브리스 사람을 → 그들의 손에 붙이신지라(4) 여호와께서 유다와 함께 하신 고로 → 그가 산지 거민을 쫓아내었으나 → 골짜기의 거민들은 철병거가 있으므로 그들을 쫓아내지 못하였으며(19) 무리가 모세의 명대로 헤브론을 갈렙에게 주었더니 그가 거기서 아낙의 세 아들을 쫓아내었고(20)
쫓아내지 못하였더라	21-36 베냐민 자손은 → 예루살렘에 거한 여부스 사람을 쫓아내지 못하였으므로 여부스 사람이 베냐민 자손과 함께 오늘날까지 예루살렘에 거하더라(21) 므낫세가, → 거민들을 쫓아내지 못하매 가나안 사람이 결심하고 그 땅에 거하였더니(27) 사역을 시켰고 다 쫓아내지 아니하였더라(28) 에브라임이, → 게셀에 거한 가나안 사람을 쫓아내지 못하매 가나안 사람이 게셀에서 그들 중에 거하였더라(29) 스불론은, → 거민을 쫓아내지 못하였으나 가나안 사람이 그들 중에 거하여 사역을 하였더라(30) 아셀이, → 거민을 쫓아내지 못하고(31) 그 땅 거민 가나안 사람 가운데 거하였으니 이는 쫓아내지 못함이었더라(32) 납달리가, → 거민을 쫓아내지 못하고 그 땅 거민 가나안 사람 가운데 거하였으나(33) 아모리 사람이 → 단 자손을 산지로 쫓아들이고 골짜기에 내려오기를 용납지 아니하고(34)

1장

유다가 올라갈지니라

2여호와께서 가라사대 유다가 올라갈지니라 보라 내가 이 땅을 그 손에 붙였노라 하시니라.

사사기는 여호수아가 죽은 후에(1), 이렇게 시작이 됩니다. 그 전의 여호수아서는, "여호와의 종 모세가 죽은 후에"(수 1:1), 이렇게 시작되었습니다. 하나님께서 모세를 들어서 출애굽하게 하신 시대도 지났고, 여호수아를 들어서 가나안을 정복하게 하신 시대도 지났고, 이제 가나안에 정착하여 여호와께서 친히 다스리시는 신정시대(神政時代)가 시작이 된 것입니다. 그들은 떠났지만 여호와 하나님은, "어제나 오늘이나 영원토록 동일"하시어 구속사역을 계속적으로 이루어 나가시는 것입니다. 여호수아 때에 가나안을 정복하고 분배하여주었으나 "주신 기업"을 온전히 받은 것은 아니었습니다. 다시 말하면 그곳에 사는 거민을 모두 내어쫓고 차지한 것은 아니라는 말씀입니다. 그러므로 여호수아가 죽은 후에도 정복의 싸움은 계속되어야만 했음을 명심한다는 것은 중요(重要)한 요점(要點)이 됩니다. 왜냐하면 하나님의 나라건설을 위한 영적 싸움은 끝난 것이 아니며, 바울이 싸운 선한 싸움도, 그리고 우리가 싸우고 있는 싸움도 같은 연장선상(延長線上)에서 계속되고 있는 싸움이라는 각성(覺醒) 때문입니다. 1장의 중심점은 도표에서 보시는 배대로, "이 땅을 네 손에 붙였노라, 여호와께서 함께 하시매"에 있습니다. 그런데 "쫓아내었고, 쫓아내지 못하였고" 하는 상반(相反)된 결과로 나타납니다. 그렇다면 누구는 쫓아낼 수가 있었고, 누구는 쫓아낼 수가 없었단 말인가? 이를 두 단원으로 나누어 상고하겠습니다.

첫째 단원(1-20) **내가 이 땅을 그 손에 붙였노라**
둘째 단원(21-36) **쫓아내지 못하였더라**

첫째 단원(1-20) 내가 이 땅을 그 손에 붙였노라

"여호수아가 죽은 후에 이스라엘 자손이 여호와께 묻자와 가로되 우리 중 누가 먼저 올라가서 가나안 사람과 싸우리이까"(1).

① 1장을 유심히 관찰해보면 강조점이 유다 지파에 있음을 발견하게 됩니다. "유다"라는 말이 무려 11번이나 등장합니다. 어찌하여 유다에 초점을 맞추고 있는 것일까요? 또 하나 강조하고 있는 것은 "쫓아내지 못하였다"는 말씀입니다. 8번이나 나옵니다.

② 이스라엘 자손들이 여호와께 묻습니다. ㉠ "우리 중 누가 먼저 올라가서 가나안 사람과 싸우리이까? 다시 말하면 선봉(先鋒)에 서리이까 하고 물은 것입니다. 하나님은 대답하십니다. ㉡ "유다가 올라갈지니라". 하나님께서 "유다"가 선봉(先鋒)에 서라고 명하시는 의도가 무엇일까요?

③ 이를 유다 지파가 가장 크고 강한 지파였기 때문으로 여기는 것은

수박 겉 핥기 식입니다. 출애굽 당시에, ㉠ "여호와께서 모세로 명하신 것을 좇아 진행하기를 시작하였는데 수두(首頭)로 유다 자손 진기에 속한 자들이 그 군대대로 진행하였다"(민 10:13-14)는 말씀을 유념할 필요가 있습니다. 출애굽 당시에도 유다 지파가 선두에 서서 인도하였던 것입니다. 이를 구속사라는 관점으로 바라볼 때에 결코 무심한 일이 아닙니다. 왜냐하면 창세기에서 이미 그리스도가 유다 지파에서 나실 것이 예언되어(창 49:10) 있기 때문입니다. ㉡ 이를 시편 기자는 감동적으로 노래하고 있습니다.

이스라엘이 애굽에서 나오며 야곱의 집이
방언 다른 민족에게서 나올 때에
유다는 여호와의 성소(聖所)가 되고
이스라엘은 그의 영토가 되었도다.

유다가 "여호와의 성소(聖所)가 되었다"는 것은, 하나님이 유다에 좌정(坐定)하셨다는 말씀입니다. 그 유다가 선두에서 인도하였다는 것은 하나님께서 자기 백성들을 선두에서 인도하셨음을 의미합니다. 이를 알았기에 시편 68:7절에서는, "하나님이여 주의 백성 앞에서 앞서 나가사 광야에 행진하셨을 때에" (셀라), 하고 감격해 하고 있는 것입니다. 그런데 우리는 좀 더 나아가야만 합니다. 왜냐하면 광야교회 당시에도 그리스도께서 선한 목자가 되셔서 저들을 선두에서 인도하여주셨다는 깨달음 때문입니다.

바다는 이를 보고 도망하며
요단은 물러갔으며
산들은 수양같이 뛰놀며

작은 산들은 어린양같이 뛰었도다.

얼마나 감동적인 묘사입니까? 홍해(바다)와 요단강이 갈라진 것은 왕(王)의 행자(行次)를 보고 길을 열어드렸다는 시적인 표현입니다. 그리고 산들은 수양같이 뛰놀았다는 것입니다. 그런데 신약의 성도들이 이를 보지 못하고 알지 못하고 있다면 부끄러운 일이 아니겠습니까? 그러므로,

바다(홍해)야 네가 도망(갈라짐)함은 어찜이며
요단아 네가 물러감은 어찜인고
너희 산들아 수양같이 뛰놀며
작은 산들아 어린양같이 뛰놂은 어찜인고(시 114:1-6) 하고 묻고 있는 것입니다.

몰라서가 아닙니다. 시편기자는 독자인 우리를 향하여 "너희에게도 이와 같은 감격과 감동이 있느냐" 하고 묻고 있는 것입니다.

④ 왜 올라가야만 합니까? ㉠ "싸우러" 나가기 위해서입니다. 그러므로 유다가 앞장서서 싸우러 올라가라는 명제는 우리가 생각하는 것보다 깊은 뜻이 내포되어 있는 것입니다. 여호수아는 죽기 전에 행한 고별설교에서, ㉡ "너희가 다 보았거니와 너희 하나님 여호와 그는 너희를 위하여 싸우신 자시니라"(수 23:3) 하고 선언했습니다. 지금까지 승리할 수 있었던 것은 여호와가 우리를 위하여 싸우셨기 때문이라는 고백입니다. 그러면서 앞으로도, "너희 하나님 여호와 그가 너희 앞에서 그들을 좇으사 너희 목전에서 떠나게 하시리니 너희 하나님 여호와께서 너희에게 말씀하신 대로 너희가 그 땅을 차지하리라"(수 23:5) 하고 격려를 합니다. 말씀하신 대로 하나님은 유다지파를 성소로 삼으셔서 그

들 "앞에서" 싸우러 출진(出陣)하시겠다는 뜻이, "유다가 올라갈지니라" 하신 말씀 속에 함의되어 있는 것입니다. 그리고 이제도 우리 앞서 싸우시는 하나님이신 것입니다. 이점을 계시록(계 17:14, 19:11-14)에서 생생하게 대할 수가 있습니다.

주의 백성 앞에서 행하시는 하나님

① "보라 내가 이 땅을 그 손에 붙였노라"(2하) 하십니다. 이 점이 중요합니다. 하나님은 아브라함에게, "이 땅을 네 자손에게 주리라"(창 12:7, 13:15, 15:7, 15:18, 17:8) 하고 약속하셨습니다. 이삭에게도, "이 모든 땅을 너와 네 자손에게 주리라"(창 26:3, 26:4) 하고 약속하셨습니다. 야곱에게도 "너 누운 땅을 내가 너와 네 자손에게 주리니"(창 28:13, 35:12) 하고 약속하셨습니다. 그래도 약속이 부족합니까? 하나님은 그 약속을 지켜주시려는 것입니다. "네 손에 붙였노라" 하시면 나가 취하기만 하면 되는 것입니다. 이것이 믿음인 것입니다.

② "유다가 그 형제 시므온에게 이르되 나의 제비 뽑아 얻은 땅에 나와 함께 올라가서 가나안 사람과 싸우자 그리하면 나도 너의 제비 뽑아 얻은 땅에 함께 가리라"(3) 합니다. 그리하여 연전연승(連戰連勝)을 거두어 나가는 것이, ㉠ 4-10절까지의 내용입니다. 그리고, ㉡ 16-20절까지에서 유다의 기사는 계속됩니다. 그런데 여기서 몇 가지 주목해 보아야할 것이 있습니다.

③ 첫째로 주목할 점은, 4-10절과 16-20절 사이에, ㉠ "갈렙"의 기사가 삽입이 되어 있다는 점입니다. 갈렙은 말합니다. "기럇세벨을 쳐서 그것을 취하는 자에게는 내 딸 악사를 아내로 주리라"(12). 그리하여 옷니엘이 그것을 취하여 갈렙의 딸과(13), 윗샘과 아랫샘을 선물로 받게 됩니다. 갈렙이 이렇게 말한 것은 힘이 부족해서가 아닙니다. 20절을

보십시오. 갈렙이, "거기서 아낙의 세 아들을 쫓아내었다"고 말씀하고 있습니다. 이 대목에서 갈렙은, ㉡ 그리스도의 예표적인 인물로 등장을 합니다. 그리하여 "보라 내가 속히 오리니 내가 줄 상이 내게 있어 각 사람에세 그의 일한 대로 갚아주리라"(계 22:12)는 약속을 계시해주고 있는 것입니다. 이를 위해서 갈렙을 여호수아가 죽은 후까지도 등장을 시키고 있는 것입니다.

④ "무리가 모세의 명한 대로 헤브론을 갈렙에게 주었다"(20)고 말씀합니다. ㉠ "모세의 명한 대로"라는 말은, 하나님께서 모세에게 명하신 대로라는 그런 뜻입니다. 갈렙은 땅을 분배할 때에 여호수아에게 말했습니다. ㉡ "그 날에 여호와께서 말씀하신 이 산지를 내게 주소서 당신도 그 날에 들으셨거니와 그 곳에는 아낙 사람이 있고 그 성읍들은 크고 견고할지라도 여호와께서 혹시 나와 함께 하시면 내가 필경 여호와의 말씀하신 대로 그들을 쫓아내리이다"(수 14:12). 그리하여, ㉢ 헤브론을 갈렙이 차지하게 되었고 이로 인하여 유다지파가 헤브론과 예루살렘 일경을 분배받게 되었던 것입니다. 이점이 어째서 중요하냐 하면 유다지파를 통해서 오시리라 예언 된 그리스도가 탄생하실 곳이 이곳이요, 또한 죽으시고 부활하사 승천하실 무대가 될 것이기 때문입니다. 훗날 다윗은 이곳 헤브론에서 왕위에 올라 7년 6개월을 통치(삼하 5:3)하게 되고, 예루살렘을 완전히 정복한 후에는 그곳에 법궤를 안치함으로 수도로 삼았던 것입니다.

⑤ 둘째로 주목할 점은, ㉠ "여호와께서 유다와 함께 하신 고로 그가 산지 거민을 쫓아내었으나"(19상) 라는 말씀입니다. 유다지파가 연전연승할 수 있었던 것은 하나님께서 함께 계셔서 그들 앞에서 싸워주셨기 때문이라는 말씀입니다. 그러하건만 어찌하여, ㉡ "골짜기의 거민들은 철병거가 있으므로 그들을 쫓아내지 못하였다"(19하) 하고 말씀하느냐 말입니다. 사사기에 있어서 "쫓아내지 못하였다"는 말이 처음으로 등장

하는 곳이 이 대목입니다. 하나님도 "철병거" 앞에서는 꼼짝못하신다는 뜻입니까? 아닙니다. 4장에서 드보라는 여자 사사이면서도 야빈의 철병거 900승을 격파하는 것을 보게 됩니다. 이는 유다지파가 "철병거"를 보자 믿음이 약화된 나머지 두려워했기 때문이라고 밖에는 달리는 설명할 길이 없는 것입니다. 마치 물 위로 걸어가던 베드로가 성난 파도를 보자 빠져들어 간 것에다 비할 수가 있습니다. 이는 우리들에게 중요한 경계가 됩니다.

⑥ "여호와께서 유다와 함께 하신 고로"(19상) 라는 이점이 어째서 중요한 화두가 되느냐 하면, ㉠ 이는 비단 유다지파에 한정된 것이 아니라는 점 때문입니다. 유다지파가 선봉에 서서 연전연승을 해나갔다면 다른 지파도 당연히 승리할 수가 있다는 말씀입니다. 그런데 결과는 어찌되었는가? 이를 다음 단원에서 보게 될 것입니다. 그리고 결정적으로 중요한 것은 지금 우리들은 어떻게 하고 있느냐 하는 각성입니다.

둘째 단원(21-36) 쫓아내지 못하였더라

둘째 단원의 중심점은 도표에서 보시는 바대로, "쫓아내지 못하였다"는 데 있습니다. "쫓아내지 못했다"는 말씀을 무려 8번이나 반복적으로 강조하고 있습니다.

① "베냐민 자손은 예루살렘에 거한 여부스 사람을 쫓아내지 못하였으므로 여부스 사람이 베냐민 사람과 함께 오늘날까지 예루살렘에 거하더라"(21).

② "므낫세가, 그 향리의 거민들을 쫓아내지 못하매 가나안 사람이 결심하고 그 땅에 거하였더니"(27), 쫓아내지 못한 것만이 아니라 심지어 사역을 시키기 위해서 "다 쫓아내지 아니하였더라"(28) 합니다.

③ "에브라임이 게셀에 거한 가나안 사람을 쫓아내지 못하매 가나안 사람이 게셀에서 그들 중에 거하였더라"(29).

④ "스불론은 기드론 거민과 나할롤 거민을 쫓아내지 못하였으나 가나안 사람이 그들 중에 거하여 사역을 하였더라"(30).

⑤ "아셀이, 거민을 쫓아내지 못하고 그 땅 거민 가나안 사람 가운데 거하였으니 이는 쫓아내지 못함이었더라"(31-32).

⑥ "납달리가 벧세메스 거민과 벧아낫 거민을 쫓아내지 못하고 그 땅 거민 가나안 사람 가운데 거하였다"(33)고 말씀합니다.

⑦ "아모리 사람이 단 자손을 산지로 쫓아들이고 골짜기에 내려오기를 용납지 아니하고"(34) 합니다.

이를 요약하면, "쫓아내지 못하고, 쫓아내지 아니하고, 그들 가운데 거하였다"(32-33)는 것입니다. 그렇다면 결론은 분명해진 것입니다. ㉠ 두려워서 쫓아내지 못하였다면 "불신앙"이요, ㉡ 부려먹기 위해서 쫓아내지 않았다면 그것은 "불순종"인 것입니다.

불신앙과 불순종

① 그렇다면 "쫓아내지 못했다"는 명제가 현대교회에는 어떻게 적용이 되는가? 양면(兩面)으로 적용이 된다 하겠습니다. 먼저는 내적(內的)인 면입니다. 교회는 내적으로 끊임없는 개혁이 요청되는 것입니다. 결정적으로 쫓아내야 할 것이 또 있습니다. 그것은 복음을 변케 하려는 거짓교훈입니다. 이를 쫓아내지 못함으로 적은 누룩이 온 덩어리에 퍼지고 있는 것입니다.

② 다음으로는 외적(外的)인 요소인데 복음전파입니다. 사도 바울은 자신의 사역을, "우리의 싸우는 병기는 육체에 속한 것이 아니요 오직 하나님 앞에서 견고(堅固)한 진(陣)을 파(破)하는 강력(强力)이

라고 말씀합니다. 이것이 곧 하나님의 나라를 확장해나가는 것입니다.

③ 주님은 명하십니다. ㉠ "모든 족속으로 제자를 삼으라", 이는 모든 족속을 우리 손에 붙이셨다는 뜻입니다. ㉡ "볼지어다 내가 세상 끝날까지 너희와 항상 함께 있으리라"(마 28:20). ㉢ 그럼에도 불구하고 우리는 쫓아내지 못하고 있는 것입니까? 아니면 쫓아내지 않고 있는 것입니까?

사사기 2장 개관도표

주제 : 열조와 세운 언약을 배신한 이스라엘

언약을 지키시는 하나님	1-5 여호와의 사자가 길갈에서부터 보김에 이르러 내가 너희로 애굽에서 나오게 하고 인도하여 너희 열조에게 맹세한 땅으로 이끌어 왔으며 또 내가 이르기를 내가 너희에게 세운 언약을 영원히 어기지 아니하리니 너희는 이 땅 거민과 언약을 세우지 말며 그들의 단을 헐라 하였거늘 너희가 내 목소리를 청종치 아니하였도다 그리함은 어찜이뇨(1-2)
언약을 망각함	6-10 여호와께서 이스라엘을 위하여 행하신 모든 큰 일을 본 자의 사는 날 동안에 여호와를 섬겼더라(7) 그 후에 일어난 다른 세대는 여호와를 알지 못하며 이스라엘을 위하여 행하신 일도 알지 못하였더라(10)
열조의 하나님을 배신함	11-23 이스라엘 자손이 여호와의 목전에 악을 행하여 바알들을 섬기며(11) → 애굽 땅에서 그들을 인도하여 내신 그 열조의 하나님 여호와를 버리고 다른 신 곧 사방 백성들의 신들을 좇아 ↓ 여호와를 진노하시게 하였으되(12) ↓ 그들로 노략을 당케 하시며 또 사방 모든 대적의 손에 파시매(14) ↓ 슬피 부르짖으므로(18) ↓ 여호와께서 사사를 세우사 노략하는 자의 손에서 그들을 건져내게 하셨으나(16) 여호와께서 이스라엘에게 진노하여 이르시되 이 백성이 내가 그 열조와 세운 언약을 어기고 나의 목소리를 청종치 아니하였은즉(20) 나도 여호수아가 죽을 때에 남겨 둔 열국을 그들의 앞에서 하나도 좇아내지 아니하리니(21) 이는 이스라엘이 그 열조의 지킨 것같이 나 여호와의 도를 지켜 행하나 아니하나 그들로 시험하려 함이라 하시니라(22)

2장

열조와 세운 언약을 배신한 이스라엘

[20]여호와께서 이스라엘에게 진노하여 이르시되 이 백성이 내가 그 열조와 세운 언약을 어기고 나의 목소리를 청종치 아니하였은즉.

2장은, 3장에서부터 시작되는 사사시대의 혼돈(混沌)에 대한 개론적(槪論的)인 말씀입니다. 그러므로 본 장은 사사기 전체를 이해하는데 중요한 열쇠가 됩니다. 가장 주목해야할 점은 사사시대가 그토록 암흑하게 된 근본적(根本的)인 원인(原因)이 어디에 있는가를 인식하는 일입니다. 만일 이를 등한히 하고 외면하게 되면, 사사기를 하나님이 이루어 오신 구속사의 맥락에서가 아니라 교훈적으로 접근하게 되고 맙니다. 그러므로 여기가 분기점이라 할 수가 있습니다.

2장의 중심점은 도표의 중앙선을 따라, ㉠ 하나님은 언약을 영원히 어기지 않으시는데(1), ㉡ 인간은 언약을 어기고 다른 신을 좇았다(12)는 데 있습니다. 2장에는 "열조"(列祖)라는 말이 강조되어 있습니다. "열조에게 맹세한 땅(1), 열조의 하나님(12), 열조의 행한 길(17), 열조와 세운 언약"(20) 등 7번이나 등장합니다. 그 중에서 핵심은 단연 "열조와 세운 언약"에 있습니다. 사사시대가 혼란하게 된 원인을 여러 가지 들 수가 있겠습니다만, 근본적인 원인은 "열조의 하나님을 버리고, 열조와 세운 언약을 배신"한데 있다는 것이 본문의 증거입니다.

그렇다면 저들이 어긴 "열조와 세운 언약"이란 무슨 언약인가? 이는 "열조에게 맹세한 땅"(1)이라는 말씀과 결부되는 것입니다. 즉 아브라함, 이삭, 야곱에게 그토록 여러 번 반복적으로 강조해서 세워주신 "메시아언약"이었던 것입니다. 그들은 아브라함의 자손일 뿐만이 아니라 베드로가 지적한 대로 "언약의 자손"(행 3:25)입니다. 그런데 저들이 다른 신을 섬겼다는 것은 메시아를 배척한 명백한 증거입니다. 이는 사사기만이 아니라 역사서를 해석하는데 있어서 열쇠와 같은 말씀입니다. 구약성경을 설교할 때 교훈만을 말할 뿐 그리스도를 만나지 못하는 원인이 이점을 놓치기 때문입니다. 어느 시대나 복음을 등한히 하게 되면 암흑세상이 되고 마는 것입니다. 여기에 근본적인 원인이 있음을 명심해야만 합니다. 그렇다면 저들이 어찌하여 언약을 망각하게 되었는가? 이를 세 단원으로 나누어 상고하겠습니다.

첫째 단원(1-5) **언약을 지키시는 하나님**
둘째 단원(6-10) **언약을 망각한 이스라엘**
셋째 단원(11-23) **열조의 하나님을 배신한 이스라엘**

첫째 단원(1-5) 언약을 지키시는 하나님

"여호와의 사자가 길갈에서부터 보김에 이르러 가로되 내가 너희로 애굽에서 나오게 하고 인도하여 너희 열조에게 맹세한 땅으로 이끌어 왔으며 또 내가 이르기를 내가 너희에게 세운 언약을 영원히 어기지 아니하리니"(1).

① 우리는 성경 66권을 독립된 책으로 취급하는 경향이 있습니다. 이는 교훈적으로 접근하기 때문입니다. 그렇게 한다면 성경은 명언 집이나 위인전기 같이 되고 맙니다. 이는 엄청난 잘못을 범하는 것이 됩니다. 왜냐하면 성경은 창세기에서 시작하여 계시록에서 완성이 되는 하나님의 나라 건설계획이기 때문입니다. 그러므로 성경의 역사성(歷史性)과 점진성(漸進性)과 일관성(一貫性)을 무시한다면 하나님께서 건설해나가시는 하나님나라 건설을 해체(解體)시키는 오류(誤謬)를 범하게 되고 맙니다. 그러므로 사사기도 이러한 역사성과 점진성의 맥락에서 바라보아야만 하는 것입니다.

② "여호와의 사자"(1 상)가 등장합니다. ㉠ 먼저 "여호와의 사자"가 누구인가를 생각해보아야만 하겠습니다. "내가 너희로 애굽에서 나오게" 하였다고 말씀하는 것으로 보아 하나님 자신인 것을 알게 됩니다. 그리고 1장에서 말씀드린 바와 같이, ㉡ 유다지파를 통해서 계시하신 구약에 나타난 그리스도시라는데 학자들은 동의하고 있습니다.

③ 여호와의 사자가 "길갈에서부터 보김에 이르러" 합니다. ㉠ 이는 길갈로부터 보김으로 왔다는 장소의 문제가 아니라 계시의 관점으로 보아야만 합니다. "길갈"이란 요단강 건너 첫 지점입니다. 성경은 길갈이라는 지명의 유래를, "여호와께서 여호수아에게 이르시되 내가 오늘날 애굽의 수치를 너희에게서 굴러가게 하였다 하셨으므로 그곳 이름을 오늘까지 길갈이라 하느니라"(수 5:9) 하고 설명해 주고 있습니다. 이스라엘 백성들은 가나안 첫 지점인 길갈에서 역사적인 유월절을 지켰고, 또 할례를 행했습니다. 특히 주목할 만한 사건이 있었는데, ㉡ 한 사람이 칼을 빼어 손에 들고 마주 섰는 것을 보게 된 것입니다. 여호수아가 묻습니다. "너는 우리를 위하느냐 우리의 대적을 위하느냐, 그가 가로되 아니라 나는 여호와의 군대 장관으로 이제 왔느니라 여호수아가 땅에

엎드려 절하고 가로되 나의 주여 종에게 무슨 말씀을 하려 하시나이까"(수 5:13-15). 여리고라는 난공불락의 성을 정복해야할 시점에 여호와의 사자가 길갈에 나타났다는 것은 시사해주는 바가 큽니다. 그 길갈에 나타났던 여호와의 사자가 또다시 보김에 나타났다는 말씀인 것입니다. "보김"이란 "우는 자들"이란 뜻인데, 여호와의 사자의 말을 듣고 이스라엘 백성들이 울었기 때문에 "보김"이라 한 것입니다. 학자들은 여기가 "벧엘"일 것이라고 말합니다.

④ 이러한 여호와의 사자가 보김에 이르러 하신 말씀(1-3)을 주의 깊게 살펴보아야만 합니다. 이는 앞에서도 지적한 대로 사사기를 해석하는 열쇠가 되기 때문입니다. 첫 말씀이, ㉠ "내가 너희로 애굽에서 나오게"(1중) 했다고 말씀합니다. 이는 언제나 하나님께서 저들의 근본(根本)을 상기시킬 때 하시는 말씀입니다. 이런 뜻입니다. 사사시대를 살아가고 있는 사람들은 다른 사람들이 아니라 하나님께서 "애굽에서 나오게" 한 사람들이라는 것입니다. 이 말씀 속에는, ㉡ "나는 너희를 구속하여 너희로 내 백성을 삼은"(출 6:6-7) 너희 하나님이시다 라는 뜻이 있습니다. 하나님은 유월절 양의 피로 구속하심으로 바로의 종 되었던 저들을 하나님의 백성으로 삼으신 것입니다. ㉢ 그렇다면 저들은 저들의 것이 아니라 피로 값을 주고 사신 하나님의 소유라는 것입니다. 이 원리가 중요한 의미를 갖는 것은 이 그림자가 우리에게는 실체(實體)로 응하여졌기 때문입니다.

⑤ 두 번째로, "인도하여 너희 열조에게 맹세한 땅으로 이끌어 왔다"(1중)고 말씀합니다. 애굽에서 해방만 시켜주신 것이 아닙니다. ㉠ "인도하여, 이끌어 왔다"고 말씀합니다. 이점을 모세는, "주께서 구속하신 백성을 은혜(恩惠)로 인도(引導)하시되 주의 힘으로 그들을 주의 성결한 처소에 들어가게 하시나이다"(출 15:13) 하고 찬양했습니다. ㉡ "열조에게 맹세한 땅"이라고 말씀합니다. 이는 아브라함과 이삭과 야곱

에게 언약하신 땅이라는 뜻입니다.

⑥ 세 번째 말씀이, "또 내가 이르기를 내가 너희에게 세운 언약을 영원히 어기지 아니하리니"(1하) 하십니다. ㉠ "너희에게 세운 언약"이라고 말씀합니다. 인간 편에서는 "하나님께서 세워 주시는 언약"보다 더 중요한 것은 아무 것도 없습니다. 하나님과 인간의 관계는 언약의 관계입니다. 언약이 없으면 하나님과의 관계성이 성립이 되지 않는 것입니다. 그러므로 하나님과의 관계란 언약을 믿는 믿음의 관계이기도 한 것입니다. 그런데 하나님께서 언약을 세워주셨다는 것입니다. 그리고 세워 주신, ㉡ "언약을 영원히 어기지 아니하리니" 하시는 것입니다. 하나님은 아브라함에게 언약하신 바를 "맹세"로 보증하여 주셨습니다. 훗날 다윗에게도, "내 언약을 파하지 아니하며 내 입술에서 낸 것도 변치 아니하리로다 내가 나의 거룩함으로 한번 맹세하였은즉 다윗에게 거짓을 아니할 것이라"(시 89:34-35) 하십니다. 히브리서에서는, "약속과 맹세"를 가리켜, ㉢ "이 두 가지 변치 못할 사실"(히 6:17-18)이라고 말씀합니다. 바울 사도는 이를 가리켜, "우리는 미쁨이 없을지라도 주는 일향 미쁘시니 자기를 부인하실 수 없으시리라"(딤후 2:13) 합니다. 무슨 뜻인가? 만일 언약을 지켜주시지 않는다면 우리에게 거짓말을 한 것 이전에 자기를 부인한, 즉 거짓말쟁이 하나님으로 만드는 것이 된다는 뜻입니다. 하나님은 그러실 수가 없는 분이라는 말씀입니다.

그리함은 어찜이뇨

① 언약을 세워 주신 하나님께서 당부하시기를, "너희는 이 땅 거민과 언약을 세우지 말며 그들의 단을 헐라 하였거늘 너희가 내 목소리를 청종치 아니하였도다 그리함은 어찜이뇨"(2) 합니다. 여기서 유념해야 할 점은, ㉠ 여호와의 사자가 책망하고 있는 것은 1장에서 살펴본 바,

"쫓아내지 못한" 잘못만을 책망하고 있는 것이 아니라는 점입니다. 어찌하여 저들을 쫓아내어야만 했습니까? 저들과 동화(同化)될 것을 염려하셨기 때문입니다. 그런데 그 염려가 현실로 나타난 것입니다. ㉡ "이스라엘 자손이 여호와의 목전에 악을 행하여 비알들을 섬기며 애굽 땅에서 그들을 인도하여 내신 그 열조의 하나님 여호와를 버리고 다른 신 곧 그 사방에 있는 백성의 신들을 좇아 그들에게 절하여 여호와를 진노하시게 하였다"(11-12)고 말씀합니다. 여호와의 사자는 이점을, ㉢ "그리함은 어찜이뇨"(2) 하고 책망하고 있는 것입니다.

② 여호와의 사자가 책망하는 핵심은, ㉠ "언약을 어기고"(20), ㉡ "다른 신"(12)을 좇았다는 데 있습니다. 다시 강조합니다만, "쫓아내지 못한" 잘못만이 아닙니다. 결정적인 죄가 저들의 신을 섬겼다는데 있음을 유념해야만 합니다. 아브라함과 이삭과 야곱에게 세워주신 언약, 즉 메시아를 버렸다는 말씀임을 명심한다는 것은 구속사를 이해하는데 중요한 요점이 됩니다. 이점을 놓치게 되면 사사기에서도 교훈만을 볼 뿐 하나님께서 이루어나가시는 구속사역은 실종하게 되고 마는 것입니다. 하나님의 백성 이스라엘이 어떤 경로로 저들의 신을 섬기는 데까지 이르게 된 것인가? "쫓아내지 못하고, 저들 가운데 거하여, 저들과 통혼하게 되고, 결국은 저들의 신들을 섬겼더라"(3:5-6) 합니다. 여호와의 사자는 바로 이점을, "그리함은 어찜이뇨" 하고 책망하고 있는 것입니다.

③ "그러므로 내가 또 말하기를 내가 그들을 너희 앞에서 쫓아내지 아니하리니"(3상) 하십니다. 그렇게 되면 어찌됩니까? ㉠ "그들이 너희 옆구리에 가시가 될 것이며 그들의 신들이 너희에게 올무가 되리라"(3하) 하십니다. 무슨 뜻이냐 하면, 가나안의 원주민을 이스라엘을 징계하는 채찍, 훈련시키는 도구로 삼으시겠다는 그런 뜻입니다. 무슨 훈련인가? "믿음 훈련"입니다. 자신들의 행위로는 구원의 가망이 없고 오직 메시아언약만을 의지할 것밖에 다른 소망이 없음을 깨닫게 하시려는 것

입니다. 생각해보십시오. 저들이 언약을 어기고 다른 신을 섬기는데도 형통케 하신다면 그것은 축복이 아니라 저주가 되는 것입니다. 그러므로 15절에 의하면, ㉡ "그들이 어디를 가든지 여호와의 손이 그들에게 재앙을 내리셨다"고 말씀하는 것입니다. 사사시대도 다름이 아니라 열조의 하나님, 즉 메시아언약만을 의지할 것밖에는 달리는 소망이 없다는, "그것을 가르쳐 알게"(3:2) 하시려는 훈련기간이라고 말할 수가 있습니다.

④ "여호와의 사자가 이스라엘 모든 자손에게 이 말씀을 이르매 백성이 소리를 높여 운지라 그러므로 그곳을 이름하여 보김이라 하니라 무리가 거기서 여호와께 제사를 드렸더라"(4-5) 합니다. "제사를 드렸더라"는 말씀을 무심히 보아 넘겨서는 아니 됩니다. "제사를 드렸더라"! 이는 구약에 나타난 명백한 갈보리인 것입니다. 구약에 나타난 제사(祭祀)가 실체에 대한 그림자가 아니라면 이는 우상숭배나 다를 바가 없는 것입니다. "제사를 드렸다", 여기에 인류의 소망이 걸려 있는 것입니다. 그럼에도 불구하고 구속교리를, "도살장의 신학"이라고 조롱하는 신학자들이 있기 때문에, 그리고 십자가의 도가 강단에서 점점 희소하여 지고 있기 때문에 현대교회가 사사기와 같은 혼란에 빠져있는 것은 아닌가? 우리에게도 "소리 높여 울어야" 할 "보김"이 필요한 것입니다.

둘째 단원(6-10) 언약을 망각한 이스라엘

"그 세대 사람도 다 그 열조에게로 돌아갔고 그 후에 일어난 다른 세대는 여호와를 알지 못하며 여호와께서 이스라엘을 위하여 행하신 일도 알지 못하였더라"(10).

① "전에 여호수아가 백성을 보내매 이스라엘 자손이 각기 그 기업

으로 가서 땅을 차지하였고"(6) 합니다. 그리하여, ㉠ "백성이 여호수아의 사는 날 동안과 여호수아 뒤에 생존한 장로들 곧 여호와께서 이스라엘을 위하여 행하신 모든 큰 일을 본 자의 사는 날 동안에 여호와를 섬겼더라"(7) 합니다. 이 말씀은 여호수아 24:31절에도 기록이 되어 있어서 여호수아서와 사사기의 연속성을 말씀해주고 있습니다. ㉡ 하나님과의 관계가 정상적이었고, 그리하여 좋았던 시기입니다.

② 여호수아도 죽고, "그 세대 사람도 다 그 열조에게로 돌아갔고 그 후에 일어난 다른 세대는 여호와를 알지 못하며 여호와께서 이스라엘을 위하여 행하신 일도 알지 못하였더라"(10상) 합니다. 세월이 흘러간 것입니다. 그런데 어찌하여 이런 일이 일어났단 말인가? 하나님께서는 수해의 위험이 없는 곳에 댐을 건설하시지 않으십니다. 이처럼 잊어버리게 될 것을 아시고, ㉠ "너희는 여호와께서 허락하신 대로 너희에게 주시는 땅에 이를 때에 이 예식(유월절)을 지킬 것이라" 명하셨던 것입니다. "이 후에 너희 자녀가 묻기를 이 예식이 무슨 뜻이냐 하거든 너희는 이르기를 이는 여호와의 유월절 제사라 여호와께서 애굽 사람을 치실 때에 애굽에 있는 이스라엘 자손의 집을 넘으사 우리의 집을 구원하셨느니라 하라"(출 12:25-27) 하고 명하셨습니다. 바로 이 자녀 교육을 등한히 했기 때문입니다.

③ 신약에서도 주님은 명하십니다. ㉠ "또 떡을 가져 사례하시고 떼어 저희에게 주시며 가라사대 이것은 너희를 위하여 주는 내 몸이라 너희가 이를 행하여 나를 기념하라"(눅 22:19). 이는 사도들에게만 하신 말씀이 아닙니다. 이방인의 사도인 바울은 고린도교회에 보낸 서신에서, ㉡ "내가 너희에게 전한 것은 주께 받은 것이니 곧 주 예수께서 잡히시던 밤에 떡을 가지사 축사하시고 떼어 가라사대 이것은 너희를 위하는 내 몸이니 이것을 행하여 나를 기념하라 하시고 식후에 또한 이와 같이 잔을 가지시고 가라사대 이 잔은 내 피로 세운 새 언약이니 이것

을 행하여 마실 때마다 나를 기념하라 하셨으니" 하고 잊지 않도록 "기념하라"는 말씀을 강조하고 있습니다.

④ 그 다음이 중요한데, "너희가 이 떡을 먹으며 이 잔을 마실 때마다 주의 죽으심을 오실 때까지 전하는 것이니라"(고전 11:23-26) 합니다. ㉠ "전하는 것"이라는 말만 보고는 곧장 "전도하라"는 말씀이다 한다면 성급한 일입니다. 성찬은 교회 내에서 행해지고 있는 것입니다. 그러므로 성도들에게, 그리고 자녀들에게 주님의 죽으심과 다시 살아나심, 즉 복음을 망각하지 않도록 거듭 거듭 전해주어 잊지 않도록 상기시키라는 말씀입니다. 무엇을 말입니까? "주의 죽으심"이라고 말씀합니다. 이점이 구약시대는 예표인 유월절로 주어졌던 것입니다. 그러므로 다른 세대들이, ㉡ "여호와를 알지 못하며 여호와께서 이스라엘을 위하여 행하신 일도 알지 못했다"는 것은 궁극적으로는 "열조와 세운 메시아언약"을 망각했다는 뜻인 것입니다. 망각한 것은 구약교회만이 아닙니다. 신약교회에 있어서도 예수 그리스도를 문밖으로 추방한 라오디게아교회의 실상이 어떠하다고 말씀하십니까? "네가 말하기를 나는 부자라 부요하여 부족한 것이 없다 하나 네 곤고한 것과 가련한 것과 가난한 것과 눈 먼 것과 벌거벗은 것을 알지 못하도다"(계 3:17) 하십니다. 현대교회가 외형적으로는 부자교회 같으나, 주님 보시기에는 가난하고 가련하고 벌거벗은 모습을 하고 있는 것은 아닐까요?

언약과 맹세에 참여시킴

① 이렇게 될 것을 우려하여 모세는 죽기 전에 광야에서 태어난 2세들을 여호와 앞에 세워놓고, ㉠ "너의 하나님 여호와의 언약에 참여하며 또 너의 하나님 여호와께서 오늘날 네게 향하여 하시는 맹세에 참여"(신 29:12)시켰던 것입니다. 여호수아도 죽기 전에, ㉡ "그 날에 여

호수아가 세겜에서 백성으로 더불어 언약을 세우고 그들을 위하여 율례와 법도를 베풀었더라"(수 24:25) 하고 언약을 상기시키고 있음을 봅니다. 그런데 가나안에 정착하여 세월이 흐르게 되자 이 언약을 망각하게 되었던 것입니다.

② 그렇다면 어찌하여 열조에게 세우신 언약, 즉 복음을 상실하게 되었는가? 가나안에 정착하게 되자 무사안일에 빠져, "위엣 것을 생각하지 않고 땅에 것을 생각"(참고, 골 3:2)하는데 집착했기 때문입니다. 즉 물질축복이라는 기복신앙으로 전락했기 때문입니다. 그리하여 농경신(農耕神)이라 하는 바알이라는 우상을 숭배하기에 이른 것입니다. 이 점은 현대교회에 큰 경계와 경고가 된다 하겠습니다.

셋째 단원(11-23) 다른 신을 섬긴 이스라엘

"이스라엘 자손이 여호와의 목전에 악을 행하여 바알들을 섬기며"(11)

본 단원에 있어서 중심적인 말씀은 하나님의 백성들이, "여호와를 버리고, 바알과 아스다롯을 섬겼다"(13)는 데 있습니다. 이것이 사사기에 기록된 첫 번째 악순환입니다. "여호와를 버리면" 그 곳이 빈집으로 있는 것이 아닙니다. 그 자리를, "바알과 아스다롯"이 차지하게 되는 것입니다. 본 단원에는 도표에 표시한 대로 사사기에 나타난 7번이나 되풀이되는 악순환의 정형(定型)이 제시되어 있습니다.

① 이스라엘 자손이, "애굽 땅에서 그들을 인도하여 내신 그 열조의 하나님 여호와를 버리고 다른 신 곧 그 사방에 있는 백성의 신들을 좇아 그들에게 절하여 여호와를 진노하시게"(12) 합니다.

② "여호와께서 이스라엘에게 진노하사 노략하는 자의 손에 붙여 그

들로 노략을 당하게 하시며 또 사방 모든 대적의 손에 파시매 그들이 다시는 대적을 당치 못하였다"(14)고 말씀합니다.

③ "그들이 대적에게 압박과 괴롭게 함을 받아 슬피 부르짖습니다"(18하).

④ "여호와께서 사사를 세우사 노략하는 자의 손에서 그들을 건져내게 하십니다"(16).

⑤ "그 사자가 죽은 후에는 그들이 돌이켜 그 열조보다 더욱 패괴하여 다른 신들을 좇아 섬겨 그들에게 절하고 그 행위와 패역한 길을 그치지 아니합니다"(19).

⑥ "여호와께서 이스라엘에게 진노하사 노략하는 자의 손에 붙여 그들로 노략을 당하게 하십니다. 그들이 또 부르짖습니다. 사사를 세우셔서 구원해주십니다. 평화가 옵니다. 세월이 지나자 망각하고 또 악을 행합니다". 이러한 악순환이 7번이나 반복되고 있는 것입니다.

⑦ 어찌하여 성경은 이러한 악순환을 반복해서 보여주고 있는 것일까요? ㉠ "만물보다 거짓되고 심히 부패한"(렘 17:9) 인간의 사악한 죄성(罪性)을 드러내기 위해서입니다. 인간의 전적타락, 전적부패, 전적무능을 보여주기 위해서입니다. 그리하여 행위구원, 곧 자력구원의 불가능성을 적나라하게 보여주기 위해서입니다. ㉠ 반면, "인내의 하나님"(롬 15:5), "진노 중에도 긍휼을 잊지 아니하시는 하나님"(합 3:2)의 신실하심과, 그리하여 구원은 오직 메시아언약에만 있음을 계시하시기 위해서입니다.

애굽 땅에서 인도하여 내신 하나님

① "이스라엘 자손이 여호와의 목전에 악을 행하여 바알들을 섬겼다"(11)고 말씀합니다. ㉠ 훗날 남북 왕조가 멸망하게 된 근본적인 원

인도 우상숭배요, 우상을 섬겼다는 것은 열조에게 세워주신 언약(20), 즉 ㉡ 메시아언약을 배반한 죄임을 잊어서는 아니 됩니다. 신구약을 막론하고 멸망당하게 되는 근본원인은 그리스도를 배척하는 죄임을 명심한다는 것은 중요한 요점이 됩니다.

② 그러므로, ㉠ "애굽 땅에서 그들을 인도하여 내신"(12상) 하나님이라고 말씀하십니다. 이를 첫 절에서도 말씀했습니다. 왜냐하면 이는 하나님과 이스라엘의 관계성을 논할 때에 근본이 되는 말씀이기 때문입니다. 유월절 어린양의 피로, "구속하여 너희로 내 백성을 삼고 나는 너희 하나님이 되리니" 하신 원리가 되는 말씀입니다. 이는 우리들에게도 적용이 되는 원리입니다. 성경은 말씀합니다. ㉡ "그가 우리를 대신하여 자신을 주심은 모든 불법에서 우리를 구속하시고 우리를 깨끗하게 하사 선한 일에 열심 하는 친 백성이 되게 하려 하심이니라"(딛 2:14).

③ 또한, ㉠ "그 열조의 하나님 여호와"(12상)라고 말씀하십니다. 이 말씀은 1절의 "열조에게 맹세한 땅"과, 20절의, ㉡ "그 열조와 세운 언약"이라는 말씀과 함께 중대한 의미가 있는 말씀입니다. "열조의 하나님"이란, 아브라함과 이삭과 야곱의 하나님이라는 뜻이요, "그 열조와 세운 언약"이란 아브라함, 이삭, 야곱에게 세워주신 "메시아언약"을 의미하기 때문입니다. 하나님은 열조에게 언약하신 대로 그들을 애굽에서 구원하여 가나안 땅으로 인도하여 주셨습니다.

④ 그런데 이처럼 신실하신, "그 열조의 하나님 여호와를 버렸다"(12상)는 것입니다. 버리기만 한 것이 아닙니다. "다른 신 곧 그 사방에 있는 백성의 신들을 좇아 그들에게 절하였다"(13하)고 말씀합니다. 그렇다면 어째서 이스라엘 백성들이 이다지도 쉽게 우상에 빠졌는가? ㉠ "바알과 아스다롯"은 가나안의 토착민들, 즉 "그 사방에 있는 백성들"이 풍년(豊年)을 가져다주는 신으로 섬기던 우상입니다. 유목생활을 하던 이스라엘 민족이 가나안에 정착하게 되자 그들을 좇아 농경신을 섬기게

되었던 것입니다. 이점을 예레미야 선지자는, "어느 나라가 그 신을 신 아닌 것과 바꾼 일이 있느냐 그러나 나의 백성은 그 영광을 무익한 것과 바꾸었도다"(렘 2:11) 하고 탄식합니다. 사도 바울도, "썩어지지 않는 하나님의 영광을 썩어질 사람과 금수와 버러지 형상의 우상으로 바꾸었느니라"(롬 1:23) 합니다.

⑤ "여호와께서 이스라엘에게 진노(震怒)하사 노략하는 자의 손에 붙이시고, 대적의 손에 파셨다"(14)고 말씀합니다. 이는 사랑하는 자들을 바른 길로 인도하시기 위한 징벌이었던 것입니다. 하나님은 징벌의 채찍으로, ㉠ "여호수아가 죽을 때에 남겨둔 열국"(21)을 사용하시겠다고 말씀합니다. 이점에서 큰 깨달음을 얻게 됩니다. 바울은 자신의 몸에 있는 "가시"를 떠나게 하시기를 세 번이나 구했습니다. 그런데 하나님의 응답은, "내 은혜가 네게 족하도다 이는 내 능력이 약한데서 온전하여짐이라" 하셨습니다. 이를 깨닫고는 "도리어 크게 기뻐했다"(고후 12:7-10)고 말씀합니다. 모든 "가시"가 징벌은 아니지만 너무 자고하지 못하게 하시려는 안정장치라는 말씀입니다.

⑥ 2장을 마치면서, ㉠ 우리 믿음이 영원불변의 언약의 토대 위에 세워져 있는가? 아니면 감정이나, 체험이나, 축복 위에 세워져 있는 것은 아닌가 점검해보아야만 하겠습니다. 또한 우리를 연단하기 위해서 "남겨둔" 채찍이 있음도 유념하십시다. 이 채찍이 필요 없게 하기 위해서는 오늘날 그 음성을 듣거든 노하심을 격동하던 때와 같이 마음을 강퍅하게 하지 않고 하나님의 말씀을 "청종"(聽從, 2, 17, 20) 하는 것뿐입니다.

사사기 3장 개관도표

주제 : 한 구원자를 세워 구원하여 주신 하나님

훈련시키시는 하나님	1-6 여호와께서 가나안 전쟁을 알지 못한 이스라엘을 시험하려 하시며(1) 아직 전쟁을 알지 못하는 자에게 그것을 가르쳐 알게 하려 하사(2) 남겨두신 열국으로 이스라엘을 시험하사 여호와께서 모세로 그들의 열조에게 명하신 명령들을 청종하나 알고자 하셨더라(4) 이스라엘 자손은 마침내 가나안 사람과 헷 사람과 아모리 사람과 브리스 사람과 히위 사람과 여부스 사람 사이에 거하여(5) 그들의 딸들을 취하여 아내를 삼으며 자기 딸들을 그들의 아들에게 주며 또 그들의 신들을 섬겼더라(6)
구원자 옷니엘 에훗 삼갈	7-31 이스라엘 자손이 여호와 목전에 악을 행하여 자기들의 하나님 여호와를 잊어버리고 바알들과 아세라들을 섬긴지라(7) 여호와께서, 진노하사 그들을 메소보다미아 왕 구산 리사다임의 손에 파셨으므로(8) 이스라엘 자손이 여호와께 부르짖으매 한 구원자를 세워 구원하게 하시니 갈렙의 아우 그나스의 아들 옷니엘이라(9) 그 땅이 태평한 지 사십 년에(11) 이스라엘 자손이 또 여호와의 목전에 악을 행하니라 에글론을 강성케 하사 그들을 대적하게 하시매(12) 이스라엘 자손이 여호와께 부르짖으매 여호와께서 그들을 위하여 한 구원자를 세우셨으니 게라의 아들 왼손잡이 에훗이라(15) 그 땅이 팔십 년 동안 태평하였더라(30) 에훗의 후에 아낫의 아들 삼갈이 사사로 있어, 그도 이스라엘을 구원하였더라(31).

3장

한 구원자를 세워 구원하여 주신 하나님

9이스라엘 자손이 여호와께 부르짖으매 여호와께서 그들을 위하여 한 구원자를 세워 구원하게 하시니 그는 곧 갈렙의 아우 그나스의 아들 옷니엘이라.

3장부터는 사사기의 본론부분이라 할 수가 있습니다. 3장에는 사사기에 기록된, 두 번째(7)와 세 번째(12) 악순환이 나옵니다. 이들을 하나님은 어떻게 다루실 것인가? 하나님께서, "전쟁을 알지 못한 이스라엘을 시험하려"(1, 4, 2:22) 하셨다고 말씀합니다. 그런데 "시험"이라는 뜻이 우리가 생각하는 그런 뜻이 아니라, "훈련시키시려" 한다는 그런 뜻입니다. 이점을, "아브라함을 시험하시려고"(창 22:1) 한 말씀에서도 볼 수가 있습니다. 하나님께서는 아브라함에게 지금까지 말씀하시지 않은 진전(進展) 된 계시, 즉 대속교리를 보여 주시려고 합니다. 이를 아브라함이 감당할 수가 있을까? 이를 성경은 "시험"하시려고 라고 말씀하고 있는 것입니다. 본문에는 "시험"이라는 말이 두 번(1, 4) 등장하는데, "전쟁을 알지 못한 이스라엘을 시험하려 하사"(1) 라는 뜻은 하나님만을 의뢰하는 법을 훈련하시려는 것입니다. 시험하는 도구로 사용하시려고 이스라엘을 대적할 열국을 남겨두셨다는 것입니다. 그렇다면 이스라엘 백성들은 하나님만을 의뢰하게 될 것인가? 이를 두 단원으로 나누어 상고하겠습니다.

첫째 단원(1-6) **훈련시키시는 하나님**
둘째 단원(7-31) **구원자 옷니엘, 에훗, 삼갈**

첫째 단원(1-6) 훈련시키시는 하나님

"이스라엘 자손의 세대 중에 아직 전쟁을 알지 못하는 자에게 그것을 가르쳐 알게 하려 하사 남겨 두신 열국은"(2).

① "아직 전쟁을 알지 못하는 자에게 그것을 가르쳐 알게 하려 하사"란 무슨 뜻인가? ㉠ 이는 "전쟁하는 법"을 가르치기 위해서 라는 그런 뜻이 아닙니다. 이스라엘이 수행한 전쟁들을 보면 군사적으로는 중과부족인 전쟁을 싸운 것입니다. 장비로 보아도 대적에게는 "철병거"(수 17:18, 1:19)가 있었습니다. 그러나 이스라엘에게는, "백성의 손에는 칼이나 창이 없었다"(삼상 13:19-22)고 말씀할 정도입니다. 이럴 경우 어떻게 해야만 하는가? ㉡ "하나님 의뢰하는 법"입니다. 그 방법을 "가르쳐 알게" 하시겠다는 말씀입니다.

② 여호사밧 왕 당시에 모압 암몬 등의 연합군이 침공해 온 일이 있습니다. 이때 여호사밧은 백성들에게 금식을 선포하고 이렇게 간구했습니다. ㉠ "우리 하나님이여 저희를 징벌하지 아니하시나이까 우리를 치러 오는 이 큰 무리를 우리가 대적할 능력이 없고 어떻게 할 줄도 알지 못하옵고 오직 주만 바라나이다"(대하 20:12). 바로 이것입니다. 하나님만을 의뢰하는 법을 가르치시려는 "믿음" 훈련이었던 것입니다. 그

대표적인 예가 기드온의 3백 명 군사로 대군을 물리친 일입니다. 이런 예는 개인의 경우에서도 볼 수가 있습니다. ㉡ "형제들아 우리가 아시아에서 당한 환난을 너희가 알지 못하기를 원치 아니하노니 힘에 지나도록 심한 고생을 받아 살 소망까지 끊어지고 우리 마음에 사형선고를 받은 줄 알았으니", 합니다. 어찌하여 바울을 이런 지경에까지 이르도록 허용하셨는가? "이는 우리로 자기를 의뢰하지 말고 오직 죽은 자를 다시 살리시는 하나님만 의뢰하게 하심이라"(고후 1:8-9). 이 훈련을 통해서 바울은 어떤 고백을 하기에 이르렀는가? "그가 이같이 큰 사망에서 우리를 건지셨고 또 건지시리라 또한 이 후에라도 건지시기를 그를 의지하여 바라노라"(고후 1:10). 이러한 훈련은 우리에게도 필요합니다. 우리는 좀 더 나아가야만 합니다. "믿음 훈련"이라 말씀했는데 무엇을 믿는 믿음이란 말인가?

하나님의 훈련계획

① "모세로 그들의 열조에게 명하신 명령들을 청종하나 알고자 하셨더라"(4) 합니다. 모세로 명하신 것이 무엇인가? 이를 문맥적으로 보면 두 가지(2)를 들 수가 있습니다. 첫째는, ㉠ 가나안 족속들과 무슨 언약을 맺거나 통혼하지 말라는 것이고, 둘째는 ㉡ 그들의 신을 섬기지 말라는 것입니다. 그런데 그들은 어떻게 반응했는가?

② "이스라엘 자손이 마침내 가나안 사람과 헷 사람과 아모리 사람과 브리스 사람과 히위 사람과 여브스 사람 사이에 거하여"(5) 합니다. 어찌하여 거하게 되었는가? 1장에서 본 바대로 그들을, ㉠ "쫓아내지 못하고, 쫓아내지 않았기"(1:27-34) 때문입니다. 어찌하여 그들을 쫓아내야만 하는가? 그 답을 모세를 통해서 들을 수가 있습니다. ㉡ "네 하나님 여호와께서 그들을 네게 붙여 너로 치게 하시리니 그 때에 너는

그들을 진멸할 것이라 그들과 무슨 언약도 말 것이요 그들을 불쌍히 여기지도 말 것이며 또 그들과 혼인하지 말지니 네 딸을 그 아들에게 주지 말 것이요 그 딸로 네 며느리를 삼지 말 것은" 합니다. 왜 이렇게 해야만 하는가? "그가 네 아들을 유혹하여 그로 여호와를 떠나고 다른 신들을 섬기게"(신 7:2-4) 할 것이기 때문이라는 것입니다.

③ 그러면 이것으로 족한 것인가? 다시 말하면 이방인들과 섞이지 아니하고, 우상을 숭배하지 않는 것만으로 구원에 이를 수가 있단 말인가? 아닙니다. 적극적으로 하나님께서 아브라함에게 세워 주신 언약 안에 거해야만 하는 것입니다. 그런데 "다른 신"을 섬겼다는 것은, 유일한 구원자이신 그리스도를 배척한 행위임을 놓치지 말아야만 합니다.

⑥ 그런데 본문은, ㉠ "마침내…사이에 거하여"(5), ㉡ "그들의 딸들을 취하여 아내를 삼으며, 자기 딸들을 그들의 아들에게 주며", ㉢ "또 그들의 신들을 섬겼더라"(6)고 말씀합니다. 이런 말씀을 대할 때에 저들이 "율법"을 어겼구나 하는 차원에서만 바라보아서는 부족합니다. 물론 다른 신을 섬겼다는 것은 십계명을 범한 것입니다. 그런데 이것이 신구약을 통틀어 유일한 구주이신 그리스도를 배척한 것임을 아는 데까지 나아가야만 하는 것입니다. 이를 놓치게 되는 원인은 성경을 구속사라는 역사적인 맥락에서 바라보지를 못하고 단편적인 교훈으로 보기 때문에 범하게 되는 한계(限界)입니다.

둘째 단원(7-31) **구원자 옷니엘, 에훗, 삼갈**

"이스라엘 자손이 여호와 목전에 악을 행하여 자기들의 하나님 여호와를 잊어버리고 바알들과 아세라들을 섬긴지라"(7).

① 이것이 사사기에 등장하는 두 번째 악순환입니다. ㉠ "바알과 아

세라” 라는 우상은 가나안 원주민들이 비를 내려주는 신, 풍년이 들게 한다고 믿고 있던 농경(農耕) 신입니다. 이스라엘 자손들이 가나안에 정착하게 되어 농사를 짓게 되자 이를 섬기게 된 수순(手順)은, ㉡ “쫓아내지 못하고→ 사이에 거하여→ 통혼하고→ 우상숭배”를 하기에 이른 것입니다. 그리고 어느 시대를 막론하고 세속화와 우상숭배는 불가분의 관계라는 것입니다. 바울은, “위엣 것을 생각하고 땅엣 것을 생각지 말라” 하면서, “탐심은 우상숭배니라”(골 3:2, 5) 하고 경고합니다. 우상이란 반드시 형상(形象)의 문제가 아니라 마음의 문제임을 지적하고 있습니다. 그렇다면 현대교회도 우상숭배에 깊이 빠져있는 것은 아닌가 하는 경각심을 갖게 합니다.

② “자기들의 하나님 여호와를 잊어버렸다”(7중)고 말씀하고 있는데, 그들 자신은 하나님을 잊어버렸다고는 결코 생각하지 않았을 것입니다. 왜냐하면 형식적으로는 여호와께 제사도 드리고(2:5), 기도도 드리고(9) 했기 때문입니다. 언제나 문제의 심각성은, ㉠ “알지 못함”에 있는 것입니다. 하나님은, “내가 너희를 사랑하노라” 말씀하시면 저들은 “주께서 어떻게 우리를 사랑하셨나이까”(말 1:2) 하고 반문합니다. “내 이름을 멸시하는 제사장들아” 하고 책망하시니까, 저들은 “우리가 어떻게 주의 이름을 멸시하였나이까”(말 1:6) 하고 대꾸합니다. “네가 말하기를 나는 부자라 부요하여 부족한 것이 없다 하나 네 곤고한 것과 가련한 것과 가난한 것과 눈 먼 것과 벌거벗은 것을 알지 못하도다”(계 3:17) 하십니다. 라오디게아교회는 주님을 밖으로 추방을 하고도 이를 알지 못하고 있었던 것입니다. ㉡ 그렇다면 저들이 잊어버린 하나님은 어떤 하나님이신가?

③ 하나님은 모세에게 자신을, “나는 네 조상의 하나님이니 아브라함의 하나님, 이삭의 하나님, 야곱의 하나님이라”(출 3:6, 15, 16, 4:5) 하고 말씀하셨습니다. 이는 아브라함과 이삭과 야곱에게 언약하신 언약의

하나님이라는 뜻입니다. 그리고 그 언약의 핵심은 메시아언약입니다. 그 하나님께서 이스라엘을 애굽에서 인도하여 내신 것입니다. 그 하나님을 "잊어버렸다"는 말씀입니다. 하나님을 잊어버린 것이 곧 그리스도를 잊어버린 것입니다.

④ "여호와께서 이스라엘에게 진노하사 그들을 메소보다미아 왕 구산 리사다임의 손에 파셨다"(8)고 말씀합니다. 성경은 이스라엘을 대적에게 내어주신 것을, ㉠ "파셨다"고 말씀하고 있습니다. 이는 아주 의도적으로 그렇게 말씀하시는 것입니다. 왜냐 하면 그들이 죄 값에 팔렸음을 드러내기 위해서요, "팔린 자들"이 자유 할 수 있기 위해서는, ㉡ "구속"이 필요하다는 구속 주를 깨닫기를 원해서입니다.

자기 백성을 저희 죄에서 구원할 자

① "이스라엘 자손이 여호와께 부르짖으매"(9상) 합니다. ㉠ 저들이, "여호와께 부르짖으매 여호와께서 그들을 위하여 한 구원자를 세워 구원하게 하셨다"(9하)고 말씀합니다. 이는 은혜이지 율법이 아닙니다. 율법은 영적 간음인 우상숭배를 한 엄청난 죄를 정죄할 뿐 결코 구원하여줄 능력이 없습니다. 묻습니다. 그렇다면 저들이 범한 죄는 어떻게 처리하셨단 말인가? 부르짖었기 때문에 해결이 되었는가? 양이나 송아지의 피로 속할 수가 있었는가? 이는 그림자에 불과한 것입니다. 그렇게 생각한다면 그리스도의 대속의 죽음을 헛된 것으로 만드는 것이 됩니다. 그러므로 성경은 말씀합니다. "그(그리스도)는 새 언약의 중보니 이는 첫 언약(구약시대) 때에 범한 죄를 속하려고 죽으사"(히 9:15), 아시겠습니까? 구약시대에 범한 죄도 예수 그리스도의 대속을 통해서만 속함을 받을 수가 있었던 것입니다. 이는 구약시대 성도들도 메시아언약을 통해서만 구원 얻을 수 있었음을 의미합니다.

② 그래서 "한 구원자"(9, 15)를 세워주셨다고 말씀하는 것입니다. 그 구원자가 1차 적으로는 옷니엘(9), 에훗(15), 삼갈(31)과 같은 사사였으나 그들은 예표의 인물이요 궁극적인 구원자란, "아들을 낳으리니 이름을 예수라 하라 이는 그가 자기 백성을 저희 죄에서 구원할 자이심이라"(마 1:21) 하신 예수 그리스도를 지향하고 있는 것입니다. 이점을 명백하게 보여주고 있는 것이 반복되는 제사제도입니다. 갈보리는 결코 반복되지 않습니다. "이 뜻을 좇아 예수 그리스도의 몸을 단 번에 드리심으로 말미암아 우리가 거룩함을 얻었노라", "단 번"에 성취하셨습니다. "저가 한 제물로 거룩하게 된 자들을 영원히 온전케 하셨느니라"(히 10:10, 14), "영원히 온전케" 하셨습니다. 결코 반복되지 않습니다.

③ "이스라엘 자손이 또 여호와의 목전에 악을 행하니라"(12상) 합니다. 이것이 세 번째 악순환입니다. ㉠ "여호와께서 모압 왕 에글론을 강성케 하사 그들을 대적하게 하시매"(12하) 합니다. ㉡ "이스라엘 자손이 여호와께 부르짖으매 여호와께서 그들을 위하여 한 구원자를 세우셨으니 곧 베냐민 사람 게라의 아들 왼손잡이 에훗이라"(15) 합니다. 사사 에훗은, "무리에게 이르되 나를 따르라 여호와께서 너희 대적 모압 사람을 너희의 손에 붙이셨느니라"(28) 하고 말합니다. "여호와께서 붙이셨다", 이것이 중요합니다. 붙이심에 구원해줄 수가 있었던 것입니다.

④ 사사 "에훗"을 어떻게 소개하고 있는가? ㉠ "베냐민 사람, 왼손잡이 에훗"(15)이라고 말씀합니다. ㉡ 사사 "삼갈"의 한 일을 어떻게 소개하고 있는가? "소모는 막대기로 블레셋 사람 육백 명을 죽였고 그도 이스라엘을 구원하였더라"(31) 합니다. 12 지파 중 가장 작고 막내인 베냐민 지파를 통해서, 당시로는 온전치 못한 것으로 여긴 왼손잡이를 들어서, 또는 소모는 막대기를 이용하여 구원케 하셨다고 말씀하고 있는 것은 의도적으로 그렇게 하고 있다고 보아야만 합니다. 왜냐하면,

"하나님께서 세상의 미련한 것들, 약한 것들, 천한 것들, 멸시받는 것들, 없는 것들을 택하사 있는 것들을 폐하려 하시나니" 합니다. 왜 변변치 못한 것들을 들어 쓰시는가? "이는 아무 육체라도 하나님 앞에서 자랑하지 못하게 하려 하심이라"(고전 1:27-9). 이런 하나님의 의도가 사사기에는 더욱 명백하게 나타나고 있습니다. 한 가지 부언할 것이 있습니다. "약하고, 천하고, 멸시받고, 없는 것들"이 결코 잘난 것도 아니요, 더욱이나 내세울 것이 못된다는 점입니다. 강조점이 여기에 있는 것이 아니라, "오직 죽은 자를 다시 살리시는 하나님만 의뢰하게 하심"(고후 1:9)에 있음을 명심해야만 합니다. 이토록 못난 중에 하나님을 의뢰하지 않는다면 그는 아무짝에 쓸모가 없는 존재가 된다는 것을 명심해야만 합니다.

⑤ 한 가지 더 주목할 것은 압제를 당한 연수와, 태평한 연수입니다. ㉠ 사사 옷니엘 때는, 8년(8)을 팔렸고, 40년 동안 태평(11)했습니다. ㉡ 사사 에훗 때는 18년(14)을 팔렸고, 80년 동안 태평(30)하였습니다. 이는, "그 노염은 잠간이요 그 은총은 평생이로다 저녁에는 울음이 기숙할지라도 아침에는 기쁨이 오리로다"(시 30:5)를 말씀해주고 있는 것입니다. 이 연수가 반대로 되었다면 어찌 되었겠습니까? 그 "시험"을 감당하지를 못했을 것입니다.

⑥ 그런데 이상한 것은, ㉠ 태평한 기간의 기사가 생략이 되어있다는 점입니다. 이는 사사기의 기록목적을 이해하는데 결정적인 빛을 비춰주고 있습니다. 사사기를 통해서 말씀하시려는 메시지는 분명합니다. ㉡ "율법의 행위로 그의 앞에 의롭다 하심을 얻을 육체가 없나니 율법으로는 죄를 깨달음이니라"(롬 3:20), 즉 자력구원의 불가능성과, 오직 구원은 하나님께서 세워주실, "한 구원자"(9, 15)를 통해서뿐이라는 복음입니다.

사사기 4장 개관도표

주제 : 앞서 행하시는 여호와

내가 반드시 너와 함께 가리라	1-11 에훗의 죽은 후에 이스라엘 자손이 또 여호와의 목전에 악을 행하매(1) ↓ 야빈의 손에 그들을 파셨는데(2) → 야빈 왕은 철병거 구백 승이 있어서 이십 년 동안, 심히 학대한 고로 ↓ 이스라엘 자손이 여호와께 부르짖었더라(3) ↓ 드보라가 이스라엘의 사사가 되었는데(4) ↓ 바락을, 불러다가 그에게 이르되 여호와께서 이같이 명하지 아니하셨느냐(6) 내가 야빈의 군대 장관 시스라와 그 병거들과 그 무리를, 그를 네 손에 붙이리라 하셨느니라(7) 바락이 그에게 이르되 당신이 나와 함께 가면 내가 가려니와 당신이 나와 함께 가지 아니하면 나는 가지 않겠노라(8) ↓ **내가 반드시 너와 함께 가리라** 그러나 네가 이제 가는 일로는 영광을 얻지 못하리니, 시스라를 여인의 손에 파실 것임이니라(9)
마침내 진멸하였더라	12-24 바락이 다볼 산에 오른 것을 시스라에게 고하매(12) 시스라가 모든 병거 곧 철병거 구백 승과 자기와 함께 있는 온 군사를, 모은지라(13) ↓ **드보라가 바락에게 이르되 일어나라 이는 여호와께서 시스라를 네 손에 붙이신 날이라 여호와께서 너의 앞서 행하지 아니하시느냐(14)** 시스라가 도망하여, 야엘의 장막에 이르렀으니(17) 그가 곤비하여 깊이 잠든지라 헤벨의 아내 야엘이 장막 말뚝을 취하고 그 살쩍에 박으매 기절하여 죽으니라(21) ↓ 이와 같이 이 날에 하나님이 가나안 왕 야빈을 이스라엘 자손 앞에 패하게 하신지라(23) 마침내 가나안 왕 야빈을 진멸하였더라(24)

4장

앞서 행하시는 여호와

[14]드보라가 바락에게 이르되 일어나라 이는 여호와께서 시스라를 네 손에 붙이신 날이라 여호와께서 너의 앞서 행하지 아니하시느냐 이에 바락이 일만 명을 거느리고 다볼산에서 내려가니.

4장의 내용은 이스라엘 자손이 여호와의 목전에 또 악을 행하여 징벌을 당하게 되는 4번째 악순환의 내용입니다. 그런데 분명히 인식해야할 점은, 인간 편에서 볼 때 악순환(惡循環)이지, 하나님 편에서 볼 때에는 그때마다 사사를 세우셔서 구원하여 주시는 "선순환"(善循環),즉 은혜라는 점입니다. 그러므로 4장의 중심점은 도표에서 보시는 바대로, "여호와께서 명하시고, 여호와께서 너의 앞서 행하사, 진멸(승리)케 하심"에 있습니다. 배은망덕한 그들과 함께 계실 뿐만이 아니라 "앞서 행하시는", 즉 선두(先頭)에서 싸워주시는 하나님이시라는 말씀입니다. 그렇다면 우리에게 필요한 것은 무엇이겠습니까? 오직 하나님을 의뢰하는 "믿음"뿐입니다. 이를 두 단원으로 나누어 상고하겠습니다.

첫째 단원(1-11) **내가 반드시 너와 함께 하리라**
둘째 단원(12-24) **마침내 진멸하였더라**

첫째 단원(1-11) 내가 반드시 너와 함께 하리라

"에훗이 죽은 후에 이스라엘 자손이 또 여호와의 목전에 악을 행하매"(1).

① 이는 4번째 악순환입니다. ㉠ "또 여호와의 목전에 악을 행했다"는 말씀을 대할 때에 "또 율법을 범했구나", 하는 차원에서만 생각해서는 아니 됩니다. 저들이 율법을 범하게 된 것은 그 이전에 하나님과의 관계가 바르지 못한, 즉 "경건치 아니함"이 있었기 때문입니다. 하나님은 율법을 이루어 나가시는 중이 아니라 아브라함에게 세워주신 "메시아언약"을 성취해 나가고 계시는 중입니다. 저들은 이를 망각했던 것입니다. 하나님은 호세아 선지자를 통해서, "저희는 아담처럼 언약을 어겼다"(호 6:7)고 말씀합니다. 시편 기자를 통해서는, "그러나 저희가 입으로 그에게 아첨하며 자기 혀로 그에게 거짓을 말하였으니 이는 하나님께 향하는 저희 마음이 정함이 없으며 그의 언약에 성실치 아니하였음이로다"(시 78:37) 합니다.

② "여호와께서 하솔에 도읍한 가나안 왕 야빈의 손에 그들을 파셨는데"(2상) 합니다. ㉠ "파셨다"는 말은 내어주셨다는 뜻입니다. 이럴 경우 타락한 인간은 자기중심이 되어서 자신의 고통만을 생각할 뿐, 자기 백성을 대적의 손에 내어주실 수밖에 없으신 하나님의 마음이 어떠하신 가를 생각하지를 않는 것입니다. 자신의 고(苦)만 생각하는 것은 불교사상입니다. 그러나 집 나간 자식이 돌아오기를 기다리고 계실 아버지를 생각하는 것이 기독교사상인 것입니다. ㉡ "에브라임이여 내가

어찌 너를 놓겠느냐 이스라엘이여 내가 어찌 너를 버리겠느냐, 내 마음이 내 속에서 돌아서 나의 긍휼이 온전히 불붙듯 하도다"(호 11:8) 하십니다. 이것이 아버지 하나님의 마음입니다. ㉢ "그(야빈) 군대 장관은 이방 하로셋에 거하는 시스라요"(2하) 합니다.

③ "야빈 왕은 철병거 구백 승이 있어서 이십 년 동안 이스라엘 자손을 심히 학대"(3상)했다고 말씀합니다. 사사 옷니엘 때는 8년(3:8), 에훗 사사 때는 18년(14)을 압제를 당했는데, 야빈에게는 20년 동안을 심히 학대를 받았다는 것입니다. 어찌하여 징벌의 기간이 점점 길어져만 가는가? ㉠ 야빈에게는 철병거가 900 승이나 있었기 때문입니다. 이를 당해낼 힘이 없었던 것입니다. ㉡ 보다 더 근원적으로는 점점 믿음이 식어져 갔기 때문임을 인식해야만 하는 것입니다. 그 점을 바락에게서 보는 바입니다. 바락은 하나님의 명(6)이 임했음에도, "당신이 나와 함께 가지 아니하면 나는 가지 않겠노라"(8) 하고 사람을 의지했습니다. 드보라는 여자였고, 바락은 남자였습니다. 그럼에도 불구하고 어떤 차이입니까? 드보라에게는 담대한 믿음이 있었고, 바락은 그에 미치지를 못한 차이입니다

한 구원자 드보라

① "그 때에 랍비돗의 아내 여선지 드보라가 이스라엘 사사가 되었는데"(4) 합니다. 여자가, 그것도 랍바돗의 아내인 유부녀가 사사가 되어 이스라엘 자손들이 그에게 나아와 "재판을 받더라"(5)는 말씀은, 당시로는 이례적인 일이라 할 수가 있습니다. 이에 대해 몇 가지로 생각해볼 수가 있습니다. ㉠ 야빈의 "철병거와 연약한 여자"라는 대조적(對照的)인 면이 있습니다. "구원함에 말은 헛것임이여 그 큰 힘으로 구하지 못하는도다"(시 33:17)를 보여주기 위해서라 할 수가 있습니다. ㉡ 여

사사를 세우심은 바락에서 보는 바대로, "두려워 함"과 관련이 있다 하겠습니다. 이는 마치 골리앗 앞에서 이스라엘 군대들이, "놀라 크게 두려워"(삼상 17:11) 하고 있을 때에 소년 다윗을 들어서 역사하심에 비할 수가 있습니다. 하나님은 연약한 여인을 들어서 철병거를 격파하게 하셨던 것입니다.

② "그는, 드보라의 종려나무 아래 거하였고"(5) 라는 묘사는 드보라의 경건성을 말씀해주는 대목이라 할 수가 있습니다. 이 장면은 주님께서 나다나엘을 향하여, "네가 무화과나무 아래 있을 때에 보았노라"(요 1:48) 하신 말씀을 연상하게 합니다. 성경은 말씀합니다. "여호와의 눈은 온 땅을 두루 감찰하사 전심으로 자기에게 향하는 자를 위하여 능력을 베푸시나니"(대하 16:9). 드보라는 20년이나 압제를 당하고 있는, "그 가운데서 행하는 모든 가증한 일로 인하여 탄식하며 울고"(겔 9:4) 있었던 것은 아닐까요?

하늘에 계신 주여 내가 눈을 들어 주께 향하나이다
종의 눈이 그 상전의 손을,
여종의 눈이 그 주모의 손을 바람같이
우리 눈이 여호와 우리 하나님을 바라며
우리를 긍휼히 여기시기를 기다리나이다
여호와여 우리를 긍휼히 여기시고 긍휼히 여기소서
심한 멸시가 우리에게 넘치나이다
평안한 자의 조소와 교만한 자의 멸시가
우리 심령에 넘치나이다(시 123편).

③ 드보라가 바락을 납달리 게데스에서 불러다가 하나님의 명을 전합니다. ㉠ "이스라엘 하나님 여호와께서 이같이 명하지 아니하셨느냐

이르시기를 너는 납달리 자손과 스불론 자손 일만 명을 거느리고 다볼 산으로 가라 ㉡ 내가 야빈의 군대 장관 시스라와 그 병거들과 그 무리를 기손강으로 이끌어 네게 이르게 하고 그를 네 손에 붙이리라 하셨느니라"(6-7). 여기 아름다운 동역을 봅니다. 하나님의 말씀이 드보라에게 있었으나, 말씀을 이루어 드릴 자(골 1:25)로 바락을 부르셨던 것입니다.

내가 반드시 너와 함께 가리라

① "바락이 그에게 이르되 당신이 나와 함께 가면 내가 가려니와 당신이 나와 함께 가지 아니하면 나는 가지 않겠노라"(8) 합니다. 드보라는, ㉠ "내가 반드시 너와 함께 가리라"(9상) 합니다. 사사가 그러하듯이 여기서 드보라는 그리스도의 예표로 등장을 합니다. ㉡ "모세가 여호와께 고하되 주께서 친히 가지 아니하시려거든 우리를 이곳에서 올려 보내지 마옵소서" 합니다. "여호와께서 가라사대 내가 친히 가리라"(출 33:14) 하십니다. 주님은, ㉢ "볼지어다 내가 세상 끝 날까지 너희와 항상 함께 있으리라"(마 28:20) 약속하셨습니다. "내가 반드시 너와 함께 가리라" 말씀하시는 것입니다.

② "그러나 네가 이제 가는 일로는 영광을 얻지 못하리니"(9하) 합니다. 바락은, ㉠ "당신이 나와 함께 가사이다" 하고 말하고, ㉡ "당신이 나와 함께 가지 아니하면 나는 가지 않겠노라"는 말은 하지 않았더라면 좋을 뻔했습니다. 그것은 불신앙의 말이라고 볼 수밖에 없기 때문입니다. 그 점이, "네가 이제 가는 일로는 영광을 얻지 못하리니" 라는 드보라의 말에서도 드러나고 있습니다. 주님은 "주여 죽은 지가 나흘이나 되었으매 벌써 냄새가 나나이다" 하고 불가능성을 말하는 마르다에게, ㉢ "내 말이 네가 믿으면 하나님의 영광을 보리라 하지 아니하였느

냐"(요 11:39-40) 말씀하십니다. 바락은 하나님의 명을 온전히 믿지를 못함으로 "영광을 얻지 못하고" 만 것입니다. 이는 바락 개인의 신앙을 말해주기 보다는 당시의 신앙상태를 대변해주는 것이라 할 수가 있습니다. 하나님은 그들을 가르쳐 알게(3:2) 하시려는 것입니다. 그리고 중심점은 바락의 불신앙을 고발하려는데 있는 것이 아니라 우리를 향하여, "내가 가리라, 그것도, 반드시 가리라"는 말씀을 하시려는데 있음을 명심해야만 합니다. 드보라는 바락의 간청이 없었더라도 "반드시 갔을 것"이라는 믿음입니다.

③ 바락은 스볼론과 납달리 지파 중에서 따르는 일만 인(10)을 거느리고 명하신 대로 "다볼산"에 올랐습니다. 이 소식을 들은 ㉠ "시스라가 모든 병거 곧 철병거 900 승과 자기와 함께 있는 온 군사를, 기손강으로 모은지라"(13) 합니다. 이는 이스라엘을 위하여 싸우시는 하나님의 작전계획(6-7)이었음을 유념해야만 합니다. 왜 이렇게 하셨는가? ㉡ 하나님의 군대는 소수였으나 "다볼산"에 올랐으니 철병거가 공격할 수가 없었을 것이고, 철병거가 "기손강"으로 모였을 때에 집중호우가 쏟아져 "기손강은 그 무리를 표류시켰다"(5:20-21) 한 대로 무력화시키기 위해서였던 것입니다. 이점이 "시스라가 병거에서 내려 도보로 도망한지라"(15)는 말씀을 통해서도 알 수가 있습니다.

④ 이 일은 드보라가, ㉠ "일어나라 이는 여호와께서 시스라를 네 손에 붙이신 날이라 여호와께서 너의 앞서 행하지 아니하시느냐"(14) 한 여호와의 행하심입니다. 또 하나 중요한 점은, ㉡ "이에 바락이 일만 명을 거느리고 다볼산에서 내려가니"(14하) 라는 말씀입니다. 내려오기만 하면 박살을 내려고 900 승이나 되는 철병거를 앞세워 놓고 있는 기손강 가로 내려갔다는 것입니다. 이것은 믿음입니다. 믿음이란 말씀에 대한 응답입니다. "내려가니" 폭우를 쏟으셨고, 내려갔기 때문에, "여호와께서 바락의 앞에서 시스라와 그 모든 병거와 그 온 군대를 칼날로 쳐

서 파하게 하셨던"(15) 것입니다. 도망간 시스라는 드보라의 예언대로, ㉢ "여인의 손"(9)에 의하여 죽임을 당하게 되고, 바락은 영광을 얻지 못하게 되고 맙니다. 철병거 900 승을 거느리고 20년 동안이나 기세 등등하게 이스라엘을 학대하던 시스라의 종말이 여인에 의하여, 그것도 "말뚝"에 박혀죽게 될 줄이야, 여호와의 하시는 일은 기이하고 놀랍기만 합니다.

⑤ 여기서 몇 가지를 다시 한 번 확증할 필요가 있습니다. 이 싸움이 이스라엘의 싸움이 아니라 여호와께서 싸워주신, "여호와의 전쟁"이었다는 점입니다. ㉠ "이스라엘의 하나님 여호와께서 이같이 명하지 아니하셨느냐"(6) 하고 명령하십니다. ㉡ "내가 야빈의 군대 장관 시스라와 그 병거들과 그 무리를 기손강으로 이끌어 네게 이르게 하고 그를 네 손에 붙이리라"(7) 하고 작전계획을 말씀하십니다. ㉢ "여호와께서 바락의 앞에서 시스라와 그 모든 병거와 그 온 군대를 칼날로 쳐서 파하게 하셨다"(15) 하고 승리케 하셨습니다. 그러므로 4장은, "이와 같이 이 날에 하나님이 가나안 왕 야빈을 이스라엘 자손 앞에 패하게 하신지라, 마침내 가나안 왕 야빈을 진멸하였더라"(23-24) 하고 승리로 마치고 있는 것입니다. 우리는 하나님의 전쟁에 "군사로 소집"(딤후 2:4)함을 받았을 뿐입니다.

⑥ 그렇다면, "철병거"에 대해 생각해보아야만 하겠습니다. ㉠ 요셉 자손들은 철병거 앞에 두려워(수 17:16) 떨었습니다. 유다 지파도, "골짜기의 거민들은 철병거가 있으므로 그들을 쫓아내지 못하였다"(1:19)고 말씀했습니다. 그들이 보유한 철병거는 몇 승이나 되었단 말인가? ㉡ 그런데 여 사사 드보라는 900 승이라는 엄청난 철병거를 가진 시스라를 진멸시켰다는 사실입니다. 하나님은 유다 지파와도 함께(1:19)하셨습니다. 그리고 우리와도 함께 하십니다. 그럼에도 불구하고 유다 지파는 쫓아내지를 못했다고 말씀합니다. 이제 우리가 믿음으로 응답할 차례입니다.

사사기 5장 개관도표

주제 : 여호와를 찬송하라, 선파할지어다

여호와께서 용사를 치시려고 강림하셨도다	1-13 이 날에 드보라와, 바락이 노래하여 가로되(1) 이스라엘의 두령이 그를 영솔하였고 백성이 즐거이 헌신하였으니 **여호와를 찬송하라(2)** 여호와여 주께서 세일에서부터 나오시고(4) 저 시내 산도 이스라엘 하나님 여호와 앞에서 진동하였도다(5) 아낫의 아들 삼갈의 날에 또는 야엘의 날에는 대로가 비었고 행인들은 소로로 다녔도다(6). 무리가 새 신들을 택하였으므로 그 때에 전쟁이 성문에 미쳤으나 사만 명 중에 방패와 창이 보였던고(8) **여호와를 찬송하라(9)** **선파할지어다(10)** 여호와의 의로우신 일을 칭술하라 의로우신 일을 칭술하라(11) 깰지어다 깰지어다 드보라여 깰지어다 깰지어다 너는 노래할지어다 일어날지어다 바락이여, 네 사로잡은 자를 끌고 갈지어다(12) **여호와께서** **용사를 치시려고 강림하셨도다(13)**
행한대로 갚으심	14-18 에브라임, 베냐민, 마길, 스불론에서는 대장군이, 내려왔도다(14) 잇사갈의 방백이 드보라와 함께 하니, 르우벤 시냇가에 큰 결심이 있었도다(15) 길르앗, 단, 아셀은, 자기 시냇가에 거하도다(17) 스불론은 죽음을 무릅쓰고 생명을 아끼지 아니한 백성이요 납달리도 그러하도다(18)
승리의 개가	19-31 별들이 하늘에서부터 싸우되 그 다니는 길에서 시스라와 싸웠도다(20) 기손 강은 그 무리를 표류시켰으니, 내 영혼아 네가 힘있는 자를 밟았도다(21) 여호와의 사자의 말씀에 메로스를 저주하라, 여호와를 도와 용사를 치지 아니함이니라 하시도다(23) 야엘은 다른 여인보다 복을 받을 것이니 장막에 거한 여인보다 더욱 복을 받을 것이로다(24) 그가, 그 꾸부러진 곳에 엎드러져 죽었도다(27) **여호와여 주의 대적은 다 이와 같이 망하게 하시고** **주를 사랑하는 자는 해가 힘있게 돋음 같게 하시옵소서(31)**

5장

여호와를 찬송하라, 선파할지어다

[31]여호와여 주의 대적은 다 이와 같이 망하게 하시고 주를 사랑하는 자는 해가 힘있게 돋음 같게 하시옵소서 하니라 그 땅이 사십 년 동안 태평하였더라.

5장은 첫 절이 말씀해주고 있는 대로, "드보라와 바락의 노래"입니다. 노래는 두 사람이 불렀다해도, 시는 드보라가 지었을 것입니다. 노래의 주제는 도표에서 보시는 바대로, "여호와를 찬양하라, 여호와를 선파하라"는 것입니다. 내용을 세 마디로 요약할 수가 있습니다. ㉠, "여호와께서 용사를 치시려고 강림하셨다"(첫째 단원), ㉡, "행한 대로 갚으심"(둘째 단원), ㉢ "승리의 개가"(셋째 단원)입니다. 결론은, "주의 대적은 다 이와 같이 망하게 하시고 주를 사랑하는 자는 해가 힘있게 돋음 같게 하시옵소서"(31) 하는 말씀입니다. 이를 세 단원으로 나누어 상고하겠습니다.

첫째 단원(1-13) **여호와께서 용사를 치시려고 강림하셨다**

둘째 단원(14-18) **행한 대로 갚으시는 하나님**

셋째 단원(19-31) **승리의 개가**

첫째 단원(1-13) 여호와께서 용사를 치시려고 강림하셨다

"이스라엘의 두령이 그를 영솔 하였고 백성이 즐거이 헌신하였으니 여호와를 찬송하라"(2).

① "노래의 첫 말씀이 여호와를 찬송하라"는 말씀입니다. 어찌하여 하나님이 찬양을 받으시기에 합당하신가? 첫째로, ㉠ "이스라엘의 두령이 그를 영솔 하였고 백성이 즐거이 헌신하였기" 때문이라는 것입니다. 4장에서 상고한 대로 가나안 왕 야빈은 이스라엘을 20년 동안이나 "심히 학대"한 자입니다. 그에게는 철병거 900 승이 있어서 그에게 항거한다는 것은 계란으로 바위를 치는 것과 같아서, 구원의 가망은 전연 없었던 것입니다. 이런 처지에서, 두령(장수)이 분연히 일어나고, 백성들이 즐거이 헌신하였다는 것은 자력으로 되어진 일이라 할 수가 없습니다. 하나님께서 자기 백성 이스라엘을 돌아보셨기 때문이라고 말할 수밖에 없는 것입니다. 이점을 13절에서, "여호와께서 나를 위하여 용사를 치시려고 강림하셨도다" 하고 하나님의 능력임을 분명히 증거하고 있습니다.

② 그러므로 3절에서도, "너희 왕들아 들으라 방백들아 귀를 기울이라"(3상) 하고 찬양에 초청을 하면서, "나 곧 내가 여호와를 노래할 것이요 이스라엘 하나님 여호와를 찬송하리로다"(3하) 하고 거듭 말씀하고 있는 것입니다. 그렇다면 무엇을 찬양하고 있는가?

③ "여호와여 주께서 세일에서부터 나오시고 에돔 들에서부터 진행하실 때에, 저 시내산도 이스라엘 하나님 여호와 앞에서 진동하였도다"(4-5) 하고 진술합니다. 이는 이스라엘 백성들을 애굽에서 구출하여 내셔서 가나안으로 인도하셨을 때의 여호와의 행사를 칭송하는 대목입

니다. 드보라는 하나님 찬양할 이유를 목전(目前)의 승리에서만 구하고 있는 것이 아니라, ㉠ 조상들을 애굽에서 인도하여 내신 근원(根源)으로부터 추구하고 있는 것입니다. 드보라의 노래는 모세가 죽기 전에 읊은, ㉡ "여호와께서 시내에서 오시고 세일산에서 일어나시고 바란산에 비취시고 일만 성도 가운데서 강림하셨고"(신 33:2) 한 노래와 맥을 같이 하고 있습니다.

④ 이점이 중요합니다. 드보라는 지신들을 야빈의 손에서 구원하여 주신 하나님이, 조상들을 애굽에서 인도하여내신 바로 그 하나님이심을 찬양하고 있는 것입니다. 그리하여 "출애굽 사건"이 사실이라면, 그에 비할 수 없이 작은 이번 승리는 "더욱" 확실하다는 논리인 것입니다. 그러므로 시편기자도, "하나님이여 주의 백성 앞에서 앞서 나가사 광야에 행진하셨을 때에(셀라) 땅이 진동하며 하늘이 하나님 앞에서 떨어지며 저 시내산도 하나님 곧 이스라엘의 하나님 앞에서 진동하였나이다"(시 68:7-8) 하고 이를 찬양하였던 것입니다.

절망적인 상황

① 이렇게 한 후에, "아낫의 아들 삼갈의 날에 또는 야엘의 날에는 대로(大路)가 비었고 행인들은 소로(小路)로 다녔도다"(6-7) 하고 현실로 돌아와서 자신들이 처했던 형편을 진술합니다. 이는 이스라엘이 처한 당시의 참담한 상황을 단적으로 말해주고 있는데, ㉠ 삼갈(3:31)은 사사였고, 야엘(4:21)은 시스라를 죽인 여인입니다. 당시에 압제자들이 이스라엘을 얼마나 학대했으면 대로로 다니지를 못하고 소로로만 다녔으며, 관원들이 그쳤겠는가? ㉡ "이스라엘 자손이 미디안을 인하여 산에서 구멍과 굴과 산성을 자기를 위하여 만들었다"(6:2)는 그런 상황을 말해주고 있는 것입니다.

② 그렇다면 하나님께서 애굽에서 구속하여 자기 백성으로 삼으신 이스라엘이 어찌하여 이런 지경에 처하게 되었는가? "무리가 새 신들을 택하였으므로 그 때에 전쟁이 성문에 미쳤으나"(8상) 합니다. 그렇게 된 원인이 "다른 신", 곧 우상을 숭배했기 때문임을 지적합니다. "이스라엘 사만 명 중에 방패와 창이 보였던고"(8하) 합니다. 이는 인간의 힘으로는 구원 얻을 가망이 없는 절망적인 상황임을 말씀함입니다.

③ 9-13절은, 그런 절망적인 때에 하나님께서 구원하여주셨음을 찬양하는 내용인데 중심적인 말씀은, ㉠ "여호와께서 나를 위하여 용사를 치시려고 강림하셨도다"(13하)는 말씀입니다. 즉 드보로를 들어서 이스라엘을 구원하시려고 "강림"하셨다는 것입니다. "강림하셨다"고 진술하고 있음을 유념하시기를 바랍니다. 출애굽 당시에도, ㉡ "내가 내려와서(강림) 그들을 애굽인의 손에서 건져내고 그들을 그 땅에서 인도하여 아름답고 광대한 땅에, 이르려 하노라"(출 3:8) 하고 말씀하셨습니다. 궁극적으로는 그 하나님께서 우리를 구원하시려고, ㉢ "말씀이 육신이 되어 우리 가운데 거하시매"(요 1:14) 한, 임마누엘로 성취되는 맥락임을 놓치지 마시기를 바랍니다.

④ 그러므로 빈부귀천을 막론하고, ㉠ "여호와를 찬송하라"(9하), ㉡ "선파"(宣播)할지어다"(10하), ㉢ "여호와의 의로우신 일을 칭술(稱述)하라 그의 이스라엘을 다스리시는 의로우신 일을 칭술하라"(11하)고 거듭 촉구합니다. "칭술"이란 찬양하며 진술하라는 뜻입니다.

⑤ "찬양과 증거", 이 두 가지는 구원 은총을 받은 자들이라면 누구나 진력할 일입니다. 죄 사함의 은총을 입은 다윗은, "주여 내 입술을 열어주소서 내 입이 주를 찬송하여 전파하리이다"(시 51:15) 하고 말씀합니다. "대대로 주의 행사를 크게 칭송하며 주의 능한 일을 선포하리로다"(시 145:4) 합니다. 다른 시편 기자는, "나는 항상 소망을 품고 주를 더욱 더욱 찬송하리이다 내가 측량할 수 없는 주의 의와 구원을 내

입으로 종일 전하리이다"(시 71:14-15) 하고 말씀합니다. 이 구원이 성취 된 이후를 살아가고 있는 신약의 성도들은 더욱 더욱 찬양하고 전파해야 마땅하지 않겠습니까?

⑥ "깰지어다 깰지어다 드보라여 깰지어다 깰지어다 너는 노래할지어다 일어날지어다 바락이여"(12상) 합니다. ㉠ "깰지어다" 라는 말씀을 네 번이나 반복적으로 자신에게 강조하고 있습니다. 이는 철병거를 9백 승이나 보유하고 있는 시스라를 대항하여 일어난다는 것이 얼마나 믿음의 담력이 필요한 일이었는가를 엿볼 수 있는 대목입니다. 더욱이나 나약한 여자의 몸으로 서랴! 하나님의 사람들은 자신이 자신에게 설교하는 법을 배워야만 합니다.

내 영혼아
네가 어찌하여 낙망하며
어찌하여 내 속에서 불안하여 하는고
너는 하나님을 바라라
그 얼굴의 도우심을 인하여
내가 오히려 찬송하리로다 (시 42:5).

⑦그리고 "너는 노래할지어다 일어날지어다 바락이여" 하고 바락을 격려합니다. 하나님의 군사들은, ㉠ "헌신"(2, 9)하기 위해서, 그리고 "찬양하고 선파"하기 위해서, 깨어있어야만 합니다. 그리고 분연히 일어나라고 독려합니다. ㉡ "네 사로잡은 자를 끌고 갈지어다"(12하) 합니다. 시편 68:18절에서는 주님을, "사로잡은 자를 끌고" 오시는 개선장군으로 묘사하고 있습니다. 그러므로 사사 드보라는, 그리고 바락은 때론 그리스도를 예표하기도 하고, 그의 군사들인 우리의 예표이기도 합니다.

둘째 단원(14-18) 행한 대로 갚으시는 하나님

"스불론은 죽음을 무릅쓰고 생명을 아끼지 아니한 백성이요 납달리도 들의 높은 곳에서 그러하도다"(18).

본 단원에서 드보라는 기손강 전투에 협력한 지파와, 관망한 지파를 일일이 거론하면서 행한 대로 보상(報償)하고 보응(報應)하는 것을 대하게 됩니다. 여기서 드보라는 그리스도를 예표하고 있습니다.

① "에브라임에게서 나온 자는"(14상) 하는 것으로 보아 에브라임 지파에서도 참전한 자들이 있었다는 뜻으로 여겨집니다. 드보라는 에브라임 산지에 살고 있었는데(4:5), 아말렉에 뿌리 박힌 자요" 라는 말은, 에브라임이 아말렉 족속에게 점령당했던(3:13) 곳으로부터 내려왔기 때문입니다.

② "그 다음에 베냐민은 너희 백성 중에 섞였으며"(14중) 합니다. 베냐민은 에브라임(요셉 지파)과 한 어머니 소생입니다. 그리하여 형 지파라 말할 수 있는 에브라임 지파를 따랐다는 뜻입니다.

③ "마길(므낫세 지파, 민 32:39)에게서는 다스리는 자들이 내려왔고"(14중) 합니다. 지도자들이 참전했다는 뜻입니다.

④ "스불론에게서는 대장군의 지팡이를 잡은 자가 내려왔도다"(14하) 합니다. 스불론은 기손강 전투에 주도적인 역할을 한 지파입니다. 그러므로 "대장군의 지팡이를 잡은 자"란, 다른 번역에서 보는 바대로 장교들이 내려왔다는 뜻입니다.

⑤ "잇사갈의 방백들이 드보라와 함께 하니, 그 발을 좇아 골짜기로 달려 내려가니"(15상) 합니다. 참전을 했다고 그 충성심이 같은 것은 아닙니다. "골짜기로 달려 내려갔다"는 것은 다볼산에서 시스라의 철병거 900승이 있는 기손강으로 내려갈 때에 용맹 있게 내려갔음을 뜻합니다.

⑥ "르우벤 시냇가에 큰 결심이 있었도다"(15하) 합니다. 그러니까 르우벤 지파도 입으로는 큰 소리를 쳤다는 그런 뜻입니다. 그러나, "네가 양의 우리 가운데 앉아서 목자의 저 부는 소리를 들음은 어찜이뇨 르우벤 시냇가에서 마음에 크게 살핌이 있도다"(16) 합니다. 즉 망설이고 주저하다가 끝내 참전하지 않았다는 뜻입니다. 그들은 형제들이 피 흘려 싸울 때에 "목자의 저 부는 소리", 즉 피리만 불고 있었던 것입니다.

⑦ "길르앗은 요단 저편에 거하거늘"(17상) 합니다. 길르앗은 갓 지파가 요단 동편에서 분배받은 땅입니다. 그들도 참전하지 않았습니다.

⑧ "단은 배에 머무름은 어찜이뇨"(17중) 합니다.

⑨ "아셀은 해빈에 앉고 자기 시냇가에 거하도다"(17하) 합니다. 즉 단 지파와 아셀 지파는 평안히 거하면서 참전하지 않았다는 뜻입니다.

⑩ "스불론은 죽음을 무릅쓰고 생명을 아끼지 아니한 백성이요"(18상) 합니다.

⑪ "납달리도 들의 높은 곳에서 그러하도다"(18하) 합니다. 스불론과 납달리 두 지파는 이번 전투에서 가장 헌신한 지파입니다. 이점이 드보라가 바락에게 명한 말에서도 드러납니다. "하나님 여호와께서 이같이 명하지 아니하셨느냐 이르시기를 너는 납달리 자손과 스불론 자손 일만 명을 거느리고 다볼산으로 가라"(4:6) 하고 명하셨던 것입니다. 이 명령을 받은 납달리, 스불론 두 지파는 하나님의 기대에 어긋남이 없이, "죽음을 무릅쓰고 생명을 아끼지 아니한 백성"이라고 칭찬합니다.

이 말씀이 신약의 군사들에게는 어떻게 적용이 되고 있는가? "또 여러 형제가 어린양의 피와 자기의 증거하는 말을 인하여 저를 이기었으니 그들은 죽기까지 자기 생명을 아끼지 아니하였도다"(계 12:11) 합니다. 본 단원은 주님께서, "보라 내가 속히 오리니 내가 줄 상이 내게 있어 각 사람에게 그의 일한 대로 갚아주리라"(계 22:12) 하신 말씀과 맥을 같이 하고 있다 하겠습니다.

셋째 단원(19-31) 승리의 개가

"별들이 하늘에서부터 싸우되 그 다니는 길에서 시스라와 싸웠도다"(20).

① 본 단원은 승리의 개가입니다. 13절에서, "여호와께서 나를 위하여 용사를 치시려고 강림하셨도다" 하고 말씀했는데, 본 단원에서는 승리를 주신 하나님을 찬양하고 있습니다. ㉠ "별들이 하늘에서부터 싸우되 그 다니는 길에서 시스라와 싸웠도다"(20) 합니다. "별들이 시스라와 싸웠다"는 말이 무슨 뜻인가? 이는 시적인 묘사이기는 하지만, 하나님의 나라건설을 위한 영적 전쟁은 우주적인 전쟁임을 유념해야만 합니다. ㉡ "여호와께서 너의 앞서 행하지 아니하시느냐(4:14), 여호와께서 용사를 치시려고 강림하셨다"(5:13)는 말씀을 생각하시기를 바랍니다. 하나님께서 친히 출진(出陣)하신 전쟁이라면, 천사나 심지어 "별들"까지도 관망만 하고 있었다고 말할 수가 있겠습니까? ㉢ "태양아 너는 기브온 위에 머무르라 달아 너도 아얄론 골짜기에 그리할지어다 하매 태양이 머물고 달이 그치기를 백성이 그 대적에게 원수를 갚도록 하였느니라, 이는 여호와께서 이스라엘을 위하여 싸우셨음이니라"(수 10:12-14) 하고 말씀함을 봅니다.

② 이점을 잘 말씀해주고 있는 곳이 계시록 12장입니다. ㉠ "하늘에 전쟁이 있으니 미가엘과 그의 사자들이 용으로 더불어 싸울새 용과 그의 사자들도 싸우나 이기지 못하여 하늘에서 저희의 있을 곳을 얻지 못한지라 큰 용이 내어쫓기니 옛 뱀 곧 마귀라고도 하고 사단이라고도 하니 온 천하를 꾀는 자라 땅으로 내어쫓기니 그의 사자들도 저와 함께

내어쫓기니라"(계 12:7-9) 합니다. 천사장 미가엘이 싸운 하늘의 전쟁은 무엇을 위한 전쟁인가? ㉡ 하나님 나라건설을 위한 전쟁입니다. 이 전쟁은 육신의 눈으로는 볼 수 없는 영계(靈界)에서 일어나는 싸움입니다.

③ 그렇다면 그때 지상에서는 어떤 일이 벌어지고 있었는가? 바로 이때 지상(地上)에서도 최대의 격전이 벌어지고 있었던 것입니다. 즉 겟세마네와 갈보리 전투가 벌어지고 있었던 것입니다. ㉠ "사자가 하늘로부터 예수께 나타나 힘을 돕더라 예수께서 힘쓰고 애써 더욱 간절히 기도하시니 땀이 땅에 떨어지는 피 방울 같이 되더라"(눅 22:43-44) 합니다. 인류 역사상 최대의 격전은 지상과 천상(天上)에서 동시적으로 일어난 갈보리 전투였던 것입니다(요한계시록 파노라마, 참고). 이점을 계시록의 문맥이 말씀해주고 있습니다. 사탄이 하늘에서 있을 곳을 얻지 못하여 쫓겨나게 된 것이 천사장 미가엘에게 패했기 때문으로 여겨서는 아니 됩니다. 주님의 대속으로 말미암아 참소할 근거를 상실했기 때문임을 망각해서는 아니 됩니다. 가히, ㉡ "별들이 하늘에서부터 싸웠다"고 말할 수가 있는 것입니다. 이 전쟁은 아직 끝난 것이 아니며, 형제가 나가서 싸울 때에 동시적으로 하늘에서는 "별들"이 싸우고 있다는 경각심을 가지시기를 바랍니다.

우주적인 전쟁

① "기손강은 무리를 표류시켰으니"(21상) 합니다. ㉠ 이는 뇌성벽력을 치면서 갑자기 폭우를 쏟으심으로 기손강이 범람하여 시스라의 철병거를 "표류"(漂流)케 하셨음을 상상하기에 족합니다. ㉡ "내 영혼아 네가 힘있는 자를 밟았도다"(21하) 합니다. 어찌하여 이 시점에서, "내 영혼아" 하고 말씀하는 것일까요? 드보라도 하나님이 친히 싸우시는 전

쟁을 관망만 하고 있었던 것은 아닙니다. 모세가 손을 들고 있음같이, 하나님 앞에 기도를 드리고 있었음이, "내 영혼아"라는 묘사 속에는 암시되어 있다 하겠습니다. ㉢ "네가 힘있는 자를 밟았도다" 합니다. 이 말씀은 우리로 하여금, "내가 네 원수로 네 발등상 되게 하기까지 너는 내 우편에 앉았으라"(시 110:1) 하신 말씀을 연상하게 합니다.

② "여호와의 사자의 말씀에 메로스를 저주하라 너희가 거듭 거듭 그 거민을 저주할 것은 그들이 와서 여호와를 돕지 아니하며 여호와를 도와 용사를 치지 아니함이라 하시도다"(23) 합니다. 여호와를 돕지 아니한 죄 때문에 거듭 거듭 저주를 당하게 된, ㉠ "메로스" 거민들은 누구들일까? 성경은 이를 밝혀주고 있지 아니합니다. 그러므로 우리는 주님께서, "주인의 뜻을 알고도 예비치 아니하고 그 뜻대로 행치 아니한 종은 많이 맞을 것이요"(눅 12:47) 하신 말씀을 생각할 따름입니다. 메로스 거민들은 도울 수 있도록 예비 되어 있었음에도 이를 저버림으로 저주를 자청했던 것입니다. 그렇다면 이 말씀이, 행한 대로 갚아주시겠다는 둘째 단원(14-18)에 편입되어 있어야할 내용이 아니겠습니까?

③ 그런데 의도적으로 여기서 언급하고 있는 것으로 여겨집니다. 왜냐하면 다음절에서, ㉠ "겐 사람 헤벨의 아내 야엘은 다른 여인보다 복을 받을 것이니 장막에 거한 여인보다 더욱 복을 받을 것이로다"(24) 하신, "복과, 저주"를 대조(對照)해서 보여주기를 원하셨기 때문입니다. 23절에서는, ㉡ "저주하라" 하시고, 24절에는 "복을 받을 것이로다" 하십니다. 이 장면은 주님께서 최후심판 때에 되어질 것을 비유를 들어 말씀하신 것을 상기하게 합니다.

④ "인자가 자기 영광으로 모든 천사와 함께 올 때에 자기 영광의 보좌에 앉으리니 모든 민족을 그 앞에 모으고 각각 분별하기를 목자가 양과 염소를 분별하는 것같이 하여 양은 그 오른편에, 염소는 왼편에 두리라 그 때에 임금이 그 오른편에 있는 자들에게 이르시되 내 아버지께

복 받을 자들이여 나아와 창세로부터 너희를 위하여 예비 된 나라를 상속하라", "또 왼편에 있는 자들에게 이르시되 저주를 받은 자들아 나를 떠나 마귀와 그 사자들을 위하여 예비 된 영영한 불에 들어가라 하시니라"(마 25:31-46).

⑤ 철병거 9백 승을 거느리고, 20년 동안이나 자기 백성들을 심히 학대하던 시스라를 하나님께서는 심판하시되, ㉠ "그가 그의 발 앞에 꾸부러지며 엎드러지고 쓰러졌고 그의 발 앞에 꾸부러져 엎드러져서 그 꾸부러진 곳에 엎드러져 죽었도다"(27) 하는 방식으로 심판을 하셨던 것입니다. ㉡ 철병거 9백 승을 거느렸던 시스라가 남자 사사가 아닌 랍비돗의 아내 여 선지 드보라에 의해 패망하고, 헤벨의 아내 야엘에 의하여 말뚝에 꿰뚫어 죽을 줄을 그 누가 상상이나 했으랴!

⑥ 그렇다면 이렇게 쓰임 받은, "헤벨의 아내 야엘"은 누구인가? 그는 이스라엘 족속이 아니라 "겐 사람", 즉 이방인이었습니다. 하나님은 그를 이렇게 쓰시려고, "모세의 장인 호밥의 자손 중 겐 사람 헤벨이 자기 족속을 떠나 게데스에 가까운 시아난님 상수리나무 곁에 이르러 장막을 쳤더라"(4:11) 하고 이미 예비해두셨던 것입니다. 이를 알았기에 드보라는 "네가 이제 가는 일로는 영광을 얻지 못하리니 이는 여호와께서 시스라를 여인의 손에 파실 것임이니라"(4:9) 하고 예언했던 것입니다.

⑦ 여기 한가지 주목할 사실은, "장막에 거한 여인보다 더욱 복을 받을 것이로다"(24하) 한 묘사입니다. 이는 야엘에게 한 축복인데, 그렇다면 야엘은 어디에 거하고 있었단 말인가? 야엘도 본래부터, "장막에 거"(4:17)한 사람입니다. 그러나 야엘은 다른 부녀자들이 안일(安逸)한 중에 있을 때에 기꺼이 전쟁에 가담했으며, 그러므로 그의 장막은 더 이상 안일을 일삼는 장막이 아니라, 여호와의 전쟁을 수행하는 야전군 병사의 천막(天幕)이었던 것입니다. 이 일에 "메로스" 사람들이 쓰임을

받았다면 얼마나 좋았겠습니까?

⑦ 드보라는 이렇게 노래를 마무리하고 있습니다.

여호와여
주의 대적은 다 이와 같이 망하게 하시고
주를 사랑하는 자는 해가 힘있게 돋음 같게 하시옵소서(31).

다윗은 이렇게 찬양합니다.

여호와께서 홍수 때에 좌정하셨음이여
여호와께서 영영토록 왕으로 좌정하시도다
여호와께서 자기 백성에게 힘을 주심이여
여호와께서 자기 백성에게 평강의 복을 주시리로다(시 29:10-11).

"그 땅이 40년 동안 태평하였더라"(31하).

사사기 6장 개관도표

주제 : 너는 이 힘을 의지하고 이스라엘을 구원하라

또 악을 행한 이스라엘	1-10 이스라엘 자손이 → 또 여호와의 목전에 악을 행하였으므로 미디안의 손에 붙이시니(1) 이스라엘 자손이 미디안을 인하여 산에서 구멍과 굴과 산성을 자기를 위하여 만들었으며(2) 이스라엘이 미디안을 인하여 미약함이 심한지라 이에 이스라엘 자손이 → 여호와께 부르짖었더라(6) 한 선지자를 보내사 그들에게 이르되, 내가 너희를 애굽에서 인도하여 내며 너희를 그 종 되었던 집에서 나오게 하여(8) 너희 앞에서 쫓아내고 그 땅을 너희에게 주었으며(9) 아모리 사람의 땅의 신들을 두려워 말라 하였으나 너희가 → 내 목소리를 청종치 아니하였느니라(10)
내가 너와 함께 하리라	11-24 기드온이 밀을 포도주 틀에서 타작하더니(11) 여호와의 사자가 기드온에게, 큰 용사여 여호와께서 너와 함께 계시도다(12) 너는 이 네 힘을 의지하고 가서 이스라엘을 구원하라 내가 너를 보낸 것이 아니냐(14) 내가 반드시 너와 함께 하리니(16) 기드온이 가서 염소 새끼 하나를 준비하고 가루 한 에바로 무교전병을 만들고(19) 불이 반석에서 나와 고기와 무교전병을 살랐고(21) 기드온이 여호와를 위하여 거기서 단을 쌓고 이름을 여호와살롬이라 하였더라(24)
한 단을 쌓고 번제를 드리라	25-40 여호와께서 기드온에게 이르시되 칠 년 된 둘째 수소를 취하고 네 아비에게 있는 바알의 단을 헐며 단 곁의 아세라 상을 찍고(25) 네 하나님 여호와를 위하여 규례대로 한 단을 쌓고 번제를 드릴지니라(26) 너희가 바알을 위하여 쟁론하느냐 너희가 바알을 구원하겠느냐(31) 그 날에 기드온을 여룹바알이라 하였으니(32) 여호와의 신이 기드온에게 강림하시니 나팔을 불매 아비에셀 족속이 다 모여서 그를 좇고(34) 온 므낫세, 그를 좇고 아셀과 스불론과 납달리에 보내매 그 무리도 올라와서 그를 영접하더라(35) 기드온이 하나님께 여짜오되 주께서 이미 말씀하심같이 내 손으로 이스라엘을 구원하려 하시거든(36)

6장

너는 이 힘을 의지하고 이스라엘을 구원하라

[14]여호와께서 그를 돌아보아 가라사대 너는 이 네 힘을 의지하고 가서 이스라엘을 미디안의 손에서 구원하라 내가 너를 보낸 것이 아니냐.

6장은 5번째 악순환의 내용인데 도표에서 보시는 바대로, "이스라엘이 또 여호와의 목전에 악을 행하였으므로 여호와께서 7년 동안 그들을 미디안의 손에 붙이셔서"(1) 징벌(훈련)을 하십니다. 저들이 고통 중에 부르짖자, "한 구원자"로 기드온을 준비시키십니다. 다시 상기시켜드립니다만, 사사들을, "한 구원자"(3:9, 15)라 말씀하고 있고, 궁극적인 구원자는 그리스도시라는 점입니다. 그러므로 사사들은 예표의 사람이라 할 수가 있습니다. 이점이 6장에서는 더욱 명백하게 드러나고 있습니다. ㉠, 기드온에게 나타내신, "여호와의 사자"(11)를 통해서 계시되어 있습니다. ㉡, "여호와를 위하여 규례 대로 한 단을 쌓고, 번제를 드릴지니라"(26) 하신, "단과, 번제"를 통해서 계시되어 있습니다. 그렇다면, "보소서 나의 집은 므낫세 중에 극히 약하고 나는 내 아비 집에서 제일 작은 자"(15)라고 말하는 기드온이 어떻게 구원할 수가 있단 말인가?

이를 세 단원으로 나누어 상고하겠습니다.

첫째 단원(1-10) **또 여호와의 목전에 악을 행한 이스라엘**
둘째 단원(11-24) **내가 반드시 너와 함께 하리라**
셋째 단원(25-40) **한 단을 쌓고 번제를 드릴지니라**

첫째 단원(1-10) 또 여호와의 목전에 악을 행한 이스라엘

"이스라엘 자손이 또 여호와의 목전에 악을 행하였으므로 여호와께서 칠 년 동안 그들을 미디안의 손에 붙이시니(1).

① "미디안의 손이 이스라엘을 이긴지라 이스라엘 자손이 미디안을 인하여 산에서 구멍과 굴과 산성을 자기를 위하여 만들었으며"(2) 합니다. ㉠ "산에서 구멍과 굴"을 파고 은거할 수밖에 없었던 것은 미디안의 약탈을 모면해보려는 궁여지책이었습니다. 쫓아내지 못하면 결국 자신들이 쫓기게 되는 것입니다. 1:34절에서, "아모리 사람이 단 자손을 산지로 쫓아들이고 골짜기에 내려오기를 용납지 아니했다"는 말씀을 대한 바가 있습니다. 그래서 성경은, "누구든지 진자는 이긴 자의 종이 됨이니라"(벧후 2:19) 하고 말씀하는 것입니다. 출애굽기에 보면, ㉡ "여호와께서 이스라엘 자손을 그 군대대로 애굽 땅에서 인도하여 내셨더라"(출 12:51) 하고 말씀합니다. 얼마나 위풍당당한 모습입니까? 그런데 지금의 모습은 얼마나 비참하고 초라한 모습입니까? 왜 이토록 가련한 모습으로 전락했는가?

② "여호와의 목전에 악을 행하였기"(1상) 때문입니다. 이 악이 무슨 악인가? 앞에서 이미 언급했기 때문에 본문에서는 재차 설명하고 있지 아니합니다만, "애굽 땅에서 그들을 인도하여 내신 그 열조의 하나님

여호와를 버리고 다른 신 곧 그 사방에 있는 백성들의 신"(2:12)을 섬긴 배은망덕한 우상숭배입니다.

③ "이스라엘이 파종한 때면 미디안 사람, 아말렉 사람, 동방 사람이 치러 올라와서 진을 치고 가사에 이르도록 토지 소산을 멸하여 이스라엘 가운데 식물을 남겨두지 아니하며 양이나 소나 나귀도 남기지 아니하니"(3-4) 합니다. ㉠ "메뚜기 떼같이 들어왔다"(5)고 말씀합니다. 본문을 보니까 미디안 사람만이 아니라 아말렉 사람, 동방 사람도 노략했다고 말씀합니다. 여호수아는 말하기를, "또 그 땅 백성을 두려워하지 말라 그들은 우리의 밥이라"(민 14:9) 하고 말했었는데, 이스라엘이 도리어 저들의 밥이 된 것입니다. 그러니까 그들이 휩쓸고 지나간 자리에는 남은 것이 없었던 것입니다.

④ "이스라엘이 미디안을 인하여 미약함이 심한지라 이에 이스라엘 자손이 여호와께 부르짖었더라"(6) 합니다. 이 악순환의 고리를 보십시오. ㉠ 또 여호와의 목전에 악을 행합니다. ㉡ 미디안의 손에 붙이십니다. ㉢ 미약함이 심한지라 여호와께 부르짖습니다.

⑤ 이 부르짖음을 들으시고, "여호와께서 이스라엘 자손에게 한 선지자를 보내사 그들에게 이르되"(8상), 선지자를 통해서 크게 세 가지를 말씀하십니다. ㉠ "내가 너희를 애굽에서 인도하여 내며 너희를 그 종되었던 집에서 나오게 하여 애굽 사람의 손과 너희를 학대하는 모든 자의 손에서 너희를 건져내고"(8-9상) 하십니다. 첫 말씀이 출애굽을 상기시키십니다. 이는 이스라엘과 하나님과의 관계성을 말해주는 초석(礎石)과 같은 말씀입니다. 저들을 애굽에서 인도하여 내셨다고 하심은, "너희를 구속하여 너희로 내 백성을 삼고 나는 너희 하나님이 되리니"(출 6:6-7) 하신 근원을 말씀함입니다. 그냥 인도해내신 것이 아닙니다. "구속하여 내 백성"을 삼으셨음을 잊지 말아야만 합니다. 두 번째로, ㉡ "그들을 너희 앞에서 쫓아내고 그 땅을 너희에게 주었으며"(9)

하십니다. 즉 가나안 땅으로 인도하여 그 땅을 주셨다는 말씀입니다. 세 번째로, ㉢ "내가 또 너희에게 이르기를 나는 너희 하나님 여호와니 너희의 거하는 아모리 사람의 땅의 신들을 두려워 말라 하였으나 너희가 청종치 아니하였느니라"(10) 합니다. 청종치 아니했다는 것은, 가만히 있었다는 말이 아닙니다. 여호와 하나님을 버리고 도리어 그들의 신을 섬긴 것을 가리킵니다. 하나님께서는 선지자를 통해서 하나님의 백성들이 이토록 비참하게 된 원인을 지적해주면서 책망하시는 것입니다.

멸망에 이르는 근원적인 죄

① 이점을 우리가 심각하게 생각해 보아야만 합니다. 이스라엘 백성들이 윤리적으로 타락을 했다는 것은 전적 부패한 죄성 때문이라 하더라도, 어떻게 종교적으로 여호와를 버리고 다른 신 곧 사방에 있는 백성들(가나안 원주민)의 우상을 섬길 수가 있단 말인가 하는 점입니다. 그렇게 된 원인은 분명합니다. 사방에 있는 백성들의 잘먹고 잘사는 것을 부러워한, ㉠ 물질주의 때문이었던 것입니다. 이를 알았기에 바울은, ㉡ "탐심은 우상숭배니라"(골 3:5) 하고 우상숭배에 대한 신약적인 재해석을 해주고 있는 것입니다.

② 그렇다면 어디까지가 탐심이냐고 묻고 싶을 것입니다. 그런 뜻이 아닙니다. ㉡ 탐심이란 자기중심적인 신앙을 의미합니다. 그리스도인이란 삶의 목적이 바꾸어진 사람들입니다. 여기에 문제의 핵심이 있습니다. 다른 종교로 소원성취가 안되니까 기독교로 전향을 해서 성취해 보려고 한다면 이 사람을 크리스천이라 말할 수가 있습니까? 기독교란 자신의 소원성취를 위한 종교가 아닙니다. "너희는 너희 것이 아니라 값으로 산 것이 되었으니 그런즉 너희 몸으로 하나님께 영광을 돌리라"(고전 6:20) 말씀합니다. 그 대표적인 사람이 바울이라 할 수가 있습니

다. 그는 고백합니다. "우리 중에 누구든지 자기를 위하여 사는 자가 없고 자기를 위하여 죽는 자도 없도다 우리가 살아도 주를 위하여 살고 죽어도 주를 위하여 죽나니 그러므로 사나 죽으나 우리가 주의 것이로라"(롬 14:7-8). "그 나라와 그의 의"를 위하여 사업을 한다면 이를 어찌 탐심이라, 우상숭배라 할 수가 있겠습니까? "나는 하나님의 영광을 위해서 공부한다"는 책이 있습니다. 이점을 깊이 생각해야만 하겠습니다.

③ 선지자를 보내셔서 하신 말씀은 2장에서, "여호와의 사자"를 통해서 말씀하신 바와 동일합니다. "여호와의 사자가 길갈에서부터 보김에 이르러 가로되", 크게 세 가지를 말씀하셨습니다. ㉠ "내가 너희로 애굽에서 나오게 하고 인도하여 너희 열조에게 맹세한 땅으로 이끌어 왔으며", ㉡ "내가 너희에게 세운 언약을 영원히 어기지 아니하리니"(2:1), ㉢ "그들의 단을 헐라 하였거늘 너희가 내 목소리를 청종치 아니하였도다"(2), 즉 도리어 그들의 우상을 섬겼다는 말씀입니다.

④ 다시 힘을 주어 강조합니다만 구약성경이 말씀하고 있는 "멸망에 이르는 근원적인 죄"란 윤리적인 죄가 아닙니다. 다시 말하면 율법을 지키지 않았기 때문에 멸망한 것이 아니라는 말씀입니다. 성경은 "율법의 행위로 그의 앞에 의롭다 하심을 얻을 육체가 없나니"(롬 3:20) 하고, 온전히 지킬 수 없음을 인정하고 있습니다. 그래서 "율법이 할 수 없는 그것을 하나님은 하시나니"(롬 8:3) 합니다. "멸망에 이르는 근원적인 죄"는 하나님이 하시는 일, 즉 메시아를 거부하는데 있는 것입니다.

⑤ 이점을 다시 한 번 강조하고자 합니다. ㉠ "내가 여자의 후손은 네 머리를 상하게 할 것이요" 하고, 내가 하겠다 선언하십니다. ㉡ "내가 내 언약을 나와 너 사이에 세워 너로 심히 번성케 하리라"(창 17:2) 하고, 아브라함과 이삭과 야곱에게 반복해서 언약하시고 맹세하십니다.

즉 아브라함의 자손으로 그리스도를 보내셔서 천하만민이 복을 받게 하시겠다는 것입니다. 하나님은 이를 이루시기 위해서 아브라함을 택하셔서, 자손을 주리라, 땅을 주리라, 네 자손을 인하여 천하만민이 복을 받게 하리라 언약하셨던 것입니다. 그 언약에 근거하여 번성하게 된 것이 이스라엘 민족이요, 그 언약에 근거해서 출애굽하게 되었고, 그 언약에 근거해서 가나안 땅을 차지하게 되었음을 놓치지를 말아야만 하는 것입니다.

⑥ 그러므로 하나님은 모세를 부르실 때에도, "나는 네 조상의 하나님이니 아브라함의 하나님, 이삭의 하나님, 야곱의 하나님이라"(출 3:6, 15, 16) 말씀하셨던 것입니다. 이점을 사사기에서는 "열조(烈祖)의 하나님 여호와(2:12), 열조와 세운 언약(2:20), 열조에게 맹세한 땅"(2:1)이라고 상기시키고 있는 것입니다. 이것은 율법이 아니라 "복음"입니다. 신구약시대를 막론하고 "멸망에 이르는 근원적인 죄"란 그리스도를 배척하는 죄임을 명심 또 명심해야만 합니다. 그럼에도 불구하고 구약성경을 대할 때에 교훈이나 축복은 보면서도 그리스도를 만나지 못하고 증거하지 않는다면, "그러나 저희 마음이 완고하여 오늘까지라도 구약을 읽을 때에 그 수건이 오히려 벗어지지 아니하고 있다"(고후 3:14)고 말 할 수밖에 없는 것입니다.

⑦ 그러므로 사사기서도 메시아언약에 근거하여 해석되어야하고, 또 그리스도를 만나야만 하는 것입니다 이런 관점에서 보게 되면 하나님의 선민이 우상을 숭배했다는 것은 이방인들이 우상숭배를 한 그런 차원에 머무는 것이 아니라, 메시아언약을 버린 것이요, 곧 그리스도를 배척한 것이 되는 것입니다. 신구약을 막론하고 구원에 이르는 길은 오직 하나 예수 그리스도의 대속을 통해서뿐입니다.

둘째 단원(11-24) 내가 반드시 너와 함께 하리라

"여호와의 사자가 아비에셀의 사람 요아스에게 속한 오브라에 이르러 상수리나무 아래 앉으니라 마침 요아스의 아들 기드온이 미디안 사람에게 알리지 아니하려 하여 밀을 포도주 틀에서 타작하더니"(11).

① 여호와의 사자가 기드온에게 나타나 이르되 큰 용사여 여호와께서 너와 함께 계시도다"(12) 하고 말씀합니다. 백성들에게는 선지자를 보내셔서 말씀하셨으나, 기드온에게는, ㉠ "여호와의 사자"가 친히 나타나신 것입니다. 그렇다면 여호와의 사자는 누구인가? 앞에서도(2:1) 말씀했습니다만, 여호와 하나님의 나타내심(14)입니다. 학자들은 성 삼위 중 구약에 현현(顯現)하신 그리스도로 보고 있습니다. ㉡ "큰 용사여 여호와께서 너와 함께 계시도다" 하십니다. 사실 기드온은 큰 용사라 말할 수가 없습니다. 미디안 사람을 두려워하여 숨어서 밀을 "포도주 틀"에서 타작하고 있다는 것만 보아도 알 수가 있습니다. 또한 그의 말대로, "약하고, 작은 자"(15)에 불과했습니다. 그러나 "여호와께서 너와 함께 계신다", 여기에 모든 능력의 원천(源泉)이 있는 것입니다. 그러므로 16절에서 재차, "내가 반드시 너와 함께 하리니" 하시는 것입니다. 사람들은 하나님께서 어떤 기준에 의하여 기드온을 택하셨는가 하는 점에 관심을 기울입니다. 그러나 선택이란 한마디로 하나님의 절대 주권에 속하는 사항입니다. 이점을 바울은, "그런즉 원하는 자로 말미암음도 아니요 달음박질하는 자로 말미암음도 아니요 오직 긍휼히 여기시는 하나님으로 말미암음이니라"(롬 9:16) 하고 말씀합니다.

② "함께 하리니" 라는 뜻은,"내가 정녕 너와 함께 있으리라"(출 3:12), "여호와께서 너희를 위하여 싸우시리라"(출 14:14) 하신, 함께 하여 싸워주시겠다는 것을 뜻합니다. 여호수아도 이를 증거합니다. "너희

하나님 여호와 그는 너희를 위하여 싸우신 자시니라"(수 23:3). 모세와 함께 하시고, 여호수아와 함께 하셔서 싸워주신 하나님은 이제 기드온과 함께 계셔서 싸워주시겠다는 것입니다. 이런 뜻이 "큰 용사여 여호와께서 너와 함께 계시도다"(12) 라는 말씀 속에 함의되이 있습니다.

③ 앞에서도 말씀했습니다만 기드온에게 나타난 "여호와의 사자"는 하나님이시며, 그리스도시라는 점입니다. 그 주님은 신약성경에서도, "볼지어다 내가 세상 끝 날까지 너희와 항상 함께 있으리라"(마 28:20) 약속하십니다. 그리고 약속하신 대로 앞에서 싸우시는 것을 계시록은 보여주고 있습니다. "저희가 어린양으로 더불어 싸우려니와 어린양은 만주의 주시오 만왕의 왕이시므로 저희를 이기실 터이요 또 그와 함께 있는 자들 곧 부르심을 입고 빼내심을 얻고 진실한 자들은 이기리로다"(계 17:14) 합니다. 구속사의 맥락으로 바라본다면, 모세도, 여호수아도 이 싸움을 싸운 것이며, 기드온이 싸워야할 싸움도 이스라엘이라는 자기 민족을 구원하는 그런 차원의 싸움에 국한 된 것이 아니라 하나님의 나라건설을 위한 싸움이요, 바울과, 우리가 싸우고 있는 영적 싸움과 동일 선상의 싸움을 싸운 것입니다. 그리고 총사령관은 신구약을 막론하고 구속 주되시는 그리스도이심을 명심해야만 합니다. 그 분이 기드온과 함께 하심으로 그는, ㉢ "큰 용사"라 할 수가 있는 것입니다.

큰 용사여 여호와께서 너와 함께 계시도다

① "기드온이 그에게 대답하되 나의 주여 여호와께서 우리와 함께 계시면 어찌하여 이 모든 일이 우리에게 미쳤나이까, 여호와께서 우리를 버리사 미디안의 손에 붙이셨나이다"(13) 합니다. 이에 대한 답변을

모세가 말씀해주고 있습니다. "열방 사람들도 말하기를 여호와께서 어찌하여 이 땅에 이같이 행하셨느뇨 이같이 크고 열렬하게 노하심은 무슨 뜻이뇨 하면 그 때에 사람이 대답하기를 그 무리가 자기의 조상의 하나님 여호와께서 그 조상을 애굽에서 인도하여 내실 때에 더불어 세우신 언약을 버리고 가서 자기들이 알지도 못하고 여호와께서 그들에게 주시지도 아니한 다른 신들을 섬겨 그에게 절한 까닭이라"(신 29:24-25).

② "여호와께서 그를 돌아보아 가라사대 너는 이 네 힘을 의지하고 가서 이스라엘을 미디안의 손에서 구원하라"(14상) 하십니다. "너는 이 네 힘을 의지"하라는 말씀을 통찰력을 가지고 보아야만 합니다. 다른 번역이, "너는 있는 힘을 다해"라고 번역함 같이, ㉠ 기드온의 힘, 곧 "네 힘을 의지하고 구원하라"는 그런 말씀이 아니기 때문입니다. 그런 뜻이라면, "내가 너를 보낸 것이 아니냐"(14하)라는 말씀은 무의미한 것이 될 뿐만이 아니라 다음절에서, "내가 반드시 너와 함께 하리니" 하신 말씀을 무색하게 만드는 것이 되고 맙니다. 본문을 보시면 그냥 "네 힘"이라 하지 않고, ㉡ "이 네 힘을 의지하고" 라고 말씀합니다. 이 묘사는 마치 하나님께서 모세에게, "너는 이 지팡이를 손에 잡고 이것으로 이적을 행할지니라"(출 4:17) 하신 말씀을 연상하게 합니다. 그러니까 여호와의 사자는 사명과 함께 능히 감당할 수 있는 "능력"도 주시면서, "이 힘"을 의지하여 구원하라고 말씀하신 셈입니다. 34절에 보면, "여호와의 신이 기드온에게 강림하셨다"고 말씀하고 있는데, 여호와의 신이 이 때에 강림하셨다고 볼 수가 있습니다. 그 힘을 의지하여 25-32절의 개혁을 단행할 수가 있었다고 보아야만 하기 때문입니다.

③ "이 네 힘"이, 기드온 의 힘이 아닌 것이 그의 진술에서도 드러납니다. "주여 내가 무엇으로 이스라엘을 구원하리이까"(15상) 하면서, ㉠ "나의 집은 므낫세 중에 극히 약하고", ㉡ "나는 내 아비 집에서 제

일 작은 자니이다"(15하) 합니다. 가문도 보잘것없고, 자신도 작은 자 중에 제일 작은 자임을 말하고 있습니다. 그런 내가 이스라엘을 어떻게 구원할 수가 있다는 말입니까? 이런 말은 모세도 했고, 우리의 변명이기도 합니다.

④ 16절에서는 힘의 원천이 어디에 있는가가 더욱 분명해집니다. ㉠ "여호와께서 그에게 이르시되 내가 반드시 너와 함께 하리니 네가 미디안 사람 치기를 한 사람을 치듯하리라"(16) 하십니다. 이 말씀은 기드온이, "주여 내가 무엇으로 이스라엘을 구원하리이까" 하는 질문에 응하여 주신 말씀입니다. "모세도, "내가 누구관대 바로에게 가며 이스라엘 자손을 애굽에서 인도하여 내리이까" 하고 말했습니다. 모세도, 기드온도, 그리고 누구라도 자신의 힘으로는 이런 대 사명을 감당할 자란 아무도 없는 것입니다. 하나님은 모세에게 말씀하십니다. ㉡ "내가 정녕 너와 함께 있으리라"(출 3:11-12). 하나님은 여호수아에게 말씀하십니다. "내가 모세와 함께 있던 것같이 너와 함께 있을 것임이라"(수 1:5). 기드온에게 말씀하십니다. "내가 반드시 너와 함께 하리라". 그리고 형제에게 말씀하십니다. "볼지어다 내가 세상 끝 날까지 너희와 항상 함께 있으리라"(마 28:20).

표징을 내게 보이소서

① "기드온이 그에게 대답하되 내가 주께 은혜를 얻었사오면 나와 말씀하신 이가 주되시는 표징을 내게 보이소서"(17) 합니다. 그리하여, ㉠ "염소 새끼 하나를 준비하고 가루 한 에바로 무교전병을 만들고 고기를 소쿠리에 담고 국을 양푼에 담아서 상수리나무 아래 그에게로 가져다가 드리매"(19) 합니다. ㉡ "여호와의 사자가 손에 잡은 지팡이 끝을 내밀어 고기와 무교전병에 대매 불이 반석에서 나와 고기와 무교전

병을 살랐고"(21) 합니다. 이것이 기드온에게 보여주신 "표징"입니다. 다시 말하면 기드온이, "메뚜기 떼 같은"(5) 미디안 치기를 "한 사람 치듯"(16) 할 것에 대한 표징이라는 말씀입니다. 보여주신 표징은 무엇을 상징하고 있는가? 기드온은 "예물"(18)로 드렸을지라도 하나님께서는 이를 "제물"로 받으셨음을 나타냅니다. 그것은 번제였던 것입니다.

② 이를 뒷받침해주는 것이 24절입니다. ㉠ "기드온이 여호와를 위하여 거기서 단을 쌓고" 합니다. 기드온이 그곳에 "단"을 쌓았다는 것은, "불이 반석에서 나와 고기와 무교전병을 사른 것"이 번제가 되었음을 인식했음을 나타냅니다. 그리고 유명한 말씀이 나오는데, ㉡ "이름을 여호와 살롬이라 하였더라" 합니다. 여기에는 참으로 놀라운 의미가 있는 것입니다. 압제자로 인하여 "산에서 구멍과 굴"에 숨어사는 저들에게 있어서 간절히 바라는 소망은 "여호와 살롬"이었습니다. 그러므로 이는 기드온 자신이 임의로 한 말로 여길 것이 아니라 하나님의 영에 감동되어 한 예언적인 의미로 받아야 하는 것입니다. 기드온은 땅 이름을 "여호와 살롬"이라고 말한 것이 아닙니다. 반석에서 불이 나와 고기와 무교병을 사른 "거기서 단을 쌓고", 그 "단"을 여호와 살롬이라 한 것입니다. 그렇다면 그 단이 누구로 말미암아 어떻게 해서 여호와 살롬이 된단 말인가?

여호와 살롬

① "살롬"은 그리스도의 별명입니다. 이사야 선지자는 메시아를, "평강의 왕"(사 9:6)이라고 예언하고 있습니다. 하나님께서는 이 사건을 통해서 그리스도로 말미암아, 좀 더 말씀드리면 그리스도가 드려주실 번제를 통해서 여호와 살롬이 이루어질 것을 계시해주고 있는 것입니다. 그렇습니다. "자기 백성을 저희 죄에서 구원할 자"(마 1:21)는 기드

온이 아니라 오직 예수 그리스도뿐이신 것입니다. 에스겔 선지자도, "내 종 다윗이 영원히 그 왕이 되리라 내가 그들과 화평의 언약을 세워서 영원한 언약이 되게"(겔 37:26) 하리라고 말씀하고 있는데 이는 명백한 메시아 예언이었던 것입니다.

② 성경은 말씀합니다. "또 십자가로 이 둘을 한 몸으로 하나님과 화목하게 하려 하심이라 원수 된 것을 십자가로 소멸하시고 또 오셔서 먼 데 있는 너희에게 평안을 전하고 가까운 데 있는 자들에게 평안을 전하셨으니"(엡 2:16-17) 합니다. 이러한 "표징"은 출애굽 때에도 보여주셨습니다. 하나님께서는, ㉠ "나의 표징을 그들 중에 보이기 위해서"(출 10:1) 바로의 마음을 강퍅하게 하셨다는 것입니다. 다시 말하면 아홉 가지 재앙이 다 필요했던 것은 아니라는 말씀입니다. 결정적인 한가지 표징을 보여주기 위해서 초점을 그 표징으로 모아 가셨다는 뜻입니다. 그렇다면 보여주시기를 원하신 그 표징이 무엇인가? ㉡ "유월절 양"입니다. 그러므로, "너로 내가 애굽에서 행한 일 곧 내가 그 가운데서 행한 표징을 네 아들과 네 자손의 귀에 전하게 하려 함이라"(출 10:2) 하시는 것입니다. 이 말씀은, "너희가 이 떡을 먹으며 이 잔을 마실 때마다 주의 죽으심을 오실 때까지 전하는 것이니라"(고전 11:26) 한 말씀으로 연결이 되고 있습니다. 기도온에게도 이 표징을 보여주신 것입니다.

셋째 단원(25-40) 한 단을 쌓고 번제를 드릴지니라

"이 날 밤에 여호와께서 기드온에게 이르시되 네 아비의 수소 곧 칠 년 된 둘째 수소를 취하고 네 아비에게 있는 바알의 단을 헐며 단 곁의 아세라 상을 찍고 또 이 견고한 성 위에 네 하나님 여호와를 위하여 규례 대로 한 단을 쌓고 그 둘째 수소를 취하여 네가 찍은 아세라나무로 번제를 드릴지니라"(25-26).

① 이 날 밤에 여호와께서 기드온에게 명하신 바는 세 마디로 되어 있는데, ㉠ "네 아비에게 있는 바알의 단을 헐며", ㉡ "규례대로 한 단을 쌓고", ㉢ "번제를 드릴지니라"는 말씀입니다. 이는 앞에서 보여주신 표징(17-24)에 대한 좀 더 구체적인 계시라 할 수가 있습니다.

② 그 점이, "규례 대로 한 단을 쌓고" 라는 말씀에 나타납니다. 이는 24절에서 쌓은 "단"이 규례 대로 쌓은 단이 아니었음을 간접적으로 말씀해주는 것입니다. 그렇다면 어떻게 하는 것이 규례 대로 쌓은 단인가? 시내산에서 계시해 주셨습니다. ㉠ "내게 토단을 쌓고 그 위에 너의 양과 소로 너의 번제와 화목제를 드리라, 네가 내게 돌로 단을 쌓거든 다듬은 돌로 쌓지 말라 네가 정으로 그것을 쪼면 부정하게 함이라"(출 20:24-25) 하십니다. 이 말씀의 의미가 얼마나 중요하냐하면 모세가 죽기 전에 행한 유언적인 설교에서, ㉡ "또 거기서 네 하나님 여호와를 위하여 단 곧 돌단을 쌓되 그것에 철기를 대지 말지니라 너는 다듬지 않은 돌로 네 하나님 여호와의 단을 쌓고 그 위에 네 하나님 여호와께 번제를 드릴 것이며"(신 27:5-6) 하고 명한 것으로도 알 수가 있습니다. 여호수아도 가나안에 입성한 후에 이 명을 받들어, ㉢ "때에 여호수아가 이스라엘의 하나님 여호와를 위하여 에발산에 한 단을 쌓았으니 이는 여호와의 종 모세가 이스라엘 자손에게 명한 것과 모세의 율법책에 기록된 대로 철연장으로 다듬지 아니한 새 돌로 만든 것이라 무리가 여호와께 번제와 화목제를 그 위에 드렸으며"(수 8:31) 합니다. 단을 쌓는 "규례"가 얼마나 중요하게 다루어지고 있는가를 보십시오.

③ 그렇다면 이 "규례 대로"를 통해서 계시하시려는 바가 무엇인가? 하나님의 단은 철연장으로 다듬은 돌로 쌓아야만 정성도 들어가고, 보기도 좋을 것이 아닌가? 이에 대한 답은 이 단에서 드려지는 번제 제물

이 누구에 대한 무엇의 그림자인가를 알기만 한다면 분명해지는 것입니다. 그렇습니다. 구원이란 하나님의 어린양 되시는 그리스도께서 단 번에 드려주실 갈보리 십자가 외에는 첨부할 것이 없음을 계시해주고 있는 것입니다. 기기에다가 할례나, 율법을 가미(칠연징으로 다듬어야)해야만 되는 것이 절대로 아니라는 점입니다. 그렇게 한다면 "다른 복음"이 되고 맙니다. 사악한 인간이 그렇게 할 가능성이 많기 때문에 이토록 경계를 하고 계시는 것입니다. 여호와께서 기드온에게, "규례 대로 한 단을 쌓고, 번제를 드릴지니라" 하신 말씀 속에는 이토록 중요한 계시가 함의되어 있는 것입니다.

④ "이에 기드온이 종 열을 데리고 여호와의 말씀하신 대로 행하되 아비의 가족과 성읍 사람들을 두려워하므로 이 일을 백주에 행하지 못하고 밤에 행하니라"(27) 합니다. 여기서도 자연인 기드온의 나약성이 드러납니다.

여룹바알이 된 기드온

① 바알의 단이 훼파되고, 아세라 목상이 찍힌 것을 발견하게 된 성읍 사람들은 이것이 기드온의 소행인 것을 알게 되자 요아스에게, "네 아들을 끌어내라 그는 당연히 죽을지니"(30) 합니다. 이 때 요아스는 분연히 하나님 편에 서서 두 가지를 쟁론합니다. 첫째는, ㉠ "너희가 바알을 위하여 쟁론하느냐" 합니다. "바알이 과연 신일진대 그 단을 훼파하였은즉 스스로 쟁론할 것이니라"(31) 합니다. 둘째는, ㉡ "너희가 바알을 구원하겠느냐"(31) 합니다. 이것은 거꾸로 된 사안이라는 것입니다. 바알이 참 신이라면 바알 자신이 쟁론할 일이고, 사람이 바알을 구원해줄 것이 아니라 바알이 백성들을 구원해주어야 마땅하다는 논리입니다.

② 기드온이 사역한 순서를 주목하시기 바랍니다. 먼저, ㉠ "네 아비에게 있는 바알의 단을 헐며", ㉡ "단 곁의 아세라 상을 찍고"(25), 이는 내적인 정화입니다. 이것이 먼저입니다. 그때로부터 기드온의 이름을, ㉢ "여룹바알이라 하였으니", 이를 해석하면 "바알이여, 기드온과 한 번 싸와 보라"는 그런 뜻으로 바알을 조롱하는 말입니다.

③ "때에 미디안 사람과 아말렉 사람과 동방 사람들이 다 모여 요단을 건너와서 이스르엘 골짜기에 진을 친지라"(33) 합니다. 이들이 침략해온 목적을 두 가지로 생각할 수가 있습니다. 첫째는, 기드온이 포도주 틀에서 타작한 것을 보면 추수 때가 되어서 이를 노략하기 위해서 침공해온 것으로 볼 수가 있고, 둘째는, 자신들의 신 바알을 모독한 일에 대한 보복으로 여길 수도 있습니다. 아무튼 이는 내적인 정화를 단행한 후에, 외적(外敵)들을 대적한 일입니다. ㉠ "기드온이 나팔을 불매 아비에셀 족속이 다 모여서 그를 좇고"(34) 합니다. 아비에셀 족속이 좇았다는 것은 기적 같은 일입니다. 왜냐하면 바알의 단을 훼파했다고 기드온을 죽이려든 사람들(11, 24)이 도리어 그를 좇았기 때문입니다. ㉡ 므낫세에 두루 보내매 그들도 모여서 그를 좇고, ㉢ 또 사자를 아셀과 스불론과 납달리에 보내매 그 무리도 올라와서 그를 영접하더라 하고 말씀합니다. 이는 그 때 상황으로 보나, 기드온의 신분으로 보나, 기적이 일어났다고 말할 수밖에 없습니다. 그렇습니다. 이는 "여호와의 신이 기도온에게 강림"(34)하셨기 때문에 가능해진 것입니다.

④ 이 말씀 후에, "기드온이 하나님께 여짜오되 주께서 이미 말씀하심같이 내 손으로 이스라엘을 구원하려하시거든"(36) 하고 두 번에 걸친, "양털 징조"를 구하는 기사(37-40)가 나오고 있습니다. 이는 문맥적으로 볼 때 기드온 자신을 위한 표징을 구함이기보다는, 그를 좇는 무리들에게 확신을 주기 위한 표징으로 보아야만 할 것입니다. 이는 마치, "모세와 아론이 가서 이스라엘 자손의 모든 장로를 모으고 아론이 여호

와께서 모세에게 명하신 모든 말씀을 전하고 백성 앞에서 이적을 행하니 백성이 믿으며 여호와께서 이스라엘 자손을 돌아보시고 그 고난을 감찰하셨다 함을 듣고 머리 숙여 경배하였더라"(출 4:29-31)는 말씀과 같은 의미라 하겠습니다. 이제 다음 장에서 약한 자를 들어서 강한 자를 치시는 "여호와 살롬"을 보게 될 것입니다.

사사기 7장 개관도표

주제 : 여호와를 위하라

여호와만 의뢰케 하심	1-9 여룹바알이라 하는 기드온과 그를 좇은 모든 백성이 일찌기 일어나서 하롯샘 곁에 진쳤고	미디안의 진은 그들의 북편이요 모레 산 앞 골짜기에 있었더라(1)
	너를 좇은 백성이 너무 많은즉 내가 그들의 손에	미디안 사람을 붙이지 아니하리니 이는 나를 거스려 자긍하기를 내 손이 나를 구원하였다 할까 함이니라(2)
	누구든지 두려워서 떠는 자여든 돌아가라 하라 이에 돌아간 백성이 이만 이천 명이요 남은 자가 일만 명이었더라(3) 백성이 아직도 많으니(4)	
	손으로 움켜 입에 대고 핥는 자의 수는 삼백 명이요(6)	삼백 명으로 너희를 구원하며 미디안 사람을 네 손에 붙이리니(7)
네 손에 붙였느니라	9-14 여호와께서 기드온에게 이르시되 일어나 내려가서	적진을 치라 내가 그것을 네 손에 붙였느니라(9)
	만일 네가 내려가기를 두려워하거든(10), 메뚜기의 중다함 같고 그 약대의 무수함이 해변의 모래가 수다함 같은지라(12) 보리떡 한 덩어리가 미디안 진으로 굴러 들어와서 한 장막에 이르러 그것을 쳐서 무너뜨려 엎드러뜨리니 곧 쓰러지더라(13) 이는 다른 것이 아니라 이스라엘 사람 요아스의 아들 기드온의 칼날이라 하나님이 미디안과 그 모든 군대를	그의 손에 붙이셨느니라 하더라(14)
여호와와 기드온의 칼이여	15-25 기드온이 그 꿈과 해몽하는 말을 듣고 경배하고 일어나라 여호와께서 미디안 군대를	너희 손에 붙이셨느니라 하고(15)
	나와 나를 좇는 자가 다 나팔을 불거든 너희도 그 진 사면에서 또한 나팔을 불며 이르기를	여호와를 위하라, 기드온을 위하라 하라 하니라(18)
	세 대가 나팔을 불며 항아리를 부수고 좌수에 횃불을 들고 우수에 나팔을 들어 불며 외쳐 가로되	여호와와 기드온의 칼이여 하고(20) 그 진을 사면으로 에워싸매 그 온 적군이 달음질하고 부르짖으며 도망하였는데(21)
	삼백 명이 나팔을 불 때에 여호와께서 그 온 적군으로 동무끼리 칼날로 치게 하시므로(22) 이스라엘 사람들은 납달리와 아셀과 므낫세에서부터 모여서 미디안 사람을 좇았더라(23)	

7장

여호와를 위하라

9이 밤에 여호와께서 기드온에게 이르시되 일어나 내려가
서 적진을 치라 내가 그것을 네 손에 붙였느니라.

7장의 중심점은, 도표에서 보시는 바대로, "네 손에 붙였다"는 데 있습니다. "붙였다"는 말이 다섯 번 등장합니다. 처음에는 "미디안 사람을 붙이지 아니하리니"(2) 하십니다. 왜냐하면 너를 좇는 백성이 너무 많음으로, "나를 거스려 자긍하기를 내 손이 나를 구원하였다 할까 함이니라"(첫째 단원) 하십니다. 300명만 남게 되자 일어나 치라(9), "내가 그것을 네 손에 붙였느니라"(둘째 단원) 하십니다. 그리하여 기드온이 군사들을 독려하기를, "일어나라 여호와께서 미디안 군대를 너희 손에 붙이셨느니라"(셋째 단원) 하고 승리하는 내용입니다. 여호와께서 붙여주셨기에 300명이라는 보리떡 하나같은 군사를 가지고도 메뚜기의 중다함 같은 대적을 격파할 수가 있었던 것입니다. 왜 이런 방법으로 구원하여주셨는가? 여호와를 알지 못하는 신세대에게 여호와를 알게(2:10) 하기 위한 훈련을 위해서입니다. 그러므로 본 장의 핵심은, "여호와를 위하라, 기드온을 위하라(18), 여호와와 기드온의 칼이여"(20) 하고 외친 구호에 나타나 있습니다. 이는 하나님의 붙여주심에 대한, 기드온의 믿음의 화답(히 4:2)이요, 그리하여 하나님의 영광을 나타내고 영광을 돌리게 되었기 때문입니다. 이를 세 단원으로 나누어 상고하겠습니다.

첫째 단원(1-8) **여호와만 의뢰하게 하심**
둘째 단원(9-14) **네 손에 붙였느니라**
셋째 단원(15-25) **여호와와 기드온의 칼이여**

첫째 단원(1-8) 여호와만 의뢰하게 하심

"여호와께서 기드온에게 이르시되 너를 좇는 백성이 너무 많은즉 내가 그들의 손에 미디안 사람을 붙이지 아니하리니 이는 이스라엘이 나를 거스려 자긍 하기를 내 손이 나를 구원하였다 할까 함이니라"(2).

① 여룹바알이라 하는 기드온을 좇는 백성들은, "일찍이 일어나서 하롯샘 곁에 진쳤고 미디안의 진은 그들의 북편이요 모레산 앞 골짜기에 있었더라"(1) 합니다. 이런 대치상태는 다윗이 골리앗을 물리칠 때, "블레셋 사람은 이편 산에 섰고 이스라엘은 저편 산에 섰고 사이에는 골짜기가 있었더라"(삼상 17:3)에서도 보는 바입니다. 이처럼 인류가 두 진영으로 갈라져서 대치상태에 놓이게 된 근원은 창세기 3장에서 죄가 세상에 들어옴으로 기인하게 되었음을 잊어서는 아니 됩니다. 이 때 하나님은 선언하십니다. 이제 후로는, ㉠ "뱀의 후손과 여자의 후손" 두 진영으로 갈라지게 될 것이다. ㉡ 두 진영 사이에는 원수, 즉 싸움이 있게 될 것이다. ㉢ 결국은 여자의 후손이 뱀의 머리를 상하게 함으로 싸움은 여자의 후손의 승리로 끝나게 될 것이다. 본문에서 두 진영으로 갈라

져서 싸움을 벌이게 되는 이 싸움은 바로 이 연장선상(延長線上)에 있음을 유념해야만 합니다. 그래야만 곁길로 빠지지 않게 됩니다.

② 그렇다면 싸워야할 대적은 누구인가? 이들의 뿌리를 추적해볼 필요가 있습니다. 12절에서 이스라엘의 대적을, "미디안 사람과 아말렉 사람과 동방의 모든 사람"이라고 말씀하고 있는데, ㉠ "미디안 사람"은 아브라함의 후처 소생(창 25:2)으로 출애굽 당시 발람을 초청하여 이스라엘을 저주하게 하고(민 22:7), 음행으로 유혹하여 하나님의 백성들을 2만 4천명이나 죽임을 당하게(민 25:9) 한 족속입니다. 그 후에 하나님은, "이스라엘 자손의 원수를 미디안에게 갚으라"(민 31:1)고 명하십니다. ㉡ 아말렉은 에서의 후손(창 36:12)입니다. 그들이 야곱의 후손인 이스라엘을 대적하고 있는 것입니다. 이 싸움은 리브가의 태로부터 시작된 싸움입니다. 이스라엘 백성들이 출애굽 하여 가나안을 향해 진군해 가는 것을 첫 번째로 대적한 자들이 아말렉(출 17:8)입니다. 그 때 하나님은 "아말렉으로 더불어 대대로 싸우리라"고 선언하셨던 것입니다. 이점에서 분명해야할 점은 이렇게 말한다고 해서 우리의 싸움이, "혈과 육에 대한 것이" 아니라는 점입니다. 그들이 영적으로 누구를 추종하고 있는가? 그들 배후에서 조종하고 있는, "정사와 권세와 이 어두움의 세상 주관자들과 하늘에 있는 악의 영들"(엡 6:12), 즉 사탄임을 명심해야만 합니다.

③ 하나님은 미디안을 기드온의 손에 붙이시지 않겠다고 말씀하십니다. 왜냐하면, ㉠ "너를 좇는 백성이 너무 많다"는 것입니다. 그리하여, ㉡ "이는 이스라엘이 나를 거스려 자긍하기를 내 손이 나를 구원하였다 할까 함이니라"(2) 하십니다. 다시 상기시킵니다만 하나님은 지금, "여호와를 알지 못하며 여호와께서 이스라엘을 위하여 행하신 일도 알지 못하는"(2:10) 출애굽 제 3세대들에게 하나님 의뢰하는 법을 가르치시는 중이라는 사실입니다. "그것을 가르쳐 알게 하려 하사 남겨 두신 열

국"(3:2)이라고 말씀합니다. 그런데 기드온을 따르는 수가 많다면, "하나님만 의뢰"하게 하시려는 소기의 목적을 이룰 수가 없다는 뜻입니다.

아무 육체라도 자랑치 못하게 하심

① 그렇다면 기드온을 따르는 수가 얼마나 되었는가? ㉠ "누구든지 두려워서 떠는 자여든 길르앗산에서 떠나 돌아가라"고 말하매, "돌아간 백성이 이만 이천 명이요 남은 자가 일만 명이었더라"(3) 합니다. 그러니까 3만 2천 명이었음을 알게 됩니다. 그에 비해 적은, ㉡ "메뚜기의 중다함 같고 그 약대의 무수함이 해변의 모래가 수다함 같은지라"(12) 합니다. 8:10절에 의하면 "십 이만 명이 죽었고, 일만 오천 명 가량이 남았다"고 말씀합니다. 그렇다면 삼만 삼천 명도 중과부족인 것입니다. 이를 알았기에 두려워서 돌아간 자가 ⅔나 되었던 것입니다. 그럼에도 불구하고 하나님은 너무 많다고 말씀하시는 것입니다.

② 돌아가고 일만 명만 남았는데도 하나님께서는, ㉠ "백성이 아직도 많다"(4)고 말씀하십니다. 이는 수가 많은 것이 아니라 인간의 자고(自高)함, 즉 교만이 그만큼 많다는 뜻이 되는 것입니다. 그렇습니다. 타락의 특성은 자기중심적이 되었다는데 있습니다. 이러한 인간은 언제나, ㉡ 신본주의 신앙에서 인본주의 신앙으로 타락할 위험성이 그만큼 많다는 것을 말씀해주고 있습니다. 이는 신약시대에도 동일합니다. 그러므로, ㉢ "형제들아 너희를 부르심을 보라 육체를 따라 지혜 있는 자가 많지 아니하며 능한 자가 많지 아니하며 문벌 좋은 자가 많지 아니하도다 그러나 하나님께서 세상의 미련한 것들을 택하사 지혜 있는 자들을 부끄럽게 하려 하시고 세상의 약한 것들을 택하사 강한 자들을 부끄럽게 하려 하시며 하나님께서 세상의 천한 것들과 멸시받는 것들과 없는 것들을 택하사 있는 것들을 폐하려 하시나니 이는 아무 육체라도

하나님 앞에서 자랑하지 못하게 하려 하심이라"(고전 1:26-29) 하십니다.

③ 그리하여 그들을 물가로 인도하라 하십니다. "내가 너를 위하여 그들을 시험하리라"(4) 하십니다. 시험하시는 방법은 누가 전생에 능한가를 알아보는 능력 테스트가 아니었습니다. 물을 먹는 방법을 보시는 것이었습니다. 세 가지 양상으로 나타났는데 엎드려서, ㉠ "개의 핥는 것같이 그 혀로 물을 핥는 자", ㉡ "무릎을 꿇고 마시는 자"(5), ㉢ "손으로 움켜 입에 대고 핥는 자"로 나누어졌습니다. 이 세 부류 중에서 누구들이 합격할 것인가?

④ "여호와께서 기드온에게 이르시되 내가 이 물을 핥아먹은 삼백 명으로 너희를 구원하며 미디안 사람을 네 손에 붙이리니"(7) 하십니다. 여기에는 몇 가지 뜻이 있다 하겠습니다. 첫째는, ㉠ 정신상태입니다. 엎드려서, 무릎을 꿇고 개의 핥는 것같이 하는 자들은 군인정신이 결려된 자들로 볼 수가 있습니다. 왜냐하면 적의 목전에서 마실 물만을 생각하였지 적에 대한 경계는 무방비 상태였기 때문입니다. 이들에 반하여, "손으로 움켜 입에 대고 핥는 자는" "무엇을 마실까"에 정신을 빼앗김이 없이 대적을 경계하는 자세임이 분명했던 것입니다. 그런데 성경이 드러내고자 하는 바는 이러한 교훈이 전부가 아닐 것입니다. 여기에는 신학적인 의미가 있다 하겠습니다. ㉡ "손으로 움켜 입에 대고 핥는 자의 수는 삼백 명이요 그 외의 백성은 〈다 무릎을 꿇고〉 물을 마신지라"(6) 하고 "무릎 꿇은" 자세를 강조하고 있음을 주목할 필요가 있습니다. 5절에서도 이를 드러내고 있습니다. 생각해보면 이스라엘 백성들이 실패한 원인은 함부로 무릎을 꿇은(우상숭배) 데 있다하여도 과언이 아닙니다. 하나님의 백성들이란 하나님 한 분 외에는 무릎을 꿇을 수 없다고 고백하는 자들입니다. 이를 알았기에 "모르드개는 꿇지도 아니하고 절(엎드리지도)하지도 아니"(스 3:2)하다가 전멸 당할 위험을

겪었으며, 다니엘과 세 친구들도 차라리 죽을지언정 무릎을 꿇거나 절할 수 없노라(단 3:18)고 신앙의 정절을 지켰던 것입니다.

⑤ 그런데 여기서 중요하고도 명백하게 드러난 진리는 앞에서 지적한 인간의 소행에 있는 것이 아니라 하나님께서, "내가 이 물을 핥아먹은 삼백 명으로"(7상) 하고, 이들만을 택하셨다는 데 있는 것입니다. 언제나 인간의 행위보다 하나님의 주권적인 선택이 우선함을 명심해야만 하는 것입니다. 그러니까 이들 삼백 명은 하나님께서 엘리야에게, "그러나 내가 이스라엘 가운데 칠천 인을 남기리니 다 무릎을 바알에게 꿇지 아니하고 그 입을 바알에게 맞추지 아니한 자니라"(왕상 19:18) 하신 남은 자와 같다는 말씀입니다. 자, 이제 메뚜기의 중다함 같은 대적 앞에 단 삼백 명만이 남은 것입니다. 13절에서는 이들을, "보리떡 한 덩어리"에 비유하고 있습니다. 이제 이들에게 승리할 수 있는 작전, 무기, 비결이 무엇이겠습니까? 하나님만 의뢰하는 것뿐입니다. 하나님만 의지하지 않으려야 의지하지 않을 수 없도록 하나님은 배수진(背水陣)을 치게 하신 것입니다.

둘째 단원(9-14) 네 손에 붙였느니라

"이 밤에 여호와께서 기드온에게 이르시되 일어나 내려가서 적진을 치라 내가 그것을 네 손에 붙였느니라"(9).

① 이렇게 하신 후에야, "네 손에 붙였느니라" 하십니다. 기드온의 심중에는 불가사의한 생각이 들었을 법합니다. 어찌하여 단 300명만을 남겨놓으시고 "네 손에 붙였느니라" 하신 단 말인가? 이를 아셨기에, "만일 네가 내려가기를 두려워하거든 네 부하 부라를 데리고 그 진으로 내려가서 그들의 하는 말을 들으라 그 후에 네 손이 강하여져서 능히

내려가서 그 진을 치리라"(10-11상) 하십니다.

② 적진으로 내려가 보니, ㉠ "미디안 사람과 아말렉 사람과 동방의 모든 사람이 골짜기에 누웠는데 메뚜기의 중다함 같고 그 약대의 무수함이 해변의 모래가 수다함 같은지라"(12) 합니다. 이를 목격한 기드온은 더욱 두려운 마음이 들었을 것이 분명합니다. 그런데 하나님께서는 그들의 "수"(數)를 보라 하신 것이 아니라 "그들이 하는 말을 들으라" 하셨습니다. 기드온은 그곳에 이르러 한 병사가, ㉡ "보리떡 한 덩어리가 미디안 진으로 굴러 들어와서" 장막을 무너뜨려 엎드러뜨리니 곧 쓰러지더라는 꿈꾼 이야기와(13), "이는 다른 것이 아니라 이스라엘 사람 요아스의 아들 기드온의 칼날이라 하나님이 미디안과 그 모든 군대를 그의 손에 붙이셨느니라"(14) 하고 해몽하는 말을 듣게 됩니다.

③ "기드온이 그 꿈과 해몽하는 말을 듣고 경배"(15상)했다고 말씀합니다. 경배했다는 것은, "네 손에 붙였느니라" 하고, "약속하신 그것을 또한 능히 이루실 줄을 확신"(롬 4:21)하게 되었음을 의미합니다. 이런 훈련은 다윗도 받았습니다. 다윗은 사울에게 쫓겨서 아둘람 굴에 숨어 있는 신세가 되었습니다. 그의 심정이 어떠했겠습니까? "내가 지극히 높으신 하나님께 부르짖음이여" 하고 기도합니다. 그리고 이렇게 고백합니다.

하나님이여
내 마음이 확정되었고 내 마음이 확정되었사오니
내가 노래하고 내가 찬송하리로다
내 영광아 깰지어다
비파야 수금아 깰지어다
내가 새벽을 깨우리로다 (시 57:7-8).

"내 마음이 확정되었다"고 고백하고 있다는 것은 다윗의 마음도 흔들렸음을 나타냅니다. 그러나 기도 중에 "나를 위하여 모든 것을 이루시는 하나님"(2)을 의뢰하는 법을 배우게 된 것입니다. 하나님께서는 기드온을 비롯하여, 여호와를 알지 못하는 자기 백성들에게, "자기를 의뢰하지 말고 오직 죽은 자를 다시 살리시는 하나님만 의뢰하게"(고후 1:9) 하는 법을 훈련시키고 계셨던 것입니다. 이러한 훈련은 오늘의 우리들에게도 필요하고 유익한 것입니다.

셋째 단원(15-25) 여호와와 기드온의 칼이여

"기드온이 그 꿈과 해몽하는 말을 듣고 경배하고 이스라엘 진중에 돌아와서 이르되 일어나라 여호와께서 미디안 군대를 너희 손에 붙이셨느니라 하고"(15).

① "일어나라" 합니다. 성경을 상고하다보면, ㉠ "일어나라"는 말씀이 많이 나옵니다. "일어난다"는 것이 중요합니다. 우리는 허물과 죄로 말미암아 다 죽어 쓰러지고 넘어졌던 자들입니다. "생기가 그들에게 들어가매 그들이 곧 살아 일어나서 서는데 극히 큰 군대더라"(겔 37:10) 하고 말씀합니다. 우리는 죽어 넘어졌다가 살아 난 것만이 아니라, ㉡ "십자가 군병"으로 분연히 일어난 자들입니다. 일어나는 것, 이것이 믿음이요, 일어날 때 비로소 쓰임을 받을 수 있는 것입니다. "일어나라"는 말이 무엇과 결부되어 있는 가를 보십시오.

② 드보라는 바락에게, ㉠ "일어나라 이는 여호와께서 네 손에 붙이신 날이라"(4:14)고 말했습니다. ㉡ "여호와께서 기드온에게 이르시되 일어나 내려가서 적진을 치라 내가 그것을 네 손에 붙였느니라"(9) 하십니다. 이를 확신하게 된 기드온도 군사들을 향해, ㉢ "일어나라 여호

와께서 미디안 군대를 너희 손에 붙이셨느니라"(15) 하고 독려하고 있는 것입니다. 이것입니다. "일어나라" 하심은, "네 손에 붙이셨느니라"는 하나님의 선수적인 "붙이심"이 있기 때문에 가능한 것입니다. 그러므로 일어남은 하나님의 약속에 대한 믿음의 화답인 것입니다.

③ "삼백 명을 세 대로 나누고 각 손에 나팔과 빈 항아리를 들리고 항아리 안에는 횃불을 감추게 하고"(16), ㉠ 이 "항아리 작전"은 기드온이 고안해 낸 작전은 아닐 것입니다. 이는 마치 "여리고 작전"과 맥을 같이한다고 볼 수가 있습니다. 그런 예가 또 있습니다. "백성으로 더불어 의논하고 노래하는 자를 택하여 거룩한 예복을 입히고 군대 앞에서 행하며 여호와를 찬송하여 이르기를 여호와께 감사하세 그 자비하심이 영원하도다 하게 한"(대하 20:21) 여호사밧 왕의 "브라가 작전" 말입니다. 양상은 각기 달라도 여기에는 공통점이 있습니다. 그것은, ㉡ "자기를 의뢰하지 말고, 여호와만 의뢰하게 하려 하심"입니다.

④ "세 대가 나팔을 불며 항아리를 부수고 좌수에 횃불을 들고 우수에 나팔을 들어 불며 외쳐 가로되 여호와와 기드온의 칼이여"(20) 하니 대적이 혼비백산(魂飛魄散)하여, ㉠ "부르짖으며 도망하였다"(21)고 말씀합니다. 이를 단순한 물리적인 결과로 여겨서는 아니 됩니다. ㉡ "여호와께서 그 온 적군으로 동무끼리 칼날로 치게 하시므로"(22) 무너지게 되었던 것입니다. "여호와 그는 너희를 위하여 싸우신 자시니라"(수 23:3). 과거에도 그러하셨거니와 지금도, 그리고 장래에도 "너희 중 한 사람이 천 명을 좇으리니 이는 너희 하나님 여호와 그가 너희에게 말씀하신 것같이 너희를 위하여 싸우심이라"(수 23:10).

⑤ 그러므로 이를 통하여 하시고자 하는 말씀은 분명합니다. 그 답이 여호수아가 죽기 전에 행한 고별 설교에 나타납니다. ㉠ "오직 너희 하나님 여호와를 친근히 하라"(수 23:8)는 말씀입니다. ㉡ "그러므로 스스로 조심하여 너희 하나님 여호와를 사랑하라"(수 23:11)는 말씀입니

다. 그리하면 "그가 너희에게 말씀하신 것같이 너희를 위하여 싸우심이라"(수 23:10)는 말씀입니다. 하나님은 여호수아가 죽은 후에 "일어난 다른 세대는 여호와를 알지 못하며 여호와께서 이스라엘을 위하여 행하신 일도 알지 못하였더라"(2:10) 한 세대들에게 이를 가르치시려는 것입니다. 그리고 이는 불변의 진리입니다.

⑥ 한가지 부언할 말씀이 남았습니다. 어찌하여, ㉠ "여호와의 칼이여" 하지 않고, "여호와와 기드온의 칼이여"(20) 하고 외쳤을까 하는 점입니다. 이는 기드온이 듣게 된 적병들의 말, "이는 다른 것이 아니라 이스라엘 사람 요아스의 아들 기드온의 칼날이라 하나님이 미디안과 그 모든 군대를 그의 손에 붙이셨느니라"(14) 한 말을 구호(口號)로 활용한 것임이 분명합니다. "여호와와 기드온의 칼이여", 하는 외침을 듣게 된 적병들은 꿈이 현실로 성취되고 있다는 공포에 떨었을 것이 분명합니다. ㉡ "여호와와 기드온의 칼이여" 라는 외침은, 이는 하나님이 우리에게 붙이신 전쟁이요, 하나님이 앞서서 싸워주시는 전쟁, 즉 하나님께서 이미 승리해놓으신 싸움을 싸운다는 고백이었던 것입니다. "여호와와 기드온의 칼이여" 라는 외침이 이스라엘에게는 "믿음"으로 작용하고, 대적에게는 "공포"로 역사하였던 것입니다. 이제도, "여호와와 형제의 칼이여"임을 믿으시기 바랍니다. 그러므로 본 장의 핵심은 "여호와를 위하라"(18), 달리 말하면, "그의 나라와 그의 의를 위하여"에 있다 하겠습니다.

사사기 8장 개관도표

주제 : 여호와께서 너희를 다스리시리라

에브라임의 불평	1-3 에브라임 사람들이 기드온에게 이르되, 우리를 이같이 대접함은 어찜이뇨 하고 크게 다투는지라(1) 오렙과 스엡을 너희 손에 붙이셨으니 나의 한 일이 어찌 능히 너희의 한 것에 비교되겠느냐(3)
숙곳과 브누엘 사람들의 교만	4-21 기드온과 그 좇은 자 삼백 명이 요단에 이르러 건너고 비록 피곤하나 따르며(4) 숙곳 사람들에게 이르되 나의 종자가 피곤하여 하니 청컨대 그들에게 떡덩이를 주라(5) 브누엘에 올라가서 그들에게도, 구한즉 숙곳 사람들의 대답과 같은지라(8) 이 때에 세바와 살문나가 갈골에 있는데, 십이만 명이 죽었고 그 남은 일만 오천 명 가량은 그들을 좇아 거기 있더라(10) 기드온이 추격하여 미디안 두 왕 세바와 살문나를 사로잡고 그 온 군대를 파하니라(12) 숙곳 사람들을 징벌하고(16) 브누엘, 그 성읍 사람들을 죽이니라(17) 기드온이 일어나서 세바와 살문나를 죽이고 그 약대 목에 꾸몄던 새 달 형상의 장식을 취하니라(21)
여호와가 왕	22-23 때에 이스라엘 사람들이 기드온에게 이르되 당신이 우리를 미디안의 손에서 구원하셨으니, 우리를 다스리소서(22) 여호와께서 너희를 다스리시리라(23)
기드온 집의 올무	24-32 한 일을 청구하노니, 귀고리를 내게 줄지니라 하니(24) 그 금으로 에봇 하나를 만들어서, 성읍 오브라에 두었더니 그것을 음란하게 위하므로 그것이 기드온과 그 집에 올무가 되니라(27) 기드온의 사는 날 동안 사십 년에, 태평하였더라(28) 기드온이, 아들이 칠십 인이었고(30) 세겜에 있는 첩도 아들을 낳았으므로 그 이름을 아비멜렉이라 하였더라(31)

8장

여호와께서 너희를 다스리시리라

> 23 기드온이 그들에게 이르되 내가 너희를 다스리지 아니하겠고 나의 아들도 너희를 다스리지 아니할 것이요 여호와께서 너희를 다스리시리라.

8장의 내용은 7장에서 패주(敗走)한 적의 잔당을 섬멸하는 내용입니다. 내용은 그렇다하여도 핵심은 백성들이 기도온을 왕으로 삼으려하자 그가 한 말, "여호와께서 너희를 다스리시리라", 즉 하나님이 왕이시라는데 있습니다. 사사시대뿐만이 아니라, 어느 시대를 막론하고 모든 문제는 하나님이 우리의 왕이시라는 이 한가지를 망각하게 될 때에 야기되는 일들이기 때문입니다. "우리를 이같이 대접함은 어찜이뇨" 한 "에브라임의 교만"(첫째 단원)도, 기드온과 그를 따르는 300명을 박대하면서, "네 군대에게 떡을 주겠느냐한, 숙곳과 브누엘 사람들의 배은망덕"(둘째 단원)도, "여호와가 왕이시라"는 이 한가지를 망각했기 때문입니다. 그러므로 "돌아올 때에 행한 대로 갚아주리라" 말씀하는 것입니다. 반면 300명을 거느리고 미디안의 두 왕과 그를 따르는 "온 군대를 파"할 수 있었던 것은, 오직 "하나님은 우리 왕"(셋째 단원)이심을 믿고 하나님만을 의뢰한 결과였던 것입니다. 그런데 승전한 후에 기드온이 금으로 에봇을 만들어서 자기의 성읍 오브라에 둔 것은 순간적으로 하나님이 왕이시라는 이 불변의 진리를 망각한 처사로, "기드온과 그의 집에 올무"(넷째 단원)로 작용을 하게 됩니다. 이를 통해서 무엇을 말씀하시려는 것인가? 네 단원으로 나누어서 상고하겠습니다.

첫째 단원(1-3) **에브라임 지파의 교만**
둘째 단원(4-21) **숙곳과 브누엘 사람들의 교만**
셋째 단원(22-23) **하나님은 우리 왕**
넷째 단원(24-35) **기드온과 그 집의 올무**

첫째 단원(1-3) **에브라임 지파의 교만**

"에브라임 사람들이 기드온에게 이르되 네가 미디안과 싸우러 갈 때에 우리를 부르지 아니하였으니 우리를 이같이 대접함은 어찜이뇨 하고 크게 다투는지라"(1).

① 본 단원은 7장에서 거둔 외적(外的)인 승리 뒤에 따른, 내적(內的)인 시험입니다. 승리 뒤에는 시험이 따르기 마련입니다. 에브라임 사람들이, ㉠ "우리를 이같이 대접함은 어찜이뇨" 하고 "크게 다투는지라", 즉 도발(挑發)적인 행동으로 나온 것입니다. 자칫하면 내분으로 이어질 상황이 벌어진 것입니다. 에브라임 지파 사람들은 입다 사사 때도, ㉡ "네가 암몬 자손과 싸우러 갈 때에 어찌하여 우리를 불러 너와 함께 가게 하지 아니하였느냐"(12:1) 하고 똑같은 방식으로 반항을 하는 것을 보게 됩니다. 결국 동족상잔(同族相殘)이 벌어져 에브라임 사람 4만 2천명이나 죽임을 당하게 됩니다. 에브라임 사람들은 누구들인

가?

② 요셉이 애굽에서 얻은 두 아들이 므낫세와 에브라임인데, 야곱이 우수(右手)를 아우 에브라임의 머리에 얹고, ㉠ "그 아우가 그보다 큰 자"(창 48:19)가 되리라 하고 축복한 것이 에브라임 자손들입니다. 그리고 가나안을 정복한 여호수아가 에브라임 지파 족장입니다. 이런 우월감에서였을까요, 그 후로 에브라임 지파는 교만하여 매사에 불평불만이 많은 지파가 되고 말았습니다. 급기야는, ㉡ 통일왕국을 찢어서 분열왕국을 만드는 일에도 에브라임 족속인 여로보암이 주동(主動)이 되어서 다윗 집을 배반하게 됩니다.

③ 이제 불평하는 요점도 에브라임 지파가 주동이 되어야하는데, ㉠ 므낫세 지파 사람 기도온이 주동이 되었기 때문에 자존심(自尊心)이 상했다는 그런 뜻입니다. 이것이 누구를 대적하는 죄인가를 유념해야만 합니다. 하나님의 택하심에 대한 불평인 것입니다. 기드온이 사사가 된 것은 되고싶어서 된 것이 아닙니다. ㉡ "가서 이스라엘을 미디안의 손에서 구원하라 내가 너를 보낸 것이 아니냐"(6:14) 하고 하나님의 주권적인 선택으로 말미암아 된 것입니다. 또한 7장에서 살펴본 바대로, "내가 이 물을 핥아먹은 300명으로 너희를 구원하며 미디안 사람을 네 손에 붙이리니"(7:7) 하고 기도온의 군사들도 하나님이 택해주심으로 말미암은 것입니다. 그런데 "우리를 이같이 대접함은 어찜이뇨" 하고 다투다니. 그렇다면 택함 받은 300명 속에는 에브라임 지파 사람들은 들어있지 않았단 말인가?

④ 에브라임의 불평을 구속사의 맥락에서 추적해보면 여기에는 거역할 수 없는 하나님의 절대주권과 결부되어 있음을 깨닫게 됩니다. ㉠ 가나안을 정복한 후에 하나님의 임재를 상징하는 성막은 에브라임 지경인 실로(수 18:1)에 세워졌습니다. 그러하기를 사사시대를 거쳐(삿 18:31), 마지막 사사인 엘리 제사장 때까지(삼상 1:3) 계속되었습니다. 그

런데 성경은, ㉡ "실로의 성막 곧 인간에 세우신 장막을 떠나셨다"고 말씀합니다. 왜냐하면, "또 요셉의 장막을 싫어 버리시며 에브라임 지파를 택하지 아니하시고" 합니다. 이유는 하나님께서 에브라임 지파를 택하시 않으셨기 때문이라는 것입니다. ㉢ "오직 유다 지파와 그 사랑하시는 시온산을 택하시고, 또 그 종 다윗을 택하시되"(시 78:60, 67, 70) 하고 말씀합니다. 하나님은 이렇게 말씀하신 셈입니다. "나는 에브라임 지파 실로가 싫다, 나는 유다 지파 예루살렘(시온산)으로 가겠다". 언제 이렇게 옮겨오셨는가? 실로에 있던 법궤를 블레셋 군대에 빼앗겼다가 돌아올 때는 법궤가 실로가 아닌 유다 지경인 벧세메스로(삼상 6:12) 돌아왔던 것입니다. 왜 그래야만 했습니까? 그리스도는 에브라임이 아니라 유다 지파 다윗의 자손으로 오실 것이 작정(창 49:10)이 되어 있었기 때문입니다. 이것이 "그 종 다윗을 택하셨다"는 뜻입니다. 그런데 에브라임 사람들은 지금 이러한 하나님의 절대주권에 도전하고 있는 것입니다.

⑤ 기드온은 대답합니다. "하나님이 미디안 방백 오렙과 스엡을 너희 손에 붙이셨으니 나의 한 일이 어찌 능히 너희의 한 것에 비교되겠느냐 기드온이 이 말을 하매 그들의 노가 풀리니라"(3). 기드온은 온유한 말로 에브라임의 교만을 이긴 것입니다. 그런데 이 대답이 전부가 아니라 그들이 들어야할 말씀이 있습니다. 성경은 대답합니다. "이 사람아 네가 뉘기에 감히 하나님을 힐문하느뇨 지음을 받은 물건이 지은 자에게 어찌 나를 이같이 만들었느냐 말하겠느냐"(롬 9:20). 에브라임 사람들이 이처럼 불평분자가 된 원인은 분명합니다. 기드온이 다스리는 것이 아니라, "여호와께서 너희를 다스리시리라", 즉 하나님이 왕이심을 망각했기 때문입니다. 이는 교만이었던 것입니다.

둘째 단원(4-21) 숙곳과 브누엘 사람들의 교만

"기드온과 그 좇은 자 삼백 명이 요단에 이르러 건너고 비록 피곤하나 따르며"(4).

① 지금 기드온은 도주한 미디안의 두 왕 세바와 살문나와, 그의 잔당을 추격하고 있는 중입니다. 육신적으로 하면 7장의 승리에 도취해 있을 수도 있습니다. 그러나 후환이 없도록 발본색원하려는 것입니다. 그리하여 "비록 피곤하나" 끝까지 따르고 있는 것입니다. 여기에 택함 받은 삼백 명 군사들의 특성이 나타납니다. 그들은 "비록 피곤하나 따랐습니다". 그들은 2만 2천명이 돌아가고 1만 명이 남았을 때에도 따랐습니다. 그리고 1만 명에서 다시 300명만이 남았을 때에도 따른 자들입니다. 그들은 비록 이해할 수 없었으나 따랐던 것입니다.

② 기드온은 숙곳 사람들에게, ㉠ "나의 종자가 피곤하여 하니 청컨대 그들에게 떡덩이를 주라"(5상) 하고 요청합니다. 그들이 먹지 못한지가 오래되었음을 뜻합니다. 그러나, ㉡ "숙곳 방백들이 가로되 세바와 살문나의 손이 지금 어찌 네 손에 있관대 우리가 네 군대에게 떡을 주겠느냐"(6) 하고 배척을 합니다. 이들은 하나님께서 기드온의 300명을 들어서 미디안 대군을 물리치시고 구원하여주신 은혜를 생각지도 않고 감사하지도 않고 있는 것입니다. 이럴 경우 저들이 누구를 배척한 것이 되는가에 분명해야 하는 것입니다. 성경은 "기생 라합이 사자를 접대"(약 2:25) 함으로 의롭다 함을 받았다고 말씀합니다. 정탐꾼을 영접한 것을 주님을 영접한 것으로 여겨주셨기 때문입니다. 왜냐하면 그들은 사사로운 군사가 아니라 하나님의 구속사역에 쓰임 받고 있는 하나님의 군대요, 구속 주는 오직 그리스도시기 때문입니다. 만일 라합이 정탐꾼을 배척을 했다면 어찌되었겠습니까? 함께 멸망을 당했을 것입니다. ㉢ 지금 숙곳 방백들은 그런 불신앙의 죄를 범하고 있는 것입니다.

③ "거기서 브누엘에 올라가서 그들에게도 그같이 구한즉 브누엘 사람들의 대답도 숙곳 사람들의 대답과 같은지라"(8). 그렇다면 숙곳 방백들이나 브누엘 사람들은 세바와 살문나의 목을 가져와야만 믿겠다는 말인가? 칠 년 동안이나 자신들을 압제한 미디안, 아말렉, 동방의 메뚜기의 중다함 같은 무리를 단지 300명으로 물리치고 구원하여 준 것을 작은 일로 여기고 못 믿을 것으로 여기고 있단 말인가? "비록 피곤하나 따르는" 군사들을, "네 군대"라고 자신들과는 상관이 없는 양 말할 수가 있으며, "네 군대에게 떡을 주겠느냐"고 말한단 말인가?

④ 이런 일이 후에도 있었습니다. 다윗이 곤고한 날, 즉 자신을 죽이려는 사울을 피하던 때에 부자인 나발에게 식물을 구한 때가 있었습니다. 그러나 미련한 나발은, "다윗은 누구며 이새의 아들은 누구뇨"(삼상 25:10) 하고 다윗을 "어디로서인지 알지 못하는 자들"이라고 부인을 하고 맙니다. 나발은 다윗이 블레셋 골리앗을 물리친 구원행사를 모르고 있단 말인가? "주님은 말씀하십니다. "나와 함께 아니하는 자는 나를 반대하는 자요 나와 함께 모으지 아니하는 자는 헤치는 자니라"(눅 11:23), "또 누구든지 제자의 이름으로 이 소자 중 하나에게 냉수 한 그릇이라도 주는 자는 내가 진실로 너희에게 이르노니 그 사람이 결단코 상을 잃지 아니하리라"(마 10:42). 나발이, 그리고 숙곳과 브누엘 사람들이 주님의 이름으로 저들을 영접했다면 얼마나 좋았겠는가? 그들은 모든 일을 "여호와께서 다스리고 계시다"는 이 한가지를 망각했기 때문입니다.

⑤ "이 때에 세바와 살문나가 갈골에 있는데, 동방 사람의 모든 군대 중에 칼 든 자 십 이만 명이 죽었고 그 남은 일만 오천 명 가량은 그들을 좇아 거기 있더라"(10) 합니다. 300명에 비한다면 남은 1만 5천명도 결코 적은 수는 아닙니다. 그러나 하나님께서 저들을 이미 기드온의 손에 붙이신지라, "세바와 살문나를 사로잡고 그 온 군대를 파하니라"

(12) 합니다.

⑥ "요아스의 아들 기드온이 헤레스 비탈 전장에서 돌아오다가"(13), 여기 명심해야할 말씀이 나옵니다. 그것은, ㉠ "돌아오다"라는 말씀입니다. 돌아오다가 기드온이 숙곳 사람들에게 말합니다. "너희가 전에 나를 기롱하여 이르기를 세바와 살문나의 손이 지금 어찌 네 손에 있관대 우리가 네 피곤한 사람에게 떡을 주겠느냐 한 그 세바와 살문나를 보라"(15). 저들이 얼마나 당황하고 후회막급이었겠습니까? 이런 날이 올 것이기에 성경이 이를 예표로 하여 경계하고 있는 것입니다. ㉡ "귀인이 왕위를 받아 가지고 돌아 올" 날이 다가온다고 말씀합니다. "그리고 나의 왕 됨을 원치 아니하던 저 원수들을 이리로 끌어다가 내 앞에서 죽이라 하였느니라"(눅 19:15, 27) 하십니다. 숙곳 방백들과 브누엘 사람들은 자신의 행위대로 징벌을 당하고야 말았습니다.

셋째 단원(22-23) 하나님은 우리 왕

"때에 이스라엘 사람들이 기드온에게 이르되 당신이 우리를 미디안의 손에서 구원하셨으니 당신과 당신의 아들과 당신의 손자가 우리를 다스리소서"(22).

① 기드온이 미디안의 두 왕 세바와 살문나를 완전히 정복하자 백성들은 기드온을 왕으로 삼으려했습니다. "당신과 당신의 아들과 당신의 손자가 우리를 다스리소서" 합니다. 하나님을 아는 지식이 없게 되면 이처럼 감정의 지배를 받게 됩니다. 성경의 예민함을 보십시오. ㉠ 4-9절에서는 기드온이 멸시와 박대를 당하고 있는 장면이 나옵니다. 그런데 본 단원에서는, ㉡ 그의 영광이 절정에 올라있는 것을 보게 됩니다. 진정 어느 때가 기드온의 위기(危機)란 말인가? 이 유혹은 미디안의

두 왕 세바와 살문나보다도 더 무서운 적이었던 것입니다. 기드온은 이 유혹(誘惑)을 물리칠 수 있을 것인가?

② "기드온이 그들에게 이르되 내가 너희를 다스리지 아니하겠고 나의 아들도 너희를 다스리지 아니할 것이요"(23상) 합니다. 이 유혹을 일언지하(一言之下)에 거절하고 맙니다. 기드온은, ㉠ "내가 너희를 다스리지 아니하리라" 하고 말한 것만이 아닙니다. 다시 말하면 백성들처럼 왕이 없는 상태인 양 말한 것이 아닙니다. ㉡ "여호와께서 너희를 다스리시리라"(23하) 하고 말해주었던 것입니다. 백성들과, 에브라임 지파 사람들과, 숙곳과, 브누엘 사람들은 하나님의 왕 되심을 모르고 자행자지 하였으나, 기드온은 하나님께서 지금도 우리를 다스리고 계심을 굳게 믿고 있었던 것입니다.

③ "사사시대" 하면 대번에, ㉠ "그 때에 이스라엘에 왕이 없음으로"(21:25) 라는 말을 생각합니다. 그렇다면 모세 당시나, 여호수아 때도 왕이 없었다고 말할 것인가? 아닙니다. 앞에서도 말씀드렸습니다만 창세 이후로 왕이 없던 때는 한 번도 없습니다. "이는 만물이 주에게서 나오고 주로 말미암고 주에게로 돌아감"(롬 11:36)이기 때문입니다. 다만 무지한 인간들이, ㉡ 눈에 보이는 왕이 없다고 왕이 없는 줄로 알고 자기의 소견대로 행했을 뿐입니다.

④ 그 하나님께서 언제부터 이스라엘의 왕이시었는가? 시편은 대답하기를, ㉠ "하나님은 예로부터 나의 왕이시라 인간에 구원을 베푸셨나이다 주께서 주의 능력으로 바다(홍해)를 나누시고 물 가운데 용들의 머리(바로의 군사)를 깨뜨리셨으며"(시 74:12-13) 하신 출애굽 때부터, 하나님은 이스라엘의 왕이셨습니다. ㉡ "너희를 구속하여 너희로 내 백성을 삼고 나는 너희 하나님이 되리니"(출 6:6-7) 하신 구속하신 때부터 왕이셨습니다. 이제도 우리에게 보이는 왕은 없습니다. 그래서 호랑이 없는 골에 토끼가 선생이라는 식으로, 제멋대로 행하고 있는 것입니

다. 그러나 우리에게는 우리를 구속하여 자기 백성을 삼으신 영원한 왕이 계십니다.

주께서 옛적에 땅의 기초를 두셨사오며
하늘도 주의 손으로 지으신 바니이다
천지는 없어지려니와 주는 영존하시겠고
그것들은 다 옷같이 낡으리니
의복같이 바꾸시면 바뀌려니와
주는 여상 하시고 주의 연대는 무궁하리이다(시 102:25-27)

넷째 단원(24-35) 기드온과 그 집의 올무

"기드온이 또 그들에게 이르되 내가 너희에게 한 일을 청구하노니 너희는 각기 탈취한 귀고리를 내게 줄지니라 하니 그 대적은 이스마엘 사람이므로 금귀고리가 있었음이라"(24).

① 왕이 되어 달라는 유혹을 뿌리친 기드온이 한가지 청을 합니다. 그 청이 무엇인가? ㉠"탈취한 귀고리"를 달라는 것입니다. 왕위를 거절한 기드온이 "금귀고리"가 탐이 났단 말인가? 무엇에 쓰려고 금귀고리를 달라고 했는가? 우리는 "금귀고리"라는 말만 들어도 불길(不吉)한 예감을 갖게 됩니다. 그것은, ㉡ "아론이 그들에게 이르되 너희 아내와 자녀의 귀의 금고리를 빼어 내게로 가져 오라" 하여 그것으로 송아지 형상의 우상을 만들어 섬긴(출 32:2-4) 출애굽의 실패를 상기하기 때문입니다. "여호와께서 너희를 다스리시리라" 하고 말한 기드온이 이를 모를 리가 만무합니다. 우리에게는 또 끔찍한 기억이 있습니다. 통일왕국을 찢어 분열왕국을 만들었을 때에 여로보암이 "두 금송아지

를 만들고 무리에게 말하기를 너희가 예루살렘에 올라갈 것이 없도다 이스라엘아 이는 너희를 애굽 땅에서 인도하여 올린 너희 신이라"(왕상 12:28-29) 하고 벧엘과 단에 두어 음란하게 섬긴 그 "금송아지" 말입니다.

② "기드온이 그 금으로 에봇 하나를 만들어서 자기의 성읍 오브라에 두었다"(27)고 말씀합니다. ㉠ "에봇"은 대제사장의 겉옷인데 무슨 용도로, 그것도 금으로 에봇을 만들었단 말인가? ㉡ 에봇은 하나님의 뜻을 알아보는 것과 관련이 있습니다. 다윗은 사울이 자기를 해하려하자 하나님의 뜻을 알아보기 위해서 제사장 아비아달에게 "에봇을 이리로 가져 오라"(삼상 23:9, 30:7) 하는 것을 보게 됩니다. 기드온이 에봇을 만든 의도는 하나님의 뜻을 묻는데 사용하려한 것으로 여겨집니다. 그런데 하나님께 묻기 위해서라면 성막이 있는 실로(18:31)에 올라가서 대제사장을 통해서 물어야만 옳았습니다. 기드온이 사사가 되고, 그 위에 하나님의 뜻을 묻는 대제사장까지 되려 한 처사는 순간적이나마 어두움에 사로잡힌 연고라고 말할 수밖에는 없는 것입니다. 그것도 금으로 만든 에봇으로 말입니다.

③ 아니다 다를까, "온 이스라엘이 그것을 음란하게 위하므로 그것이 기드온과 그 집에 올무가 되니라"(27하) 합니다. 사악한 인간들이 금으로 만든 에봇, 그것도 적장에게서 탈취한 패물로 만든 에봇을 가만히 놓아둘 이가 있겠습니까? ㉠ "음란하게", 즉 우상으로 섬겼다는 것입니다. 열왕기하에 보면 "모세가 만들었던 놋뱀"도 우상으로 섬긴 것(왕하 18:4)을 보게 됩니다. 그리하여 이 일이, ㉡ "기드온과 그 집에 올무가 되니라" 합니다. 26절에 의하면 "금귀고리의 중수가 금 일천 칠백 세겔이요 그 외에 또 새 달 형상의 장식과 패물과 미디안 왕들이 입었던 자색의복과 그 약대 목에 둘렀던 사슬이었더라" 합니다. 이것으로 에봇을 만듦으로 적에게 있던 올무가 기드온에게로 넘어온 것입니다.

④ 기드온 자신만이 아니라 "그 집"에 올무가 되었다고 말씀함을 주목하시기를 바랍니다. 이 불길함을 30-31절은 예고해주고 있습니다. ㉠ "기드온이 아내가 많음으로, 아들이 칠십 인"이었다는 것과, 그 위에 "세겜에 있는 첩도 아들을 낳아 그 이름을 아비멜렉이라 하였더라" 하므로 기드온의 집에 불어닥치게 될 어떤 풍운(風雲)을 예고해주고 있는 것입니다. 기드온은 에봇을 만들지 말았어야만 했습니다. 그리고 백성들은 에봇이 아니라 "여호와를 위하라"(7:18) 하고 오직 하나님만을 섬겼어야만 옳았습니다. 그러나 8장은, ㉡ "사면 모든 대적의 손에서 자기들을 건져내신 여호와 자기들의 하나님을 기억지 아니"(34)했다는 말씀으로 끝맺고 있습니다. 말할 것도 없이 기드온이 베푼 모든 은혜를 기억하는 사람들도 없었습니다. 그토록 배은망덕한 그들이 기드온이 만든 "에봇"은 중한 줄로 알았단 말인가?

사사기 8:33-9장 개관도표

주제 : 바알브릿을 자기들의 신으로 삼은 이스라엘

바알을 섬긴 이스라엘	8:33-35 기드온이 이미 죽으매 이스라엘 사손이 돌이켜, 바알브릿을 자기들의 신으로 삼고(33) 사면 모든 대적의 손에서 자기들을 건지내신 여호와 자기들의 하나님을 기억지 아니하며(34) 또 여룹바알이라 하는 기드온의 이스라엘에게 베푼 모든 은혜를 따라서 그의 집을 후대치도 아니하였더라(35)
아비멜렉 왕을 삼다	9:1-6 여룹바알의 아들 아비멜렉이 세겜에 가서(1) 나는 너희의 골육지친 임을 생각하라(2). 여룹바알의 아들 칠십 인을 한 반석 위에서 죽였으되 요담은 숨었으므로 남으니라(5) 아비멜렉으로 왕을 삼으니라(6)
진실하고 의로우냐	7-21 요담이, 외쳐 그들에게 이르되(7) 나무들이, 왕으로 삼으려 하여 감람나무에게, 너는 우리 왕이 되라 하매(8) 무화과나무에게, 와서 우리의 왕이 되라 하매(10) 포도나무에게, 와서 우리의 왕이 되라 하매(12) 가시나무에게, 와서 우리 왕이 되라 하매(14) 내 그늘에 피하라 그리하지 아니하면 불이 가시나무에서 나와서 사를 것이니라 하였느니라(15) 너희 행한 것이 진실로 의로우냐
하나님이 이같이 갚으셨다	22-57 아비멜렉이 이스라엘을 다스린지 삼 년에(22) 하나님이 악한 신을 보내시매 세겜 사람들이 아비멜렉을 배반하였으니(23) 피 흘린 죄를 아비멜렉과 세겜 사람에게 돌아가게 하심이라(24) 가알이 세겜에 이르니 그를 의뢰하니라(26). 세겜 망대에 있는 사람들도 다 죽었으니 남녀가 대략 일천 명이었더라(49). 아비멜렉이 망대의 문에 가까이 나아가서 불살랐더니 한 여인이 맷돌 윗짝을 아비멜렉의 머리 위에 내려 던져 그 두골을 깨뜨리니(53) 하나님이 이같이 갚으셨고(56) 세겜 사람들의 모든 악을 하나님이 그들의 머리에 갚으셨으니(57)

8:33-9장

바알브릿을 섬긴 이스라엘

8:33 기드온이 이미 죽으매 이스라엘 자손이 돌이켜 바알들
을 음란하게 위하고 또 바알브릿을 자기들의 신으로 삼고.

장(章)을 나눌 때에 8장을 32절에서 끝내고, 33-35절은 9장으로 편입을 했더라면 좋았을 것입니다. 8:32절에서, "요아스의 아들 기드온이 나이 많아 죽으매" 합니다. 그리고 9장의 내용은 기드온이 죽은 후에 백성들이 어떻게 타락을 했으며, 그리하여 무슨 일이 벌어졌고, 그 종말은 어떻게 되었는가를 말씀하는 내용이기 때문입니다. 기드온이 죽자 다른 사사 때와 마찬가지로, "이스라엘 자손이 돌이켜 바알들을 음란하게 위하고 또 바알브릿을 자기들의 신으로"(8:33) 섬겼다고 말씀합니다. "바알브릿"이란 〈언약의 바알〉이라는 뜻입니다. 이를 구속사의 맥락에서 바라보면 엄청난 음모가 내포되어 있는 말입니다. 여호와께서 아브라함과 이삭과 야곱에게 세워주신 메시아언약을 버리고, 바알과 언약을 맺었다는 뜻이 되기 때문입니다. 그러므로 9장은 이 "바알브릿을 자기들의 신으로 삼았다"는 말씀을 중심으로 해석해야만 바르게 접근하게 됩니다. 그 종말은 멸망뿐입니다. 아비멜렉을 왕으로 삼은 세겜 사람들도 죽고(44), 아비멜렉도 죽고(54) 맙니다. 기드온 이후가 어찌하여 이처럼 멸망으로 끝나고 있는가? "돌이켜 바알브릿"을 자기들의 신으로 섬겼기 때문입니다. 그러므로 9장에는 소망이라고는 바늘구멍만큼도 보이지가 않습니다. "하나님이 이같이 갚으셨고, 하나님이 그들의 머리에 갚으셨으니"(56-57) 하고 심판으로 끝나고 있습니다. 이를 네 단원으로 나누어 상고하겠습니다.

첫째 단원(8:33-35) **돌이켜 바알을 섬긴 이스라엘**
둘째 단원(9:1-6) **아비멜렉으로 왕을 삼다**
셋째 단원(7-21) **너희 행한 것이 진실하고 의로우냐**
넷째 단원(22-57) **하나님이 이같이 갚으셨다**

첫째 단원(8:33-35) 돌이켜 바알을 섬긴 이스라엘

"사면 모든 대적의 손에서 자기들을 건져내신 여호와 자기들의 하나님을 기억지 아니하며"(34).

① 첫째 단원은 세 절에 불과하지만, 이는 9장의 서론과 같아서 어찌하여 9장과 같은 혼란이 빚어졌는가 하는 원인을 말씀해주고 있는 중요한 내용입니다. ㉠ "기드온이 이미 죽으매 이스라엘 자손이 돌이켜 바알들을 음란하게 위하고"(33상) 합니다. 바알들을 섬기지 못해 몸살이라도 날 것 같은, 마치 기드온이 어서 죽어야 바알을 섬길텐데 하고 기다리기라도 한 사람들 같습니다. 어찌 이럴 수가 있단 말인가? 이렇게 타락한 배경에는 경제적인 이유가 주원인이었음을 유념해야만 합니다. ㉡ "바알"은 풍년을 가져다준다는 농경신(農耕神)으로 알려져 있습니

다. 그리고 가나안 원주민들이나 열방들은, 유목민인 이스라엘에 비하여 경제적으로 부유한 편이었을 것입니다. 그래서 저들처럼 잘 살아보려는 욕망이 바알을 자연스럽게 받아드리게 된 것입니다. 그러므로 고질적인 우상숭배는 이때만이 아닙니다. 출애굽 때부터 시작하여 구약시대 내내 그러했음을 구약의 역사가 말씀해주고 있습니다.

② 이런 연유로, "또 바알브릿을 자기들의 신으로 삼았다"(33하)고 말씀합니다. 33절 한 절 안에는, ㉠ "바알들"이라는 말과, "또 바알브릿을 자기들의 신으로 삼았다"는 말씀이 있습니다. 그렇다면 "바알과, 바알브릿"은 같은 우상을 반복해서 말씀함인가? 아니면 다른 우상이란 말인가? 여기서 "바랄브릿"의 뜻이 무엇인가를 생각하게 합니다. ㉡ "언약의 바알"이라는 뜻임을 유념해야만 합니다. 그들은 바알을 섬기되 일시적(一時的)으로 지나가는 사람들처럼 섬긴 것이 아니라, 영구(永久)히 바알의 백성이 되어 섬길 것을 언약으로 다짐을 했다는 그런 의미가 되는 것입니다. 다시 강조합니다만 그들은 하나님의 언약을 버리고 바알과 언약을 맺었다는 것입니다. 이점이 10:13절에서, ㉢ "너희가 나를 버리고 다른 신들을 섬기니 그러므로 내가 다시는 너희를 구원치 아니하리라" 하신 말씀에서 드러납니다. 〈다시는〉 나와 너희와는 상관이 없다는 결별을 선언하시는 말씀이기 때문입니다.

③ 본문에서도, "사면 모든 대적의 손에서 자기들을 건져내신 여호와 자기들의 하나님을 기억지 아니하며"(34) 합니다. "사면 대적"만이 아닙니다. 사사기에는 애굽에서 인도하여 내셨다는 말씀을 여러 번(2:1, 12, 6:8) 상기시키고 있음을 보게 됩니다. 저들은 유월절 양의피로 구속하여주신 그 "구속"의 은총을 기억치 않고 있는 것입니다. 그런 배은망덕한 그들이 기드온을 기억할 리가(35) 있겠습니까?

둘째 단원(9:1-6) 아비멜렉으로 왕을 삼다

"여룹바알의 아들 아비멜렉이 세겜에 가서 그 어머니의 형제에게 이르러 그들과 외조부의 온 가족에게 말하여 가로되"(9:1).

① 아비멜렉은 8:31절에서 "세겜에 있는 첩도 아들을 낳았으므로 그 이름을 아비멜렉이라 하였더라" 하고 화근(禍根)이 될 것을 예고한 대로, 기드온이 죽은 후에 외가댁 세겜에 내려가서 요즘 말로 하면 지역감정에 호소해서 "왕"이 됩니다.

② "세겜 모든 사람과 밀로 모든 족속이 모여 가서 세겜에 있는 기둥 상수리나무 아래서 아비멜렉으로 왕을 삼으니라"(6) 합니다. 9장의 핵심 단어 중 하나가, ㉠ "왕"(王)이라는 말임을 주목해야만 합니다. 모두 9번이나 나옵니다. 사사기 하면 "왕이 없을 때"(17:6, 18:1, 19:1, 21:25)로 알고 있는데, 아비멜렉을 왕으로 삼았다는 것이 어떤 의미가 있는가? 이는 기드온의 집에 대한 반역이기 이전에, ㉡ 하나님께 대한 중대한 반역행위임을 인식해야만 합니다. 왜냐하면 이는 8:23절에서, "여호와께서 너희를 다스리시리라" 한 말씀을 정면으로 반역하는 행위이기 때문입니다.

③ 훗날 장로들이 사무엘에게, "열방과 같이 우리에게 왕을 세워 우리를 다스리게 하소서" 하고 왕을 요구했을 때에 하나님은, ㉠ "그들이 너를 버림이 아니요 나를 버려 자기들의 왕이 되지 못하게 함이니라"(삼상 8:5, 7) 말씀하셨습니다. 하나님은 왕이십니다. 하나님은 예로부터, 벌써부터 왕이십니다. 그런데 하나님이 "왕"이시라는 명제를 메시아왕국 건설이라는 구속사의 관점으로 바라보면, ㉡ 왕이란 궁극적으로는 예수 그리스도를 지향(指向)하고 있음을 깨닫게 되는 것입니다. 주님은 "네 말과 같이 내가 왕이니라"(요 18:37) 말씀하십니다.

④ "이스라엘 자손이 돌이켜 바알들을 음란하게 위하고 또 바알브릿

을 자기들의 신으로 삼았다"(8:33)는 것과, "아비멜렉으로 왕을 삼으니라"(6)는 말은 맥(脈)을 같이 하는, 하나님께 대한 반역(叛逆)행위였던 것입니다. 하나님은 예레미야 선지자에게, ㉠ "유대인과 예루살렘 거민 중에 반역이 있도다"(렘 11:9) 말씀하십니다. 그러므로 에스겔 선지자를 통해서는, ㉡ "끌고 바벨론으로 가서 나를 반역한 그 반역을 거기서 국문하겠다"(겔 17:20) 말씀하십니다. 그 후손들은, ㉢ "이 사람을 놓으면 가이사의 충신이 아니니이다 무릇 자기를 왕이라 하는 자는 가이사를 반역하는 것이니이다"(요 19:12) 하고 말했던 것입니다. 그리스도에 대한 배척과 반역은 구약시대에도 있었음을 유념해야만 합니다. 그것은 "메시아언약"을 버리고 우상을 숭배하는 것으로 나타났던 것입니다. 그리고 이러한 반역은 끈질기게 계속되었으며, 그 배후에는 메시아에 의하여 정복당하지 않으려는 사탄의 음모가 있었음을 간과해서는 아니 됩니다.

⑤ 그 사탄의 사자인 아비멜렉은 "여룹바알의 아들 곧 자기 형제 칠십 인을 한 반석 위에서 죽였으되 오직 여룹바알의 말 째 아들 요담은 스스로 숨었으므로 남으니라"(5) 합니다. 이는 훗날 이세벨의 딸 아달랴가 유다 "왕의 씨를 진멸"(왕하 11:1)하는 것과, 베들레헴의 영아살해 사건으로 이어지고 있습니다.

셋째 단원(7-21) 너희 행한 것이 진실하고 의로우냐

"혹이 요담에게 그 일을 고하매 요담이 그리심산 꼭대기로 가서 서서 소리를 높이 외쳐 그들에게 이르되 세겜 사람들아 나를 들으라 그리하여야 하나님이 너희를 들으시리로다"(7).

① 죽임 당함을 면한 기드온의 말째 아들 요담은 우화(寓話)로 세겜

사람들의 잘못을 책망합니다. "하루는 나무들이 나가서 기름을 부어 왕을 삼으려 하여", ㉠ 감람나무에게 너는 우리 왕이 되라 했다는 것입니다. 그러나 감람나무는 "나의 기름은 하나님과 사람을 영화롭게 하나니 내가 어찌 그것을 버리고 가서 나무들 위에 요동하리요"(9) 하고 거절했습니다. ㉡ 무화과나무에게 너는 우리 왕이 되라 했다는 것입니다. 그러나 무화과나무는 "나의 단 것, 나의 아름다운 실과를 내가 어찌 버리고 가서 나무들 위에 요동하리요"(11) 하고 거절합니다. ㉢ 포도나무에게 너는 우리 왕이 되라고 했더니 포도나무는, "하나님과 사람을 기쁘게 하는 나의 새 술을 내가 어찌 버리고 가서 나무들 위에 요동하리요"(13) 하고 거절했다는 것입니다.

② 그래서 가시나무에게 너는 우리의 왕이 되라 했다는 것입니다. 그랬더니 가시나무가 말하기를, ㉠ "너희가 참으로 내게 기름을 부어 너희 왕을 삼겠거든 와서 내 그늘에 피하라, ㉡ 그리하지 아니하면 불이 가시나무에서 나와서, 사를 것이니라"(15) 하고 협박했다고 말합니다.

③ 이 우화를 음미해보면, ㉠ "감람나무, 무화과나무, 포도나무"의 반응은 제게 맡겨진 일들을 감당하면서 제 분수를 지키겠다는 그런 뜻입니다. 이는 하나님을 왕으로 섬기면서 맡겨주신 사명을 충성스럽게 수행하겠다는 기드온과 같은 충성스런 종들을 상징하는 말입니다. 그래서 공통적으로, ㉡ "나무들 위에 요동하리요"(9, 11, 13) 하고 이를 거부하고 있는 것입니다. "요동하리요"를 다른 번역에서는, "다스리겠느냐, 으스대겠느냐" 하고 번역하고 있습니다. 요는 반역자가 될 수 없다는 그런 뜻입니다. 그래서 감람나무는 자기 기름은 "하나님과 사람을 영화롭게 한다"(9)고 말하고, 포도나무는 자신의 새 술은, "하나님과 사람을 기쁘게 한다"(13)고 말함으로 "하나님이 왕"이심을 진술하고 있는 것입니다.

④ 그런데 가시나무는, ㉠ "내 그늘에 피하라"(15) 한 것입니다. 이

는 극도의 교만을 나타내는 말입니다. 왜냐하면 오직 하나님만이, "나의 반석이시오 나의 요새시오 나를 건지시는 자시오 나의 하나님이시오 나의 피할 바위시기"(시 18:2) 때문입니다. 그러므로 성경은, "지존자의 은밀한 곳에 거하는 자는 전능하신 자의 그늘 아래 거하리로다"(시 91:1) 하고 말씀합니다. 그런데 "내 그늘에 피하라" 하다니, 이는 자신을 지존자로 여기면서 으스대는 교만입니다. ㉡ "그리하지 않으면 불이 가시나무에서 나와서 사를 것이니라" 합니다. 이것은 협박입니다. "감람나무, 무화과나무, 포도나무"가, "내가 너희를 다스리지 아니하겠고 나의 아들도 너희를 다스리지 아니할 것이요 여호와께서 너희를 다스리시리라"(8:23) 한 기드온과 그의 아들들을 가리키는 것이라면, 가시나무로 표현 된 아비멜렉은 "교만과 포악"의 화신으로 나타내고 있습니다.

⑤ 우화로 저들의 잘못을 지적한 요담은, ㉠ "이제 너희가 아비멜렉을 세워 왕을 삼았으니 너희 행한 것이 과연 〈진실하고 의로우냐〉 이것이 여룹바알과 그 집을 선대함이냐 이것이 그 행한 대로 그에게 보답함이냐"(16) 하고 저들의 잘못을 책망합니다. "아버지의 집을 쳐서 그 아들 칠십 인을 한 반석에서 죽인 아비멜렉을 너희 형제가 된다고 그를 세워 왕을 삼았도다" 하고 저들의 불의와 비도덕적인 행위를 지적합니다. 요담의 결론은, ㉡ "아비멜렉에게서 불이 나와서 세겜 사람들과 밀로 족속을 사를 것이요, 세겜 사람들과 밀로 족속에게서도 불이 나와서 아비멜렉을 사를 것이니라"(20) 합니다. 이는 저주이면서도 일종의 예언인데, 악이 악을 쳐서 피차 멸망하게 되리라는 말입니다. 그런데 그 말대로 성취되고야 말았던 것입니다.

넷째 단원(22-57) 하나님이 이같이 갚으셨다

"아비멜렉이 이스라엘을 다스린 지 삼 년에 하나님이 아비멜렉과 세겜 사람들 사이에 악한 신을 보내시매 세겜 사람들이 아비멜렉을 배반하였으니"(22-23).

① "아비멜렉이 이스라엘을 다스린 지 삼 년에" 합니다. 그러니까 아비멜렉은 삼 년 동안 이스라엘에 왕 노릇을 했다는 것입니다. 그렇다면 백성들은, ㉠ "가시나무 그늘에 피한 것"이 되는 것입니다. 이는 아비멜렉은 반역자요, 백성들은 "십자가에 못 박으라" 하고 외친 무지한 자들과 같은 것입니다. 교회사에 있어서 악은 득세하고, 하나님은 숨어 계시는 듯한 때가 있습니다. 그때는 주께서 말씀하신 바, "이제는 너희 때요 어두움의 권세로다"(눅 22:53) 하신 암흑시대입니다. 그런 기간이 삼 년이 지난 것입니다. 이런 어처구니없는 일이 구속사에 또 있었습니다. ㉡ 유다 6대 왕 아하시야가 죽자 그의 모친 아달랴(이세벨의 딸)가 왕의 씨, 즉 자신의 친손자들을 진멸하고 스스로 왕이 되어 6년이나 왕 노릇을 합니다. 그런데 하나님께서는 한 살 난 요아스를 도적히여 내심으로 왕의 씨를 보존하여주셨는데, 그가 6년 동안 여호와의 전에 숨어 있다가 제 칠 년에 왕위에 오르게 됩니다(왕하 11:1-12).

② 이런 일을 성경에 기록케 하심은, 사탄은 "여자의 후손", 즉 메시아가 태어나지 못하도록 끈질기게 대적하나 하나님은 묵묵히 이를 이루어 나가심을 보여주기 위해서입니다. 이런 사탄의 음모가 종말에도 있을 것입니다. 성경은 말씀합니다. ㉢ "누가 아무렇게 하여도 너희가 미혹하지 말라 먼저 배도 하는 일이 있고 저 불법의 사람 곧 멸망의 아들이 나타나기 전에는 이르지 아니하리라 저는 대적하는 자라 범사에 일컫는 하나님이나 숭배함을 받는 자 위에 뛰어나 자존하여 하나님의 성전에 앉아 〈자기를 보여 하나님이라〉 하느니라"(살후 2:3-4).

③ "하나님이 아비멜렉과 세겜 사람들 사이에 악한 신을 보내시매 세겜 사람들이 아비멜렉을 배반하였다"고 말씀합니다. 하나님께서는 악이 악을 치도록 "악한 신"의 활동을 허용하신 것입니다. "이는 여룹바알의 아들 칠십 인에게 행한 포악한 일을 갚되 그 형제를 죽여 피 흘린 죄를 아비멜렉과 아비멜렉의 손을 도와서 그 형제를 죽이게 한 세겜 사람에게로 돌아가게 하심이라"(24)고 말씀합니다.

④ 그리하여 요담이 말한 대로, "아비멜렉에게서 불이 나와서 세겜 사람들과 밀로 족속을 살으고, 세겜 사람들과 밀로 족속에게서도 불이 나와서 아비멜렉을 살라"(20) 피차 멸망당하는 것으로 9장은 끝나고 맙니다. ㉠ "아비멜렉이 그 형제 칠십 인을 죽여 자기 아비에게 행한 악을 하나님이 이같이 갚으셨다"고 말씀합니다. 어떤 방법으로 갚으셨는가? "한 여인이 맷돌 위짝을 아비멜렉의 머리 위에 내려 던져 그 두골을 깨뜨리게"(53) 하심으로 갚으셨습니다. 아비멜렉의 말로는, 왕이나 장수와 같은 당당한 죽음을 맞이한 것이 아니라 치욕적인 종말로 갚으셨습니다. "또 세겜 사람들의 모든 악을 하나님이 그들의 머리에 갚으셨으니 여룹바알의 아들 요담의 저주가 그들에게 응하니라"(56-57) 합니다.

때에 사람의 말이
진실로 의인에게 갚음이 있고
진실로 땅에서
판단하시는 하나님이 계시다 하리로다"(시 58:11). 아멘

사사기 10장 개관도표

주제 : 이스라엘을 인하여 근심하신 하나님

이방의 일곱 우상을 섬긴 이스라엘

1-9

아비멜렉의 후에 돌라가 일어나서 이스라엘을 구원하니라(1)
그 후에 야일이 일어나서 이십이 년 동안
이스라엘의 사사가 되니라(3)

이스라엘 자손이 다시 여호와의 목전에 악을 행하여

바알들과 아스다롯과
아람의 신들과 시돈의 신들과
모압의 신들과 암몬 자손의 신들과
블레셋 사람의 신들을 섬기고

여호와를 버려 그를 섬기지 아니하므로(6)
여호와께서 이스라엘에게 진노하사

블레셋 사람의 손과 암몬 자손의 손에 파시매(7)
그들이 그 해부터 이스라엘 자손을 학대하니,
십팔 년 동안 학대를 당하였고(8)

암몬 자손이 또 요단을 건너서 유다와 베냐민과
에브라임 족속을 치므로 이스라엘의 곤고가 심하였더라(9)

다시는 너희를 구원치 아니하리라

1-18

이스라엘 자손이 여호와께 부르짖어 가로되

우리가 우리 하나님 여호와를 버리고
바알들을 섬김으로 주께 범죄하였나이다(10)

여호와께서 이스라엘 자손에게 이르시되
내가 애굽 사람과 아모리 사람과 암몬 자손과
블레셋 사람에게서 너희를 구원하지 아니하였느냐(11)
또 시돈 사람과 아말렉 사람과 마온 사람이
너희를 압제할 때에 너희가 내게 부르짖으므로
내가 너희를 그들의 손에서 구원하였거늘(12)

너희가 나를 버리고 다른 신들을 섬기니
그러므로 내가 다시는 너희를 구원치 아니하리라(13)
가서 너희가 택한 신들에게 부르짖어서
너희 환난 때에 그들로 너희를 구원하게 하라(14)

이스라엘 자손이 여호와께 여짜오되
주의 보시기에 좋은 대로
오직 주께 구하옵나니 오늘날
자기 가운데서 이방 신들을 제하여 버리고

우리가 범죄하였사오니
우리에게 행하시려니와
우리를 건져내옵소서 하고(15)
여호와를 섬기매

여호와께서 이스라엘의 곤고를 인하여 마음에 근심하시니라(16)

서로 이르되 누가 먼저 나가서, 싸움을 시작할꼬
그가 길르앗 모든 거민의 머리가 되리라(18)

10장

이스라엘을 인하여 근심하신 하나님

[13]너희가 나를 버리고 다른 신들을 섬기니 그러므로 내가 다시는 너희를 구원치 아니하리라.

10장은 "아비멜렉의 후에"(1상), 이렇게 시작이 됩니다. 중심점은 도표에서 보시는 바대로, "이스라엘 자손이 다시 여호와의 목전에 악을 행하여", 이방의 일곱 우상을 섬겼다(첫째 단원)는 데 있습니다. 사사시대 암흑의 가장 깊은 밤이 아닌가 싶습니다. "여호와께서 이스라엘에게 진노하사 블레셋 사람의 손과 암몬 자손의 손에 파시매"(7), "이스라엘 자손이 여호와께 부르짖었다"(10)고 말씀합니다. 이는 사사기에 기록된 여섯 번째 악순환의 고리입니다. 그러나 하나님께서는, "다시는 너희를 구원치 아니하리라"(둘째 단원) 하십니다. 백성들이 "이방 신들을 제하여 버리고 여호와를 섬겼다"(16)고 말씀합니다. 이를 보시는 "여호와께서 이스라엘의 곤고를 인하여 마음에 근심하시니라"(16) 하십니다. 다시는 구원치 아니하리라 하면서도 근심하시는 하나님의 마음에 본 장의 핵심이 있습니다. 왜냐하면 우리의 곤고를 인하여 "마음에 근심하신 하나님께서" 독생자를 보내주셨기 때문입니다. 이를 두 단원으로 나누어 상고하겠습니다.

첫째 단원(1-9) **이방의 일곱 우상을 섬긴 이스라엘**
둘째 단원(10-18) **다시는 너희를 구원치 아니하리라**

첫째 단원(1-9) 이방의 일곱 우상을 섬긴 이스라엘

"아비멜렉의 후에 잇사갈 사람 도도의 손자 부아의 아들 돌라가 일어나서 이스라엘을 구원 하니라 그가 에브라임 산지 사밀에 거하여"(1).

① 아비멜렉 후에, "돌라"가 23년 간 사사로 있으면서 이스라엘을 구원하였다고 말씀합니다. 그러나 그의 행적은 언급하고 있지 아니 합니다.

② "그 후에, 야일이 일어나서 22년 동안 이스라엘의 사사가 되니라"(3) 합니다. 그런데 그의 행적은 침묵한 체 다만, "그에게 아들 삼십이 있어 어린 나귀 삼십을 탔고 성읍 삼십을 두었다"(4), 즉 30명의 아들이, 30 성읍을 관할했다고 만 전해줄 뿐입니다. 그런 후에,

③ "이스라엘 자손이 다시 여호와의 목전에 악을 행하여 바알들과 아스다롯과 아람의 신들과 시돈의 신들과 모압의 신들과 암몬 자손의 신들과 블레셋 사람의 신들을 섬기고 여호와를 버려 그를 섬기지 아니하므로"(6) 하고 10장은 전개됩니다. 여기 열거한 이방 족속은 일곱이나 되는데, 복수로 그들의 "신들"을 섬겼다고 했으니 그 수는 부지기수(不知其數)라 할 것입니다. 한마디로 이방의 온갖 잡신(雜神)을 다 섬긴 것이라 할 수가 있습니다.

④ 어떻게 이럴 수가 있단 말인가? 그러나 이것은 놀라운 일도, 사사

시대만 그러했던 것도 아닙니다. 열왕기상 17:33절에, ㉠ "이와 같이 저희가 여호와도 경외하고 또한 어디서부터 옮겨왔든지 그 민족의 풍속대로 자기의 신들도 섬겼더라"고 말씀하고 있는 것을 보게 됩니다. 그러므로 이 말씀은 어느 시대나 경계가 되는 말씀입니다. 현대교회는 복음진리의 순수성을 보수하고 있는가? "천하 인간에 구원을 얻을 만한 다른 이름을 우리에게 주신 일이 없음이니라"(행 4:12) 한 확고한 복음진리를 보수하지 못하게 되면, 복음은 각 나라와 민족의 토속신의 요소가 가미 된 혼합종교로 전락하게 되고 맙니다. 그 대표적인 것이 종교다원주의라 할 것입니다. 어떤 불교학자가 오늘의 불교를 진단하기를 본래의 순수한 불교사상이 아니라 무속종교화(巫俗宗敎化) 했다고 말했습니다. 바로 본 것입니다. 그렇다면 오늘의 기독교는, "내가 이 반석 위에 내 교회를 세우리라" 하신 본래의 교회 상이라고 자신할 수가 있단 말인가? 그러므로 온갖 잡신들을 섬겼다는 본문 말씀은 깊이 새겨야할 말씀입니다.

⑤ "여호와께서 이스라엘에게 진노하사 블레셋 사람의 손과 암몬 자손의 손에 파셨다"(7)고 말씀합니다. "그들이 그 해부터 18년 동안 이스라엘을 학대"하니, 이스라엘의 곤고가 심하였더라"(8-9) 합니다. 이는 사사기에 기록 된 여섯 번째의 악순환입니다.

둘째 단원(10-18) **다시는 너희를 구원치 아니하리라**

"이스라엘 자손이 여호와께 부르짖어 가로되 우리가 우리 하나님을 버리고 바알들을 섬김으로 주께 범죄하였나이다"(10).

① "이스라엘의 곤고가 심하게 되자"(9), ㉠ "우리가 우리 하나님을 버리고 바알들을 섬김으로 주께 범죄하였나이다" 하고 부르짖었다고

말씀합니다. 이스라엘이 부르짖은 것이 이번이 처음은 아닙니다. ㉡ 그들은 다급해질 때마다 여러 번(3:9, 15, 4:3, 6:6, 7) 부르짖었고, 그때마다 하나님께서는 한 구원자를 세우셔서 이스라엘을 구원하여주셨습니다.

② "여호와께서 이스라엘 자손에게 이르시되 내가 애굽 사람과 아모리 사람과 암몬 자손과 블레셋 사람에게서 너희를 구원하지 아니하였느냐 또 시돈 사람과 아말렉 사람과 마온 사람이 너희를 압제할 때에 너희가 내게 부르짖으므로 내가 너희를 그들의 손에서 구원하였거늘"(11-12) 하고, 지난날 여러 번 뜻을 돌이키시고 저들을 구원하여주신 일을 상기시키십니다. ㉠ 6절은, 저들이 섬긴 일곱 가지 우상을 말씀하고 있는데, ㉡ 11-12절에서는 일곱 이방의 압제로부터 구원하여주셨음을 말씀하십니다. 성경에서 일곱은 완전을 상징하는 수입니다. 그렇다면 이스라엘이 섬긴 우상들도 부지기수요, 그때마다 구원하여주심도 셀 수 없이 많았다는 의미가 될 수도 있습니다.

③ "너희가 나를 버리고 다른 신들을 섬기니 그러므로 내가 다시는 너희를 구원치 아니하리라"(13) 하십니다. 이런 뜻입니다. ㉠ "여호와께서 가라사대 네가 나를 버렸고 내게서 물러갔으므로 네게로 내 손을 펴서 너를 멸하였노니 이는 내가 뜻을 돌이키기에 염증이 났음이로다"(렘 15:6). "염증"이 나셔서, "내가 다시는 너희를 구원치 아니하리라"(13하) 하시는 것입니다. ㉡ "가서 너희가 택한 신들에게 부르짖어서 너희 환난 때에 그들로 너희를 구원하게 하라"(14) 하십니다.

④ 그런데 웬 일입니까? "이스라엘 자손이 여호와께 여짜오되 우리가 범죄하였사오니 주의 보시기에 좋은 대로 우리에게 행하시려니와 오직 주께 구하옵나니 오늘날 우리를 건져내옵소서"(15), 다른 번역대로 하면 "이번만은 우리를 살려주십시오" 했다는 것입니다. 그리고는 "자기 가운데서 이방 신들을 제하여 버리고 여호와를 섬겼다"(16상)고

말씀합니다. 이제 비로소 정신을 차렸단 말인가? 다시는 우상을 숭배하지 않을 것인가? 그 진실성을 믿어도 좋단 말인가? 이제부터는 메시아 언약만을 믿고 의지할 것인가?

⑤ "여호와께서 이스라엘의 곤고를 인하여 마음에 근심하시니라"(16하) 합니다. "내가 다시는 너희를 구원치 아니하리라" 하셨는데, 또 뜻을 돌이키시고 구원하여주셔야만 하는가? 하나님은 이스라엘이 당하고 있는 곤고를 바라보실 때 마음이 아프셨다는 것입니다.

머리를 찾고 있는 이스라엘

① "그 때에 암몬 자손이 모여서 길르앗에 진 쳤으므로 이스라엘 자손도 모여서 미스바에 진을 쳤다"(17)고 말씀합니다. 이는 대단한 변화입니다. 그들은 18년 동안(8)이나 꼼짝 못하고 압제를 받던 자들입니다. 그들에게는, "모여서, 진을 칠"만한 용기도, 믿음도 없었던 자들입니다. 그토록 나약했던 자들을 이토록 궐기하게 하고, 담대케 한 힘이 어디서 나왔단 말인가? 그것은, ㉠ 죄를 자백하고, ㉡ 이방 신들을 제하여 버리고, ㉢ 여호와를 섬기기로 결단한데서 오는 힘이었던 것입니다.

② 그런데 이들에게 큰 문제가 있음을 발견하게 됩니다. 문제는 이들에게 "머리", 즉 지도자가 없다는 점입니다. 이 부분에 "머리"라는 말이 네 번(10:18, 11:8, 9, 11)이나 나옵니다. 손이나 발이 없어도 생존할 수가 있습니다. 그러나 머리가 없다는 것은 치명적인 결함입니다. 그리하여 "길르앗 백성과 방백들이 서로 이르되 누가 먼저 나가서 암몬 자손과 싸움을 시작할꼬 그가 길르앗 모든 거민의 머리가 되리라"(18) 하고 "머리"를 찾고 있음을 봅니다. 이는 다음 장으로 이어지는 도입부분입니다. 왜냐하면 11장에서 입다가 길리앗의 머리가 되는 것을 보게 되기 때문입니다.

③ 3장에서는 사사를 "한 구원자"(3:9, 15)라고 말씀했습니다. 본 장에서는, 그 "한 구원자"를 "머리"라 말씀하고 있는 것입니다. 저들은 "한 구원자, 곧 머리"를 찾고 있었던 것입니다. 이것은 이들만의 문제가 아닙니다. 사탄의 노예가 된 온 인류의 문제였던 것입니다. 골리앗이 "너희는 한 사람을 택하여 내게로 내려보내라"(삼상 17:8), 즉 "너희 머리, 대표자"를 내려보내라고 싸움을 돋우었으나, 이스라엘 진영에는 나가 싸울만한 "한 구원자, 머리"가 없었던 것입니다. 이 때 다윗이 등장하고 있는 것입니다. 구속사의 맥락에서 바라본다면 "한 구원자"도, 우리의 "머리도" 오직 예수 그리스도 한 분이시라고 고백할 수밖에 없는 것입니다. "이스라엘의 곤고를 인하여 마음에 근심하신" 하나님은 우리를 위하여 "한 구원자, 곧 머리"를 보내주셨던 것입니다.

사사기 11장 개관도표

주제 : 입다를 머리와 장관을 삼으신 하나님

배척당한 자가 머리가 되다

1-11

길르앗 사람 큰 용사 입다는
기생이 길르앗에게 낳은 아들이었고(1)

→ 아내의 아들들이 자라매 입다를 쫓아내며
우리 아버지 집 기업을 잇지 못하리라 한지라(2)

얼마 후에 암몬 자손이 이스라엘을 치려 하니라(4)

↓ 길르앗 장로들이 입다를 데려오려고 돕 땅에 가서(5)
당신은 와서 우리의 장관이 되라(6)

↓ **백성이 그로 자기들의 머리와 장관을 삼은지라
자기의 말을 다 여호와 앞에 고하니라(11)**

여호와께서 판결하옵소서

12-28

입다가 암몬 자손의 왕에게 사자를 보내어 이르되
네가 나와 무슨 상관이 있기에 내 땅을 치러 내게 왔느냐(12)

암몬 자손의 왕이 입다의 사자에게 대답하되

→ 이스라엘이 애굽에서 올라올 때에
내 땅을 취한 연고니라

입다가 말하노라
암몬 자손의 땅을 취하지 아니하였느니라(15)

→ 이스라엘이 애굽에서 올라올 때에(16)

↓ 여호와께서, 이스라엘의 손에 붙이시매(21)
아모리 사람의 온 지경을 취하였었느니라(22)

네가 그 땅을 얻고자 하는 것이 가하냐(23)
우리 하나님

→ 여호와께서 우리 앞에서 어떤 사람이든지
쫓아내시면 그 땅을 우리가 얻으리라(24)

↓ **원컨대 심판하시는 여호와는
오늘날 이스라엘 자손과 암몬 자손의
사이에 판결하시옵소서(27)**

암몬 자손의 왕이 입다의 보내어 말한 것을 듣지 아니하였더라(28)

암몬을 입다의 손에 붙이심

29-40

이에 여호와의 신이 입다에게 임하시니(29)

그가 여호와께 서원하여 가로되
주께서 과연 암몬 자손을 내 손에 붙이시면(30)
내가 그를 번제로 드리겠나이다 하니라(31)

↓ **여호와께서 그들을 그 손에 붙이시매(32)
암몬 자손이 이스라엘 앞에 항복하였더라(33)**

딸이 소고를 잡고 춤추며 나와서 영접하니(34)
슬프다 너는 나로 하여금 참담케 하는 자요(35)
딸이, 입에서 낸 말씀대로 내게 행하소서
대적 암몬 자손에게 원수를 갚으셨음이니이다(36)

11장

입다를 머리와 장관을 삼으신 하나님

[27]내가 네게 죄를 짓지 아니하였거늘 네가 나를 쳐서 내게 악을 행하고자 하는도다 원컨대 심판하시는 여호와는 오늘날 이스라엘 자손과 암몬 자손의 사이에 판결하시옵소서 하니(27).

11장은 난해한 장이라기보다는 해석하기가 조심스러운 장이라고 말할 수가 있습니다. 첫째는 입다가 사사로 세움 받는 경위가 기드온이나 삼손에서 보는 바대로 하나님께서 친히 개입하신 것이 아니라 장로들에 의해서라는 점과, 둘째는 입다가 발한 서원을 어떻게 해석할 것인가 하는 점 때문입니다. 이를 본문 고찰에서 살펴보기로 하고, 아무튼 본 장은, "다시는 너희를 구원치 아니하리라"(10:13) 하신 하나님께서 심한 곤고를 당하고 있는 이스라엘을 입다를 머리와 장관으로 삼으셔서 구원하여주신 내용입니다. 본문에는 "붙이시다"는 말이 네 번(9, 21, 30, 32)이나 나옵니다. 하나님께서 대적 암몬을 이스라엘 손에 붙이셨습니다. 이를 입다는 "믿음"으로 승리한 것입니다. 이를 신약성경이 증거(히 11:32)하고 있습니다. 세 단원으로 나누어 상고하겠습니다.

첫째 단원(1-11) **배척 당한 자가 머리가 되다**
둘째 단원(12-28) **여호와께서 판결하옵소서**
셋째 단원(29-40) **암몬을 입다의 손에 붙이심**

첫째 단원(1-11) 배척 당한 자가 머리가 되다

"길르앗 사람 큰 용사 입다는 기생이 길르앗에게 낳은 아들이었고"(1).

① 입다는, ㉠ 기생의 소생이요, 그리하여, ㉡ 형제들로부터 쫓겨났고, ㉢ 아버지 집 기업을 잇지 못하리라 하고 모든 권리를 박탈당한 자(1-2)입니다. 그야말로 "천하고 멸시받고 없는"(고전 1:28) 자입니다.

② "이에 입다가 그 형제를 피하여 돕(요단강 동쪽) 땅에 거하매 잡류가 그에게로 모여와서 그와 함께 출입하였더라"(3) 합니다. 그러니까 잡류의 머리가 된 것입니다. 그런데 첫 절에서 "큰 용사(勇士) 입다"라고 부르고 있는 것을 보면 그가 명성(名聲)을 떨쳤음을 알 수가 있습니다.

③ "얼마 후에 암몬 자손이 이스라엘을 치려 하니라"(4), ㉠ 이때 길르앗 장로들이 입다를 생각하게 된 것입니다. 10장 마지막 절에서, "길르앗 백성과 방백들이 서로 이르되 누가 먼저 나가서 암몬 자손과 싸움을 시작할꼬 그가 길르앗 모든 거민의 머리가 되리라"(10:18) 하고 머리, 즉 장관을 찾고 있던 중이기 때문입니다.

④ 본 단원의 핵심단어 중 하나가 "머리"라는 말입니다. 모두 세 번, "장관"이라는 말이 두 번 나옵니다. 9장 말미에서도 말씀했습니다 만, 사탄의 노예가 되어 "죽기를 무서워하므로 일생에 매여 종노릇하는"(히 2:15) 인류는 구원하여줄 "머리, 장관, 대표자, 구원자"를 필요로 하고

있었던 것입니다. 입다는 다짐을 합니다. ㉠ "암몬 자손과 싸우게 할 때에 만일 여호와께서 그들을 내게 붙이시면 내가 과연 너희 머리가 되겠느냐"(9). 이렇게 다짐을 받고, ㉡ "이에 입다가 길르앗 장로들과 함께 가니 백성이 그로 자기들의 머리와 장관을 삼은지라"(11상) 합니다. 한 가문에서 형제들에 의하여 배척을 당한 자가 이스라엘의 머리가 된 것입니다.

⑤ 자, 생각해보아야만 하겠습니다. 입다가 "머리", 곧 사사가 된 것이 하나님으로 말미암은 것인가? 아니면 사람으로 말미암은 것인가? 첫째로 구약성경이 입다를 사사로 인정을 하고 있습니다. ㉠ "여호와께서 여룹바알과 베단과 입다와 나 사무엘을 보내사 너희를 너희 사방 원수의 손에서 건져내사 너희로 안전히 거하게 하셨거늘"(삼상 12:11) 하고 사무엘은 그가 하나님의 사사였음을 말씀하고 있습니다. ㉡ 신약성경에서도, "내가 무슨 말을 더 하리요 기드온, 바락, 삼손, 입다와 다윗과 사무엘과 및 선지자들의 일을 말하려면 내게 시간이 부족하리로다"(히 11:32) 하고 그를 믿음의 반열에 세우고 있습니다. ㉢ 본문이 자증(自證)하고 있습니다. "이에 여호와의 신이 입다에게 임하시니"(29) 합니다. 그러므로 장로들이 돕 땅으로 입다를 찾아와서 머리가 되어 달라고 간청한 것을 인간으로 말미암은 것으로 여길 수는 없는 것입니다. 그들이 "이방 신들을 제하여 버리고 여호와를 섬기매"(10:16), 하나님께서 장로들을 유기적인 방법으로 섭리하셔서 입다를 부르셨다는 결론에 이르게 합니다. 이런 예를 신약에서도 보게 되는데, "바나바가 사울을 찾으러 다소에 가서 만나매 안디옥에 데리고 와서 둘이 교회에 일 년간 모여 있어 큰 무리를 가르쳤고"(행 11:25-26), 함께 선교사로 파송 받게 됨을 봅니다.

⑥ 성경은 배척 당한 자를 머리로 삼으셔서 역사하심을 증거하고 있습니다. ㉠ "저희 말이 누가 너를 관원과 재판장으로 세웠느냐 하며 거

절하던 그 모세를 하나님은, 관원과 속량하는 자로 보내셨다"(행 7:35) 고 말씀합니다. ㉡ "그런즉 이스라엘 온 집이 정녕 알지니 너희가 십자가에 못박은 이 예수를 하나님이 주와 그리스도가 되게 하셨느니라"(행 2:36). 주님은 말씀하십니다. "건축자들이 버린 돌이 모퉁이의 머릿돌이 되었나니 이것은 주로 말미암아 된 것이요 우리 눈에 기이하도다"(마 21:42, 시 118:22).

⑦ 입다가 미스바에서 자기의 말을 다 여호와 앞에 고하니라"(11하). 이는 입다가 믿음의 사람이요, "믿음 장"이 증거하고 있는 대로 "믿음으로" 암몬을 물리쳤음을 나타내는 대목입니다.

둘째 단원(12-28) 여호와께서 판결하옵소서

"입다가 암몬 자손의 왕에게 사자를 보내어 이르되 네가 나와 무슨 상관이 있기에 내 땅을 치러 내게 왔느냐"(12).

① 10:17절에서 암몬과 이스라엘이 대치상태(對峙狀態)에 있는 것을 보았습니다. 그런데 입다가 머리가 되자 바로 공격하고 있는 것이 아니라 사자를 보내서, "네가 나와 무슨 상관이 있기에 내 땅을 치러 내게 왔느냐" 하고 외교적인 협상을 시도하고 있는 것입니다. 여기서 입다의 새로운 면모를 대하게 됩니다. 그가 형제들에게 쫓겨나서, "잡류가 그에게로 모여왔다" 하였을 때는 불량배의 두목쯤으로 여길 수가 있었습니다. 그런데 암몬 왕에게 논증하는 그의 주장을 보면 출애굽에서 가나안에 이르기까지의 여호와의 행사에 능통할 뿐만이 아니라 논리가 정연함을 보게 됩니다.

② 암몬 왕의 주장은, "이스라엘이 애굽에서 올라올 때에 아르논에서부터 얍복과 요단까지 내 땅을 취한 연고니 이제 그것을 화평히 다시

돌리라"(13)는 것입니다. 암몬 왕이 자신의 영토라고 주장하는 지역은 본래 모압 왕 발락의 소유였습니다. 그런데 "모압과 암몬"은 형제, 즉 롯의 자손들입니다. 이를 근거로 하여 암몬 왕이 자신들의 소유라고 주장한 모양인데, 모압 왕은 그 땅을 아모리 왕 시혼에게 빼앗겼지 이스라엘에게 빼앗긴 것이 아닙니다. 그런데 시혼은 그 지역을 통과하려는 이스라엘을 선제 공격해왔다가 하나님께서 붙이시매 이스라엘이 점령하게 된 것입니다. 그리하여 르우벤과 갓과 므낫세 반지파에게 기업으로 준 것입니다.

③ 입다는 그 내력을 소상히 알고 있었습니다. 그러므로, "입다가 암몬 자손의 왕에게 다시 사자를 보내어 그에게 이르되, 이스라엘이 모압 땅과 암몬 자손의 땅을 취하지 아니하였느니라"(14-15) 합니다. 모압과 암몬 뿐만이 아니라, "이스라엘이 애굽에서 올라올 때에"(16상), 어느 나라도 선수적으로 침략한 적이 없다고 말합니다. ㉠ 가데스에 이르러서는 사자를 에돔 왕에게 보내어 통과하기를 용납해달라고 청하였으나 이를 거절당했고(16하-17상), ㉡ 모압 왕에게 보냈으나 그도 허락지 아니하므로, 그 후에 광야를 지나 에돔 땅과 무압 땅을 둘러 행하여, 그 경내에는 들어가지 아니하였다(17하-18)고 말합니다.

④ "아모리 왕 시혼에게 사자를 보내어 그에게 이르되 청컨대 우리를 용납하여 당신의 땅을 지나 우리 곳에 이르게 하라 하였으나 시혼이 이스라엘을 믿지 아니하여 그 지경으로 지나지 못하게 할 뿐 아니라, 그 모든 백성을 모아 야하스에 진치고 이스라엘을 치므로"(19-20), 즉 선제(先制) 공격을 해왔다는 것입니다. 그리하여 "이스라엘의 하나님 여호와께서 시혼과 그 모든 백성을 이스라엘 손에 붙이시매 이스라엘이 쳐서 그 땅"(21-22)을 취하게 되었다고 말합니다. 입다의 논증을 요약하면 문제의 땅의 소유권이, 모압 왕 발락→아모리 왕 시혼→이스라엘로 옮겨지게 된 경위를 설명하는 내용입니다.

⑤ 그리고, "모든 성읍에 거한지 삼백 년이어늘 그 동안에 너희가 어찌하여 도로 찾지 아니하였느냐"(26), 즉 이스라엘이 그 후로 300년 동안이나 살고 있었는데 이제 와서 소유를 주장한다는 것은 어불성설이라는 말입니다. 입다의 말은 논리가 정연합니다.

⑥ 그러므로, "이스라엘 하나님 여호와께서 이같이 아모리 사람을 자기 백성 이스라엘 앞에서 쫓아내셨거늘 네가 그 땅을 얻고자 하는 것이 가하냐"(23), 즉 우리 하나님이 주셔서 얻은 것인데 무슨 시비냐? 그리고 말하기를, ㉠ "우리 하나님 여호와께서 우리 앞에서 어떤 사람이든지 쫓아내시면 그 땅을 우리가 얻으리라"(24) 말해줍니다. 입다의 이 말은, ㉡ "암몬 왕 당신도 예외는 아니다. 우리 하나님이 우리 손에 붙여주실 것"이라는 "믿음"으로 한 말이었던 것입니다.

⑦ 입다는 최후진술을 이렇게 마치고 있습니다. "원컨대 심판하시는 여호와는 오늘날 이스라엘 자손과 암몬 자손의 사이에 판결하시옵소서"(27). 외교적으로 해결해보려 하였으나 "암몬 자손의 왕이 입다의 보내어 말한 것을 듣지 아니하였다"(28)면, 심판하시는 하나님의 손에 맡길 수밖에 없다는 것입니다. 이것은 "믿음"입니다.

이스라엘이 애굽에서 올라올 때에

① 입다의 변론 중에 주목할 점이 있습니다. 하나님을 가리켜, ㉠ "이스라엘의 하나님 여호와(21, 23), 우리 하나님 여호와"(24)로 고백하고 있다는 점입니다. 이는 입다가 "믿음"의 사람이라는 단적인 증거입니다. 또 하나 명심해야할 점은, ㉡ "이스라엘이 애굽에서 올라올 때에" 라는 말입니다. 이를 암몬 왕(13)도, 입다(16)도 언급하고 있습니다. 이 표현이 어째서 중요하냐 하면, 이는 이스라엘의 정체성을 말해주는 것이요, 여기가 이스라엘의 뿌리이기 때문입니다. 지금 사사기의 악

순환의 원인은 다름 아닌 "이스라엘이 애굽에서 올라올 때", 즉 전에는 어떤 상태에 있었다가, 어떻게 해서 구원을 얻게 되었는가 하는 정체성을 망각한 결과입니다.

② 신명기는 모세가 죽기 전에 행한 유언과 같은 마지막 설교입니다. ㉠ "나는 너를 애굽 땅에서 종 되었던 집에서 인도하여 낸 너희 하나님 여호와니라"(신 5:6), ㉡ "너는 조심하여 너를 애굽 땅 종 되었던 집에서 인도하여 내신 여호와를 잊지 말고"(신 6:12), ㉢ "두렵건대 네 마음이 교만하여 네 하나님 여호와를 잊어버릴까 하노라 여호와는 너를 애굽 땅 종 되었던 집에서 이끌어 내시고"(신 8:14), ㉣ "너는 애굽 땅에서 종 되었던 것과 네 하나님 여호와께서 너를 속하셨음을 기억하라"(신 15:15) 하고 이점을 반복적으로 강조했던 것입니다. 이점이 신약의 성도들에게는 실체(實體)로 성취되었으니 만치 더욱 명심해야할 말씀인 것입니다.

③ "네가 만일 네 하나님 여호와를 잊어버리고 다른 신들을 좇아 그들을 섬기며 그들에게 절하면 내가 너희에게 증거하노니 너희가 정녕히 멸망할 것이라"(신 8:19), "너희는 스스로 삼가서 너희 하나님 여호와께서 너희와 세우신 언약을 잊어버려서 네 하나님 여호와께서 금하신 아무 형상의 우상이든지 조각하지 말라"(신 4:23) 합니다. 어찌하여 여호와를 잊어버려서는 아니 되고, 우상을 섬겨서는 아니 되는가? 핵심은, ㉠ "여호와께서 너희에게 세우신 언약" 백성이기 때문입니다. 그 언약의 뿌리는 율법이 아니라 그들의 조상인 아브라함과 이삭과 야곱에게 세우신 메시아언약에 있는 것입니다. 하나님은 이스라엘 민족을 통해서 메시아를 보내시고, 이스라엘을 제사장 나라로 삼으셔서 천하만민을 구원하시려는 계획을 이루어 나가고 계시는 중입니다. ㉡ 저들이 악을 행할 때마다, 대적에게 파시고, 부르짖으매, 구원자를 보내셔서 구원하여 주신다고 악순환의 고리를 끊을 수가 있는 것은 아닙니다. 근본적인 원

인은 이 언약을 붙들고 있지 않기 때문에 사사기의 악순환은 계속될 수 밖에 없는 것입니다. 이는 신약교회 성도들에게도 적용이 됩니다.

셋째 단원(29-40) 암몬을 입다의 손에 붙이심

"이에 여호와의 신이 입다에게 임하시니 입다가 길르앗과 므낫세를 지나서 길르앗 미스베에서부터 암몬 자손에게로 나아갈 때에"(29).

① 기어코 전쟁은 터지고야 말았습니다. "여호와의 신"이 입다에게 임했다는 것은 크게 두 가지 의미가 있다 하겠습니다. 첫째는, ㉠ 입다가 하나님께서 세우신 사사라는 인(印) 치심의 의미가 있습니다. 둘째는, ㉡ 암몬을 입다의 손에 붙이셨다는 보증이 됩니다. 입다는 기도하기를 "심판하시는 여호와는 오늘날 이스라엘 자손과 암몬 자손의 사이에 판결하시옵소서"(27) 했는데 여호와의 신이 임했다는 것은 이에 대한 응답이었던 것입니다.

② 그런데 입다는 무분별하게도 서원을 합니다. "주께서 과연 암몬 자손을 내 손에 붙이시면, 누구든지 내 집 문에서 나와서 나를 영접하는 그는 여호와께 돌릴 것이니 내가 그를 번제로 드리겠나이다 하니라"(30-31). 이는 저가 "하나님께 열심히 있으나 지식을 좇은 것은 아니"(롬 10:2)었던 것입니다.

③ "이에 입다가 암몬 자손에게 이르러 그들과 싸우더니 여호와께서 그들을 그 손에 붙이시매(32), 이에 암몬 자손이 이스라엘 앞에 항복하였더라"(33) 합니다. 명심해야할 점은 입다가 서원을 했기 때문에 그 손에 붙이신 것이 절대로 아니라는 점입니다. 입다의 서원은 본질적으로 잘못된 것입니다. 그럼에도 불구하고 그를 들어서 이스라엘을 구원하여주신 것은 "이스라엘의 곤고를 인하여 마음에 근심하신"(10:16) 하

나님의 불붙는 사랑 때문임을 유념해야만 합니다.

④ 성경은 입다의 "서원"에 관해서는 선악간에 침묵하고 있습니다. 입다가 서원대로 자기 딸을 문자적으로 번제로 드렸는지, 아니면 평생을 하나님께 바침이 되이서 "산 제사"로 헌신을 했다는 밀인지 우리는 알 길이 없습니다. 그러므로 우리도 변론을 삼가고, 다만 이것이 사사시대의 영적인 수준이었다고 여기는 것으로 족하게 알아야할 것입니다. 사사기의 영적 수준을 앞에서는 기드온이 "에봇"(8:27)을 만드는 것으로, 뒤에서는 삼손의 타락에서도 보게 됩니다. 그런 무지무각 한 자들을 포기하시거나 중단함이 없이, 미련하고, 약하고, 천하고, 멸시받고, 없는 것들을 들어서 묵묵히 구속사역을 이루어 오신 하나님께 감사를 드릴 것 밖에 없는 것입니다. 한가지 부언해야할 점은 이런 연약으로 인하여 기드온은 올무가 되었고, 입다는 승리의 날, 큰 기쁨의 날이 도리어, "너는 나를 참담케 하는 자요 너는 나를 괴롭게 하는 자 중의 하나이로다"(35) 한 "참담한 날, 괴로운 날"이 되고 말았다는 점입니다.

⑤ 이처럼 잘못된 열심을 미가 선지자는 이렇게 시정해주고 있습니다. "내가 무엇을 가지고 여호와 앞에 나아가며 높으신 하나님께 경배할까 내가 번제물 일 년 된 송아지를 가지고 그 앞에 나아갈까 여호와께서 천천의 수양이나 만만의 강수 같은 기름을 기뻐하실까 내 허물을 위하여 내 맏아들을, 내 영혼의 죄를 인하여 내 몸의 열매를 드릴까 사람아 주께서 선한 것이 무엇임을 네게 보이셨나니 여호와께서 네게 구하시는 것이 오직 공의를 행하며 인자를 사랑하며 겸손히 네 하나님과 함께 행하는 것이 아니냐"(미 6:6-8) 아멘.

사사기 12장 개관도표

주제 : 전쟁의 날에 물러간 에브라임의 불평

너희를 부르되 구원치 아니하고	1-7 에브라임 사람들이 모여, 입다에게 이르되 네가 암몬 자손과 싸우러 건너갈 때에 **어찌하여 우리를 불러 너와 함께 가게 하지 아니하였느냐 우리가 반드시 불로 너와 네 집을 사르리라(1)** ↓ 입다가 그들에게 이르되, **내가 너희를 부르되 너희가 나를 그들의 손에서 구원하지 아니한 고로(2).** ↓ 내가 너희의 구원치 아니하는 것을 보고 내 생명을 돌아보지 아니하고 건너가서 암몬 자손을 쳤더니 **여호와께서 그들을 내 손에 붙이셨거늘 너희가 어찌하여, 싸우고자 하느냐 하고(3)** 입다가 길르앗 사람을 다 모으고 에브라임과 싸웠더니(4) 그 때에 에브라임 사람의 죽은 자가 사만 이천 명이었더라(6) 입다가 이스라엘 사사가 된 지 육 년이라 입다가 죽으매 길르앗 한 성읍에 장사되었더라(7)
입산 엘론 압돈 사사	8-15 그의 뒤에는 베들레헴 **입산이 이스라엘의 사사이었더라(8)** ↓ 그가 이스라엘 사사가 된 지 칠 년이라(9) 입산이 죽으매 베들레헴에 장사되었더라(10) 그의 뒤에는 스불론 사람 **엘론이 이스라엘의 사사가 되어 십 년 동안 이스라엘을 다스렸더라(11)** ↓ 스불론 사람 엘론이 죽으매 스불론 땅 아얄론에 장사되었더라(12) 그의 뒤에는 비라돈 사람 힐렐의 아들 **압돈이 이스라엘의 사사이었더라(13)** ↓ 그에게 아들 사십과 손자 삼십이 있어서 어린 나귀 칠십 필을 탔었더라 압돈이 이스라엘의 사사가 된 지 팔 년이라(14) 압돈이 죽으매 에브라임 땅 아말렉 사람의 산지 비라돈에 장사되었더라(15)

12장

전쟁의 날에 물러간 에브라임의 불평

3내가 너희의 구원치 아니하는 것을 보고 내 생명을 돌아
보지 아니하고 건너가서 암몬 자손을 쳤더니 여호와께서
그들을 내 손에 붙이셨거늘 너희가 어찌하여 오늘날 내게
올라와서 나로 더불어 싸우고자 하느냐 하고.

12장은, 11장의 외적(外的) 승리 뒤에 겪은 내적(內的)인 시련입니다. 에브라임 사람들이 몰려와서는 입다에게 모욕적인 말을 하면서 "반드시 불로 사르리라"(1) 하고 도발해 온 것입니다. 그들은 기드온 때도 같은 불평을 했습니다. 그때는 기드온이 온유한 말로 설득을 해서 무마했으나 이번은 동족상잔으로 번져서 에브라임 사람 4만 2천명이 죽게 됩니다. 이점에서 생각하게 되는 것은 어찌하여 큰 승리 뒤에 이러한 시련이 뒤따르는가 하는 점입니다. 기드온의 큰 승리 뒤에도 서자 아비멜렉의 난으로 인하여 엄청난 재난을 당했습니다. 이는 무심한 일로 여겨지지가 않습니다. 기드온이 만든 금 에봇으로 인하여, "그것이 기드온과 그 집에 올무가 되니라"(8:27)고 말씀하고 있다면, 입다의 잘못 된 서원도, "그 집과 이스라엘에 올무"가 되었을 것이 분명하기 때문입니다.

이점을 다윗의 경우에서도 보는 바입니다. 밧세바의 연고로 이것이 올무가 되어, "칼이 네 집에서 영영히 떠나지 아니하리라"(삼하 12:10) 하신 선고는, 그 고통이 다윗과 그 집에 국한된 것이 아니라 그 죄 얼이 온 유다에 미치게 되었음을 보는 바입니다. 이는 기드온, 입다, 다윗 등이 개인으로 범한 잘못이 아니라 이스라엘의 "머리"였기 때문에 그들의 죄 얼이 온 백성에게 미치게 되는 것입니다. 이런 맥락에서 지도자의 각성이 요청됩니다. 두 단원으로 나누어 상고하겠습니다.

첫째 단원(1-7) **너희를 부르되 구원치 아니하고**
둘째 단원(8-15) **입산, 엘론, 압돈 사사**

첫째 단원(1-7) 너희를 부르되 구원치 아니하고

"에브라임 자손들이 모여 북으로 가서 입다에게 이르되 네가 암몬 자손과 싸우러 건너갈 때에 어찌하여 우리를 불러 너와 함께 가게 하지 아니하였느냐 우리가 반드시 불로 너와 네 집을 사르리라"(1)

① 에브라임 자손들의 불평불만은 기드온 때도 있었음을 이미 본 바입니다. 그때는 "우리를 이같이 대접함이 어찜이뇨"(8:1) 하고 말했으나, 입다에게는, ㉠ "우리가 반드시 불로 너와 네 집을 사르리라" 하고 도발적인 말을 합니다. 이렇게 하고 있는 것은 입다가 기생의 소생이요, 형제들에게서도 쫓겨난 자라는 신분(身分)을 생각했기 때문으로 여겨집니다. 이럴 경우 여기서 교훈만을 얻으려해서는 부족합니다. ㉡ "반드시 불로, 사르리라"고 말하고 있는데 어디서 듣던 기억이 나지 않습니까? 그렇습니다. 아비멜렉이 한 말입니다. "불이 가시나무에서 나와서 레바논의 백향목을 사를 것이라"(9:15) 했습니다. "레바논의 백향

목"은 회복된 이스라엘의 번영(호 14:6), 곧 메시아왕국을 상징하는 말입니다. 아비멜렉이나, 에브라임은 신정왕국을 불사르려는 대적자로 등장하고 있는 것입니다. 마치 가룟 유다 속에 사탄이 들어가서 대적하는 것과 같은 것입니다.

② "입다가 그들에게 이르되 나와 나의 백성이 암몬 자손과 크게 다툴 때에 내가 너희를 부르되 너희가 나를 그들의 손에서 구원하지 아니하므로"(2) 합니다. 이로 보건대 입다는 에브라임 사람들에게도 지원요청을 했음을 알 수가 있습니다. 그런데 에브라임 사람들이 응하지 않은 것은 전세가 불리하다 판단이 되었기 때문일 것입니다. 이를 시편에서는 "에브라임 자손은 병기를 갖추며 활을 가졌으나 전쟁의 날에 물러갔도다"(시 78:9) 하고 고발합니다. 에브라임 사람들의 불평불만은 급기야 통일왕국을 찢어서 분열시키는데 주동적인 역할(왕상 12:25)을 하게 됩니다. 본래 불평분자는 일은 하지 않고, 말만 많이 하는 자들입니다. 신약성경에서도, "저가 악한 말로 우리를 망령되이 폄론하고도 유위부족하여 형제들을 접대치도 아니하고 접대하고자 하는 자를 금하여 교회에서 내어 쫓는도다"(요삼 1:10) 말씀합니다.

③ 입다는 말하기를, ㉠ "내 생명을 돌아보지 아니하고 건너가서 암몬 자손을 쳤더니 여호와께서 그들을 내 손에 붙이셨거늘"(3상) 합니다. 여기에 결정적인 권위가 등장합니다. 암몬 자손을 물리칠 수 있었던 것은 입다, 내 능력으로 한 것이 아니라, "여호와께서 붙여주셨기" 때문이라는 답변 앞에 항거할 자가 누구입니까? 입다 자신은 오직 믿음으로, ㉡ "생명을 돌아보지 아니하고", 다시 말하면 죽도록 충성을 했을 뿐이라는 말입니다. 에브라임 사람들은 입다가 아니라 하나님을 대적하고 있었던 것입니다. 그러므로 "너희가 어찌하여 오늘날 내게 올라와서 나로 더불어 싸우고자 하느냐"(3하) 하고 이유 없음을 말해줍니다.

④ "입다가 길르앗 사람을 다 모으고 에브라임과 싸웠더니 길르앗

사람이 에브라임을 쳐서 파하였다"(4상)고 말씀합니다. 이처럼 싸우게 된 것은, "이는 에브라임의 말이 너희 길르앗 사람은 본래 에브라임에서 도망한 자로서 에브라임과 므낫세 중에 있다"(4하) 하고 조롱했기 때문입니다. 이는 입다의 신분을 염두에 두고 한 말이라고 볼 수밖에 없는데, "여호와의 신"(11:29)이 함께 하는 입다, "이스라엘의 하나님 여호와의 이름"으로 나가 싸운 군대를 모욕하는 말이었던 것입니다.

⑤ "그 때에 에브라임 사람의 죽은 자가 사만 이천 명이었더라"(6하) 합니다. 결코 적은 수가 아닙니다. 이들도 아브라함의 자손임에 틀림이 없습니다. 그렇다면 입다에 의하여 죽임을 당한 암몬 자손의 수는 얼마나 되었을까? 성경은 말이 없습니다. 그런데 어찌하여 에브라임 사람의 죽은 자가 4만 2천명이었더라 하고 밝혀주고 있는 것일까요? 이를 대하면서 형제는 무엇을 생각하고 있습니까?

둘째 단원(8-15) 입산, 엘론, 압돈 사사

"그의 뒤에는 베들레헴 입산이 이스라엘의 사사이었더라"(8).

① 입다 사사 뒤에는 입산이 7년 동안 사사로 있었다고 말씀합니다. 그러나 그의 행적은 없고, "아들 삼십과 딸 삼십을 두었는데 딸들은 타국으로 시집보내었고, 아들들을 위하여는 타국에서 여자 삼십을 데려왔더라"(9) 하고 전해줄 뿐입니다. 이는 하나님의 금하신 바인데 본이 되어야할 사사의 가정이 그러했다는 것입니다.

② "그의 뒤에는 스불론 사람 엘론이 이스라엘의 사사가 되어 10년 동안 이스라엘을 다스렸더라"(11) 합니다. 역시 행적은 없습니다.

③ "그의 뒤에는 비라돈 사람 힐렐의 아들 압돈이 이스라엘의 사사이었더라"(13) 합니다. 그는 8년 동안 사사로 있었는데 행적은 없고 다

만, "그에게 아들 사십과 손자 삼십이 있어서 어린 나귀 칠십 필을 탔더라"(14) 할 뿐입니다. 이는 아들 손자 합해서 70명이 한 고을씩을 다스렸다는 뜻으로 여겨지는데 사사시대의 한 단면을 보여주는 것으로 잘한 일로 여겨지지는 않습니다.

④ 세 사사의 행적이 없는 것은 그 시기가 평온한 시기였음을 말해준다 하겠습니다. 그런데 앞에서도 본 바대로 항상 평안한 때가 위기였던 것입니다. 그러므로 세 사사의 기사(8-15)는 13장에 대한 서곡(序曲)이라 할 수가 있습니다. 세 사사의 기사뿐만이 아니라 12장 전체가, 13장에서 40년이란 긴 세월 동안 블레셋에게 압제를 당하게 되는 전주곡이라 하겠습니다. 에브라임과의 동족상잔이 그렇고, 세 사사의 기사, 특히 입산과, 압돈의 가정 사를 통해서 그 시대상을 엿보게 하는데, 또다시 어두움의 그림자가 깃들이고 있는 것을 보게 됩니다.

사사기 13장 개관도표
주제 : 이스라엘의 구원자 삼손

다시 악을행함	1 이스라엘 자손이 다시 → 여호와의 목전에 악을 행하였으므로 → 여호와께서 그들을 사십 년 동안 블레셋 사람의 손에 붙이시니라(1)
잉태하여 아들을 낳으리니	2-7 단 지파의 가족 중 마노아라 이름하는 자가 있더라 그 아내가 잉태하지 못하므로 생산치 못하더니(2) 여호와의 사자가 그 여인에게 나타나시고 이제 잉태하여 아들을 낳으리니(3) 하나님께 바치운 나실인이 됨이라 → 그가 이스라엘을 구원하기 시작하리라(5) 그 여인이 남편에게 고하여 가로되(6) 태에서 나옴으로부터 죽을 날까지 하나님께 바치운 나실인이 됨이라 하더이다(7)
말씀대로 되기를 원하나이다	8-20 마노아가 여호와께 기도하여 가로되 주의 보내셨던 하나님의 사람을 다시 임하게 하사(8) 당신이 말씀하신 사람이니이까(11) 당신의 말씀대로 되기를 원하나이다(12) → 당신의 말씀이 이룰 때에 당신을 존숭하리이다(17) 당신의 이름이 무엇이니이까 / 내 이름은 기묘자니라(18) → 당신의 말씀이 이룰 때에 당신을 존숭하리이다(17) 염소 새끼 하나를 준비하게 하소서(15) 번제를 준비하려거든 여호와께 드릴지니라(16) → 염소새끼 하나와 소제물을 반석 위에서 여호와께 드리매(19) 불꽃이 단에서부터 하늘로 올라가는 동시에 사자가 단 불꽃 가운데로 좇아 올라간지라(20)
여호와의 신이 임하다	21-25 우리가 하나님을 보았으니 반드시 죽으리로다(22) 우리를 죽이려 하셨더면 → 번제와 소제를 받지 아니하셨을 것이요 이런 말씀도 우리에게 이르지 아니하셨으리이다(23) → 여호와의 신이 비로소 그에게 감동하시니라(25) 여인이 아들을 낳으매 이름을 삼손이라 하니라 아이가 자라매 여호와께서 그에게 복을 주시더니(24)

13장

이스라엘의 구원자 삼손

5보라 네가 잉태하여 아들을 낳으리니 그 머리에 삭도를 대지 말라 이 아이는 태에서 나옴으로부터 하나님께 바치운 나실인이 됨이라 그가 블레셋 사람의 손에서 이스라엘을 구원하기 시작하리라.

13-16장까지 장장 네 장, 126절의 내용은 사사 삼손에 관한 기사입니다. 12장에 등장하는 "입신, 엘론, 압돈", 사사의 기록은 세 사람의 합이 여덟 절에 불과했습니다. 그런데 어찌하여 유독 삼손에 관해서는 이토록 많은 지면을 할애하고 있는 것일까요? 그렇다고 삼손에게 특출한 업적이 있는 것도 아닙니다. 삼손은 사사기에 기록된 마지막 사사입니다. 그러니까 사사기의 역사는 삼손으로 마치고 있습니다. 17-21장의 내용은 부록(附錄)입니다. 그러므로 삼손은 사사시대 즉 신정(神政)시대와, 사무엘서에서 등장하게 되는 왕정(王政)시대를 이어주는 교량역할을 하고 있는 인물로 등장합니다. 이런 의미에서 삼손에 관한 기사는 사사기의 요약(要約)이요, 사사기를 통해서 말씀하시고자 하는 결론(結論)이라 할 수가 있습니다. 그것은 교훈이 아니라 신학적(神學的)인

문제입니다. 그럼에도 불구하고 사람들은 삼손의 기사에서 교훈만을 얻으려고 합니다. 그렇게 한다면 "일을 행하는 여호와, 그것을 지어 성취하는 여호와"(렘 33:2)의 구원(救援)계획을 깨닫지 못하게 될 것입니다. 5절에서 "이스라엘을 구원하기 시작하리라" 말씀하고 있는데, 인류의 "구원"은 교훈으로 주어지는 것이 아니라 "준비하신 번제"(16)로 말미암아 가능하여지기 때문입니다. 그러므로 이를 열린 마음과 눈으로 과연 "그러한가", 살펴보아야만 할 것입니다. 이를 네 단원으로 나누어 살펴보겠습니다.

첫째 단원(1) **여호와의 목전에 다시 악을 행한 이스라엘**
둘째 단원(2-7) **보라 네가 잉태하여 아들을 낳으리니**
셋째 단원(8-20) **말씀대로 되기를 원하나이다**
넷째 단원(21-25) **여호와의 신이 비로소 임하니라**

첫째 단원(1) 여호와의 목전에 다시 악을 행한 이스라엘

"이스라엘 자손이 다시 여호와의 목전에 악을 행하였으므로 여호와께서 그들을 사십 년 동안 블레셋 사람의 손에 붙이시니라"(1)

① "다시 여호와의 목전에 악을 행하였으므로"(1상) 합니다. 그리하여, ㉠ "40년 동안 블레셋 사람의 손에 붙이시니라" 합니다. 이는 사사기에 기록된 일곱 번째이자 마지막 악순환 입니다. 이런 악순환은 비극적인 일임에 분명합니다. 그렇다면, ㉡ 사사시대 이후에는 이러한 악순환이 되풀이되지 않았단 말인가 묻지 않을 수 없습니다. 그리고 "영적 이스라엘 자손"들인 우리는 지금 이를 반복하고 있지 않노라고 말할 수가 있는가 자문하게 합니다.

② 그렇게 하노라면 어떤 결론에 이르게 되는가? ㉠ 인간의 행위로는 그의 앞에 의롭다 함을 얻을 육체가 없다는 자력구원의 불가능성입니다. 그리하여 하나님께서 아브라함에게 언약하신, ㉡ "네 씨로 말미암아 천하만민이 복을 얻으리니"(창 22:18) 하신 그리스도를 의지할 것 밖에는 달리는 소망이 없다는 결론에 이르게 됩니다. 그러므로 구약성경에 나타난 이스라엘의 역사와, 등장하는 인물들의 타락상을 통해서 우리 자신들의 죄성을 볼 수 있어야만 하는 것입니다.

③ "여호와의 목전"(目前)에서 악을 행했다고 말씀합니다. 우리는 자나깨나 "여호와의 목전"에 있는 것입니다. 이를 인식하며 살아가는 것이 신전신앙입니다. 하나님은 그들이 악을 행하는 것을 시종일관보고 계셨다는 것입니다. 인류의 시조도 여호와의 목전에서 악을 행한 것입니다. 하나님께서는 아브라함이 언약을 믿지 못하고 여종 하갈을 취하여 이스마엘을 낳자, "너는 내 앞에서 행하여 완전 하라" 책망하셨습니다. 문제는 이스라엘 자손들이 아니라 우리들도 "여호와의 목전"에서 어떻게 행하고 있느냐가 문제입니다.

④ 그리하여 이스라엘을 40년 동안 블레셋 사람의 손에 붙이셨다고 말씀합니다. ㉠ 옷니엘 사사 때는 구산 리사다임에게 8년(3:8), ㉡ 에훗 사사 때는 아말렉에게 18년(3:14), ㉢ 드보라 사사 때는 가나안 왕 야빈에게 20년(4:3), ㉣ 기드온 사사 때는 미디안에게 7년 동안(6:1), ㉤ 입다 사사 때는 암몬에게 18년 동안(10:8) 붙이셨는데, 삼손 때는 무려, "40년"이라고 말씀하고 있습니다. 이것이 무심한 일로 여겨지지가 않습니다. 왜냐하면 성경에서 40이란, "이스라엘의 40년 광야 생활, 주님의 40일 광야 시험" 등 상징성이 있기 때문입니다.

둘째 단원(2-7) 보라 네가 잉태하여 아들을 낳으리니

"소라 땅에 단 지파의 가족 중 마노아라 이름하는 자가 있더라 그 아내가 잉태하지 못하므로 생산치 못하더니"(2).

① 먼저 주목해야할 점이 있는데 첫 절에서, "40년 동안 블레셋 사람의 손에 붙이시니라" 하고는, 다음절에서 당연히 나올 법한 백성들의, ㉠ "부르짖음"(3:9, 15, 4:3, 6:6, 7, 10:10)이 없다는 점입니다. 그러니까 사사 삼손은 백성들이 부르짖음으로 보내주신 "한 구원자"가 아니라, 하나님께서 주권적으로, 그리고 선수적으로 보내주신 사사라는 점은 주목할 만 합니다.

② 그런 의미에서 삼손은 다른 사사들과 몇 가지 차별이 됩니다. ㉠ 삼손은 이스라엘이 부르짖음으로 주어진 사사가 아니라 하나님께서 주권적으로 세우신 사사입니다. 그리하여 삼손은 잉태하지 못하던 여인을 통해서, ㉡ "이제 잉태하여 아들을 낳으리라"(3)는 약속의 "말씀"(11, 12, 17, 23)의 성취자로 태어납니다. 그러므로 삼손은, ㉢ "태에서 나옴으로부터 하나님께 바치운 나실인"(5, 7)이라 말씀하십니다. 이는 엄청난 차이입니다. 여기에 어떤 의미가 있는 것일까요?

③ 이는 앞으로 사사 삼손의 사역이 어떠하리라 하는 것을 암시해주고 있습니다. 입다 사사는 장로들이 찾아와서 추대함으로 "머리"가 되었으나, 삼손에게는 "부르짖음"이나, 백성들의 추대도 전연 없는 것입니다. 나중에 보게 되겠습니다만 도리어 유다 사람 3천명이 삼손을 결박하여 대적 블레셋에게 넘겨주는 것(15:12)을 보게 됩니다. 이점에서 크게 두 가지 의미를 구할 수가 있습니다. 첫째는, ㉠ 삼손을 사사로 세우심은 백성들이 구했기 때문이 아니라 하나님의 주권적인 섭리에 의해서라는 점입니다. 그리고 그 근거는 쌍방언약인 율법에 근거해서가 아니라 일방적인 언약인 아브라함의 언약에 근거한다는 점입니다. 둘째는,

㉡ 삼손은 백성들에게 환영을 받는 것이 아니라 배척을 당하게 되고, 결국 블레셋과 단신(單身)으로 외로운 싸움을 싸울 수밖에 없다는 점입니다. 이를 좀 더 살펴보도록 하겠습니다.

고독한 사사 삼손

① 하나님께서 처음에 사사를 세우실 때에 "한 구원자"(3:9, 15)라 말씀하심을 유념할 필요가 있습니다. 그리고 구속사의 맥락에서 볼 때 사사, 즉 "한 구원자"란, "이는 그가 자기 백성을 저희 죄에서 구원 할 자이심이라"(마 1:21) 하신 예수 그리스도에 대한 예표라는 점입니다. 이점을 어느 사사보다도 예표하고 있는 것이 삼손입니다.

② "여호와의 사자가 그 여인에게 나타나시고 그에게 이르시되 보라 네가 본래 잉태하지 못하므로 생산치 못하였으나 이제 잉태하여 아들을 낳으리니"(3) 합니다. ㉠ 삼손은 잉태하지 못하던 여인을 통해서, 마치 사라가 이삭을 낳듯이 태어나게 됩니다. 이 말씀을 대하면서 천사가 마리아에게 나타나, ㉡ "보라 네가 수태하여 아들을 낳으리니 그 이름을 예수(자기 백성을 저희 죄에서 구원할 자)라 하라"(눅 1:31) 한 주님의 탄생과정을 연상한다는 것은 자연스러운 일입니다. 이렇게 말한다고 해서 삼손이 성령으로 잉태한 것이라 말해서는 아니 됩니다. 그는 예표의 인물이기 때문입니다.

③ 4-5절에서 말씀하고 있는 여호와의 사자의 말을 요약하면, 성별(聖別)과, 헌신(獻身)입니다. ㉠ "너는 삼가서 포도주와 독주를 마시지 말지며 무릇 부정한 것을 먹지 말지니라"(4) 합니다. 이는 태어날 아이가 거룩하게 구별된 자임을 의미합니다. ㉡ "그 머리에 삭도를 대지 말라 이 아이는 태에서 나옴으로부터 하나님께 바치운 나실인이 됨이라"(5상) 하십니다. 이는 하나님께 바치운(헌신) 자임을 의미합니다.

④ “그가 블레셋 사람의 손에서 이스라엘을 구원하기 시작하리라”(5하) 하십니다. 태어날 아이가, “이스라엘의 구원자”라고 말씀합니다. 어찌하여 여호와의 사자는 이 소식을 남편 마노아에게 전하지 아니하고 그 아내에게, 그것도 혼자 있을 때에 전했을까? 아담이 원복음을 듣고 아내를 하와(산 자의 어미)라 함과 같이, 그리스도가 “여자의 후손”으로 오실 것이라 하심과 유관한 것은 아닌가?

⑤ 여호와의 사자로부터 기쁜 소식을 받은 여인은 사자의 메시지를 남편 마노아에게 전합니다. 전달하는 여인의 말을 보면 그가 여호와의 사자의 말을 정확하게 알아들었음이 확인이 됩니다. “이 아이는 태에서 나옴으로부터 죽을 날까지 하나님께 바치운 나실인이 됨이라 하더이다”(7) 하고 말하고 있기 때문입니다.

셋째 단원(8-20) 말씀대로 되기를 원하나이다

“마노아가 여호와께 기도하여 가로되 주여 구하옵나니 주의 보내셨던 하나님의 사람을 우리에게 다시 임하게 하사 그로 우리가 그 낳을 아이에게 어떻게 행할 것을 우리에게 가르치게 하소서”(8).

① 기쁜 소식을 전해들은 마노아는 “하나님의 사람을 우리에게 다시 임하게 하사 그로 우리가 그 낳을 아이에게 어떻게 행할 것을 우리에게 가르치게 하소서”(8) 하고 구합니다. 여기서 태교(胎敎)의 중요성을 강조한다면 유익한 교훈이 될지라도 그것은 주제에서 벗어나는 것이 됩니다. 왜냐하면 다시 나타난 여호와의 사자는, “내가 여인에게 말한 것들을 그가 다 삼가서”(13) 하고 이미 여인에게 말한 것을 되풀이 할 뿐 태교가 될만한 새로운 말씀을 하고 있지 않기 때문입니다. 그렇다면 핵심이 어디에 있는가?

② 여호와의 사자가 "아들을 낳으리라" 하고 전해준 기쁜 소식입니다. 마노아는 이 "약속의 말씀"을 믿었던 것입니다. 만일 믿지 못하였다면 ㉠ "그 낳을 아이에게 어떻게 행할 것을 우리에게 가르치게 하소서" 하고 말하지를 않고, "증표를 보여주십시오" 하고 말했을 깃입니다. 그러므로 본 단원의 핵심은 "말씀"에 있습니다. 마노아는 여호와의 사자를 만나자 ㉡ "당신이 이 여인에게 〈말씀〉하신 사람이니이까" 하고 묻습니다. 그리고 "당신의 〈말씀〉대로 되기를 원하나이다"(12상) 하고 믿음을 고백합니다. 또한 17절에서 "당신의 〈말씀〉이 이룰 때에 우리가 당신을 존숭하리이다" 하고 말합니다. 이 장면은 우리로 하여금 마리아가, "주의 계집종이오니 〈말씀〉대로 내게 이루어지이다"(눅 1:38) 하고 받아드리는 장면을 연상하게 합니다.

③ 마노아는 여호와의 사자를 접대할 마음으로, "우리가 당신을 위하여 염소 새끼 하나를 준비하게 하소서"(15) 하고 말합니다. 여기 중요한 말씀이 등장합니다. 여호와의 사자는, "내가 너의 식물을 먹지 아니하리라" 하고 거절하기만 한 것이 아니라, "번제를 준비하려거든 마땅히 여호와께 드릴지니라"(16) 하고 "번제"를 말씀하고 있기 때문입니다. 이 장면에서 "번제"라는 말이 어째서 중요한 의미를 갖게 되느냐 하면, "이 아이는 태에서 나옴으로부터 죽을 날까지 하나님께 바치운 나실인이 됨이라"(7, 5)는 말씀과 결부되기 때문입니다. 이를 결부해서 말한다면 태어날 아이는 하나님께 드릴 번제물이라는 의미가 되는 것입니다.

번제를 준비하려거든

① "번제를 준비하려거든", 이라는 말씀을 구속사의 맥락에서 바라본다면 엄청난 의미가 내포되어 있는 말씀임을 깨닫게 됩니다. 하나님

은 아브라함에게, ㉠ "네 아들 네 사랑하는 독자 이삭을, 번제로 드리라" 명하십니다. 그리고 성령께서는 이삭의 입을 통해서 문제를 제기합니다. ㉡ "번제할 어린양은 어디 있나이까", 하나님은 아브라함을 선지자로 사용하셔서 대답하십니다. ㉢ "번제할 어린양은 하나님이 자기를 위하여 친히 준비하시리라". 그리고 성령께서는 신약성경을 통해서 해설해주십니다. ㉣ "하나님이 제사와 예물을 원치 아니하시고 오직 나를 위하여 〈한 몸〉을 예비하셨도다"(히 10:5). "번제를 준비하려거든", 하나님께서 친히 준비하신 번제는 짐승이 아니라 "한 몸", 곧 자기 아들이셨습니다.

② 그러므로 "당신의 이름이 무엇이니이까 당신의 말씀이 이룰 때에 우리가 당신을 존숭하리이다"(17) 하고 묻는 말에 "내 이름은 기묘자니라"(18) 하고 대답하십니다. 여호와의 사자가 "기묘자"라면 그 분은 바로 번제할 어린양 그리스도(사 9:6) 장본인이었던 것입니다.

③ "이에 마노아가 염소 새끼 하나와 소제물을 취하여 반석 위에서 여호와께 드리매(19), 불꽃이 단에서부터 하늘로 올라가는 동시에 여호와의 사자가 단 불꽃 가운데로 좇아 올라 간지라"(20) 합니다. 매튜헨리는 이 장면을 "염소와 송아지의 피로 아니하고 오직 자기 피로 영원한 속죄를 이루사 단번에 성소에 들어 가셨느니라"(히 9:12) 한 예표로 보고있습니다. "마노아와 그 아내가 이것을 보고 얼굴을 땅에 대고 엎드리니라", 이제야 여호와의 사자의 정체를 깨닫게 되었단 말인가?

④ 두 마디만 묻고 싶습니다. 첫째는, ㉠ "너희는 나를 누구라 하느냐"(마 16:15) 하신 주님의 물으심입니다. 둘째는, ㉡ 그가 우리를 위해서 무엇을 해주셨는가? 설교자들이 그리스도가 누구이신가? 그런 그분이 우리를 위해서 무엇을 해주셨는가를 생각하지만 않는다면, "오늘까지라도 구약을 읽을 때에 그 수건이 오히려, 그 마음을 덮고"(고후 3:14-15) 있어서 그리스도의 영광의 복음의 광채를 보지 못하는 우매함

은 범하지 않게 될 것입니다. 그리고 우리도 바울 사도처럼, "내게는 우리 주 예수 그리스도의 십자가 외에 결코 자랑할 것이 없나니"(갈 6:14) 하고 그 분만을 자랑하고 증거하게 될 것입니다. 왜냐하면 이보다 더한, "온 백성에게 미칠 큰 기쁨의 소식"(눅 2:10)이 날리는 없기 때문입니다. 우리는 그 기쁜 소식의 그림자를 대하고 있는 것입니다.

넷째 단원(21-25) 여호와의 신이 비로소 임하니라

"여호와의 사자가 마노아와 그 아내에게 다시 나타나지 아니하니 마노아가 이에 여호와의 사자인줄을 알고"(21).

① "그 아내에게 이르되 우리가 하나님을 보았으니 반드시 죽으리로다"(22) 하고 말합니다. 마노아의 말은 맞는 말입니다. 하나님께서 친히, "네가 내 얼굴을 보지 못하리니 나를 보고 살 자가 없음이니라"(출 33:20) 하고 말씀하셨기 때문입니다.

② 그런데 마노아의 아내는 무엇이라 말하고 있는가? 죽지 않으리라는 것입니다. 이 말도 맞는 말입니다. 마노아가, ㉠ "우리가 하나님을 보았으니 반드시 죽으리라" 하고 말한 것이 진리임과 같이 그 아내가 죽지 아니하리라 한 말도 더욱 진리인 것입니다. 왜냐하면 마노아가, ㉡ 율법에 근거하여 말한 것이라면, 그의 아내는 복음에 근거하여 말하고 있기 때문입니다.

③ 그는 증거합니다. ㉠ "여호와께서 우리를 죽이려 하셨더면 우리 손에서 번제와 소제를 받지 아니하셨을 것이요"(23상) 합니다. 그렇습니다. 자기 아들을 번제물로 내어주신 것은 우리를 죽이려 하신 것이 아니라 살리려고 하신 것입니다. ㉡ "이제 이런 말씀도 우리에게 이르지 아니하셨으리이다"(23하) 합니다. 그렇습니다. 우리를 죽이려 하셨다면

아브라함에게 언약을 세워주시지 않으셨을 것이요, 다윗에게 "영구히 이를 일을 말씀"(삼하 7:19)하시지 않으셨을 것이요, 마리아에게 "보라 네가 수태하여 아들을 낳으리니 그 이름을 예수라 하라" 말씀하시지 않으셨을 것입니다.

④ "여인이 아들을 낳으매 이름을 삼손이라 하니라"(24상). ㉠ "삼손"의 어원은 태양이라는 뜻이라고 합니다. 그렇다면 그는 더욱 그리스도의 예표라 할 것입니다. 과연 암흑한 사사시대의 어두움을 물러가게 할 태양은 떠오를 것인가? ㉡ "아이가 자라매 여호와께서 그에게 복을 주시더니"(24하) 합니다. 이처럼 유년기의 사랑스러움을 전해주고 있는 사사는 아무도 없습니다. 그리고, ㉢ "여호와의 신이 비로소 그에게 감동하시니라"(25) 합니다. 이제 사사로써 공생애에 접어들었음을 나타냅니다.

주님은 말씀하십니다. "주의 성령이 내게 임하셨으니 이는 가난한 자에게 복음을 전하게 하시려고 내게 기름을 부으시고 나를 보내사 포로된 자에게 자유를, 눈먼 자에게 다시 보게 함을 전파하며 눌린 자를 자유케 하고 주의 은혜의 해를 전파하게 하려 하심이라"(눅 4:18-19).

이제 삼손은 "이스라엘의 구원자가"(5)가 될 것인가?

사사기 14장 개관도표

주제 : 사자를 찢은 삼손이 여자에 넘어지다

블레셋 여인을 연애한 삼손

1-4

삼손이 딤나에 내려가서 거기서
블레셋 딸 중 한 여자를 보고(1)

부모에게, 내 아내를 삼게 하소서(2)

내 백성 중에 어찌 여자가 없어서

블레셋 사람에게 가서 아내를 취하려 하느냐(3)

삼손이 틈을 타서 블레셋 사람을 치려
함이었으나 부모는 이 일이 여호와께로서
나온 것인 줄은 알지 못하였더라(4)

사자를 찢은 삼손

5-14

삼손이 그 부모와 함께 딤나에 내려가서
어린 사자가 그를 맞아 소리 지르는지라(5)

삼손이 여호와의 신에게 크게 감동되어,
사자를 염소 새끼를 찢음같이 찢었으나

부모에게는 고하지 아니하였고(6)

얼마 후에 그 여자를 취하려고 다시 가더니
사자의 몸에 벌떼와 꿀이 있는지라(8)
손으로 그 꿀을 취하여 먹고

부모에게 드려서 먹게 하였으나
고하지 아니하였더라(9)

삼손이 거기서 잔치를 배설하였으니(10)
30명을 데려다가 동무를 삼아 함께 한지라(11)

내가 너희에게 수수께끼를 하리니

칠일 동안에 풀어서 내게 고하면 베옷 삼십 벌과
겉옷 삼십 벌을 너희에게 주리라(12)

먹는 자에게서 먹는 것이 나오고
강한 자에게서 단 것이 나왔느니라(14)

여인의 꾐에 넘어간 삼손

15-20

그들이 삼손의 아내에게 너는,

네 남편을 꾀어 수수께끼를 알리게 하라(15)

아내가 앞에서 울며 강박함을 인하여
아내에게 수수께끼를 풀어 이르매

아내가 그 민족에게 고하였더라(17)

내 암송아지로 밭갈지 아니하였더면
능히 풀지 못하였으리라(18)

여호와의 신이 삼손에게 크게 임하시매
삼손이 아스글론에 내려가서,
30명을 쳐 죽이고 노략하여 수수께끼 푼 자들에게

옷을 주고 심히 노하여 집으로 올라갔고(19)
삼손의 아내는 그 동무에게 준 바 되었더라(20)

14장

사자를 찢은 삼손이, 여자에 넘어지다

[9]손으로 그 꿀을 취하여 행하며 먹고 그 부모에게 이르러 그들에게 그것을 드려서 먹게 하였으나 그 꿀을 사자의 몸에서 취하였다고는 고하지 아니하였더라.

14장은 삼손의 공생애에 관한 첫 기사인데, 주 내용은 삼손의 결혼 이야기입니다. 13장 마지막 절에서는, "여호와의 신이 비로소 그에게 감동하시니라"(13:25) 말씀했는데, 본 장에서는 도표에서 보시는 바대로, "삼손이 여호와의 신에 크게 감동되어"(6), "여호와의 신이 삼손에게 크게 임하시매"(19) 하고 두 번, 도합 세 번의 감동을 받고 있습니다. 그리하여 삼손이 한 일이 무엇인가? 기대와는 달리, "블레셋 여인을 연애"(첫째 단원) 한 것이요, "사자를 찢어 죽인"(둘째 단원) 것이요, "여인의 꾐에 넘어간"(셋째 단원) 일입니다. 삼손의 탄생을 알리는 전주곡은 웅장한데, 그가 행한 결과는 너무나 초라한 것을 보게 됩니다. 그렇다면 14장의 중심점은 무엇인가? 사자를 찢어 죽인 삼손이, 여인의 꾐에 넘어가는 대조(對照)입니다. "초인적인 능력과, 연약함", 이처럼 상반된 대조와 양면성은 삼손의 평생을 지배합니다. 그렇다면 삼손의 이러한 모습을 통해서 말씀하시고자 하는 바가 무엇인가? 이를 세 단원으로 나누어 상고하겠습니다.

첫째 단원(1-4) **블레셋 여인을 연애한 삼손**
둘째 단원(5-14) **사자를 찢은 삼손**
셋째 단원(15-20) **여인의 꾐에 넘어간 삼손**

첫째 단원(1-4) 블레셋 여인을 연애한 삼손

"삼손이 딤나에 내려가서 거기서 블레셋 딸 중 한 여자를 보고"(1).

① "도로 올라와서 자기 부모에게 말하여 기로되 내가 딤나에서 블레셋 사람의 딸 중 한 여자를 보았사오니 이제 그를 취하여 내 아내를 삼게 하소서"(2) 합니다.

② "부모가 그에게 이르되 네 형제들의 딸 중에나 내 백성 중에 어찌 여자가 없어서 네가 할례 받지 아니한 블레셋 사람에게 가서 아내를 취하려 하느냐"(3상) 하고 만류합니다. 우리는 13장에서 삼손의 아버지가 여호와의 사자에게, ㉠ "이 아이를 어떻게 기르오며 우리가 그에게 어떻게 행하오리이까"(13:12) 하고 묻는 것을 보았습니다. 그들은 잉태치 못하던 중에 아들을 갖게 되었다는 그 자체만으로 만족한 것이 아닙니다. 이 아이를 어떻게 길러야 하나님이 쓰시기에 합당하게, 다시 말하면 "나실인"으로 양육할 것인가에 관심을 기울였던 것입니다. ㉡ 그렇게 양육을 받은 삼손이 공생애에 접어들어 첫 번으로 한 일이 이방 여인을 연애한 일이란 말인가?

③ 하나님께서는, ㉠ "또 그들과 혼인하지 말지니 네 딸을 그 아들에게 주지 말 것이요 그 딸로 네 며느리를 삼지 말라"고 명하셨습니다. 왜

냐하면 "그가 네 아들을 유혹하여 그로 여호와를 떠나고 다른 신들을 섬기게"(신 7:3-4) 할 것이기 때문입니다. 그럼에도 불구하고 사사 입산은 아들 30과, 딸 30을 타국으로 시집을 보내고, 타국에서 여자 30을 데려다가 며느리를 삼았다(12:9)는 것은 그 시대가 얼마나 어두운 시기였는가를 말해준다 하겠습니다. 그런 중에 삼손의 부모가 이방인과의 결혼을 만류하고 있다는 것은 그들의 경건성을 나타낸다 하겠습니다. 그러나 삼손은, ㉡ "내가 그 여자를 좋아하오니 나를 위하여 그를 데려오소서"(3하) 하고 고집하고 있는 것을 봅니다.

④ 그런데 본문은, "이 때에 블레셋 사람이 이스라엘을 관할 한 고로 삼손이 틈을 타서 블레셋 사람을 치려 함이었으나 그 부모는 이 일이 여호와께로서 나온 것인 줄은 알지 못하였더라"(4) 하고 말씀합니다. 이것이 무슨 뜻인가? 여기서 하나님의 하나님 되심을 깨달아야만 합니다. 하나님이 모르시게 되어지는 일이라든가, 허락하심이 없이 되어지는 일이란 "참새 한 마리가 땅에 떨어지는 일"까지도 없다는 사실입니다. 분명한 것은, ㉠ 선민 이스라엘이, 더욱이나 나실인 된 삼손이 이방여인을 아내로 맞이한다는 것은 하나님의 법도에 어긋난다는 사실입니다. 하나님께서는 이를 막으실 수도 있으셨습니다. 그러나, ㉡ 이를 선으로 바꾸시기 위해서 허용하셨다는 뜻입니다. 이를 성경은 "여호와께로서 나온 것"이라고 표현하고 있는 것입니다. 이러한 예를 출애굽 과정에서도 보는 바입니다. "여호와께서 모세에게 이르시되 네가 애굽으로 돌아가거든 내가 네 손에 준 이적을 바로 앞에서 다 행하라 그러나 내가 그의 마음을 강퍅케 한즉 그가 백성을 놓지 아니하리니"(출 4:21, 9:12) 하십니다. 하나님은 바로의 강퍅한 마음을 꺾으실 수도 있으셨습니다. 그러나 보여주시려는 표징, 즉 구원이 오직 유월절 어린양의 피에 있음을 계시하시기 위해서 강퍅한 대로 내어버려 두셨던 것입니다. 이를 성경은 "내가 그의 마음을 강퍅케 한즉" 이라고 묘사하고 있는 것입

니다.

둘째 단원(5-14) 사자를 찢은 삼손

"삼손이 그 부모와 함께 딤나에 내려가서 딤나의 포도원에 이른즉 어린 사자가 그를 맞아 소리 지르는지라"(5).

① 본 단원에는 상징성 있는 묘사가 몇 번 등장합니다. 이를 알레고리에 치우칠 염려 때문에 문자만을 보려고 한다면 그것은 반대편의 극단으로 치우치는 것이 되고 말 것입니다. 본 단원은 삼손이 "잔치를 배설"(10)하는, 즉 장가가는 내용입니다. 그런데 본문을 관찰해보면 중심점이 결혼식석상에서 삼손이 출제한 "수수께끼"로 모아지고 있는 것을 보게 됩니다. "수수께끼"라는 말이 7번이나 등장합니다. 그렇다면 "수수께끼"에 함의 된 수수께끼가 무엇인가?

② 삼손이 "딤나"(5상, 1)에 내려가자 그를 첫 번으로 맞아준 것은 신부가 아니라 사자였습니다. ㉠ "어린 사자가 그를 맞아 소리 지르는지라"(5하) 합니다. 이는 무심한 일로 여겨지지 않습니다. 더우이나, ㉡ "삼손이 여호와의 신에게 크게 감동되어 손에 아무것도 없어도 그 사자를 염소 새끼를 찢음같이 찢었다"(6상)고 말씀하고 있지 아니한가? 삼손은 공생애에 접어들어 첫 번으로 한 일이 "여호와의 신"에 감동이 되어 사자를 찢은 것입니다.

③ 그런데 이상한 것은, ㉠ "그는 그 행한 일을 부모에게도 고하지 아니하였다"(6하) 하고 비밀에 붙이고 있다는 점입니다. ㉡ 그런데 "얼마 후에 삼손이 그 여자를 취하려고 다시 가더니 돌이켜 그 사자의 주검을 본즉 사자의 몸에 벌떼와 꿀이 있는지라"(8) 합니다. "손으로 그 꿀을 취하여 행하며 먹고 그 부모에게 이르러 그들에게 그것을 드려서 먹게 하였으나 그 꿀을 사자의 몸에서 취하였다고는 고하지 아니하였더

라"(9) 하고, 역시 비밀에 붙이고 있는 것입니다. 여기에 상징성이 없다면 두 번씩이나 부모에게까지도 고하지 않았다고 강조할 이유가 없었을 것입니다.

④ 어찌하여 비밀에 붙였는가? 삼손이 잔치석상에서 출제한 "수수께끼"의 소제가 바로 이 "사자와 꿀"에 관한 것이었기 때문입니다. ㉠ "삼손이 그들에게 이르되 먹는 자에게서 먹는 것이 나오고 강한 자에게서 단 것이 나왔느니라"(14). ㉡ "잔치하는 칠 일 동안에 너희가 능히 그것을 풀어서 내게 고하면 내가 베옷 삼십 벌과 겉옷 삼십 벌을 너희에게 주리라" 합니다. 만일 풀지를 못하면 저들이 "베옷 삼십 벌, 겉옷 삼십 벌"을 주기로(12-13) 약조를 합니다.

⑤ "그들이 삼 일이 되도록 수수께끼를 풀지 못하였더라"(14하) 합니다. 여기에는 상징성이 있습니다. 삼손은 하나님의 대리자로, 블레셋 30명은 사탄의 대리자로 등장합니다. 그런데 삼손은 자신만이 알고 있는 비밀을 간직하고 있었던 것입니다. 이런 대치(對峙)와 비밀은 전에도 있었습니다. 모세와 바로가 대결을 하고 있을 때, 간직하고 있었던 비밀은 "유월절 어린양의 피"였습니다. 바로는 이를 몰랐던 것입니다. 후에 가서는 "다윗과 골리앗"(삼상 17:45)의 대결로 재연이 됩니다. 다윗은 이스라엘에 감추었던 비밀 병기였던 것입니다. 그리고 구속사에 있어서 마지막 대치상태는 예수 그리스도와 사탄의 대결로 귀결이 됩니다. 사탄은 예수를 십자가에 못박으면 승리하는 줄 알았으나 이것이 하나님께서 감추어 놓으신 비밀이었던 것입니다. 성경은, "이 비밀은 만세와 만대로부터 옴으로 감취었던 것인데"(골 1:26) 하고 말씀합니다. 삼손은 비밀을 끝까지 지킬 수가 있을 것인가?

셋째 단원(15-20) 여인의 꾐에 넘어간 삼손

"제 칠 일에 이르러 그들이 삼손의 아내에게 이르되 너는 남편을 꾀이 그 수수께끼를 우리에게 알리게 하라 그렇지 아니하면 너와 네 아비의 집을 불사르리라 너희가 우리의 소유를 취하고자 하여 우리를 청하였느냐 그렇지 아니하냐"(15).

① "삼손의 아내가 그의 앞에서 울며 가로되 당신이 나를 미워할 뿐이요 사랑치 아니하는도다 우리 민족에게 수수께끼를 말하고 그 뜻을 내게 풀어 이르지 아니하도다, ㉠ 삼손이 그에게 대답하되 보라 내가 그것을 나의 부모에게도 풀어 고하지 아니하였거든 어찌 그대에게 풀어 이르리요"(16) 하고 비밀을 말해주지 않습니다. ㉡ 본문을 보면 삼손이 이 비밀을 지키려고 애를 쓴 흔적이 영역합니다. 삼손은 끝까지 지킬 수 있을 것인가?

② "칠 일 잔치할 동안에 그 아내가 앞에서 울며 강박 함을 인하여, ㉠ 제 칠 일에는 그가 그 아내에게 수수께끼를 풀어 이르매, ㉡ 그 아내가 그것을 민족에게 고하였더라"(17) 합니다.

③ "손에 아무것도 없이도 사자를 염소 새끼를 찢음같이 찢은" 삼손이, "울며 강박" 하는 여자의 꾐에는 넘어가고 말았던 것입니다. 이 말씀을 대하면서 그리스도인이라면 두 가지 장면을 연상하게 될 것입니다. ㉠ "여자가 그 실과를 따먹고 자기와 함께 한 남편에게도 주매 그도 먹은지라"(창 3:6) 한 첫 타락의 장면과, ㉡ "이에 마귀는 예수를 떠나고 천사들이 나아와서 수종드니라"(마 4:11) 한 광야의 시험장면입니다.

④ 여기에 삼손을 통해서 보여주시려는 양면성(兩面性)이 있습니다. ㉠ 여인의 꾐에 넘어가는 삼손의 연약성을 통해서 인간의 자력구원의 불가능성과, ㉡ 삼손이 사자를 찢는 능력을 통해서 인류를 구원할

참 사사이신 예수 그리스도를 계시하시려는 것입니다.

⑤ 여기서 주목할 점이 있습니다. ㉠ 블레셋 여인은 삼손의 아내가 된 후에도 블레셋을 자기 "민족"(16, 17)이라고 부르고 있다는 점입니다. 그녀는 룻처럼, "당신의 백성이 나의 백성이 되고 당신의 하나님이 나의 하나님이 되시리니"(룻 1:16) 하고 말했어야 옳았습니다. 성경은 말씀합니다. ㉡ "딸이여 듣고 생각하고 귀를 기울일지어다 네 백성과 아비 집을 잊어버릴지어다"(시 45:10). 그러나 "블레셋 딸"은 자신이 삼손을 좇으려 하지 않고 삼손으로 하여금 자기를 따르도록 만들었습니다.

⑥ 이는 언약백성, 곧 하나님의 백성 되기를 거부한 처서입니다. ㉠ 룻은 그리스도의 족보에 올랐고, ㉡ "삼손의 아내는 삼손의 친구 되었던 그 동무(블레셋 30명 중 하나)에게 준 바 되었더라"(20).

⑦ 본 장의 결론은 이렇습니다. ㉠ "삼손이 아스글론에 내려가서 그 곳 사람 30명을 쳐 죽이고(19상), 이는 삼손이, "블레셋 사람의 손에서 이스라엘을 구원하기 시작"(13:5)하였다는 증거입니다. 하나님께서는 인간의 연약으로 인하여 저질러지는 악을 통해서도 합력하여 선을 이루셨던 것입니다. ㉡ 심히 노하여 아비 집으로 올라갔다"(19하)고 말씀합니다. 삼손이 "심히 노하였다"는 것은 속은 후에야 적(사탄)을 알게 되었다는 반응이요, 자신의 정체성을 깨달았다는 증거이기도 한 것입니다. 그렇다면 삼손은 다시는 넘어지지 않을 것인가?

사사기 15장 개관도표

주제 : 자기 백성에게 배척을 당한 삼손

블레셋 사람을 크게 도륙함	1-8 얼마 후, 그 아내에게로 찾아가서 가로되 내가 침실에 들어가 아내를 보고자 하노라 장인이 들어오지 못하게 하고(1) 그를 네 동무에게 주었노라(2) → 삼손이 그들에게 이르되 이번은 내가 블레셋 사람을 해할지라도 그들에게 대하여 내게 허물이 없을 것이니라 하고(3) → 삼손이, 여우 삼백을 붙들어서, 두 꼬리 사이에 한 홰를 달고(4) 아직 베지 아니한 곡식과 감람원을 사른지라(5) 블레셋 사람이 가로되 누가 이 일을 행하였느냐 딤나 사람의 사위 삼손이니 장인이 삼손의 아내를 취하여 그 동무 되었던 자에게 준 연고니라 블레셋 사람이 올라가서 그 여인과 그의 아비를 불사르니라(6) 삼손이 그들에게 이르되 너희가 이같이 행하였은즉 내가 너희에게 원수를 갚은 후에야 말리라 하고(7) → 블레셋 사람을 크게 도륙하고(8)
삼손을 결박하여 넘겨줌	9-13 이에 블레셋 사람이 올라와서 유다에 진을 치고 레히에 편만한지라(9) 유다 사람들이 가로되 너희가 어찌하여 올라와서 우리를 치느냐 → 그들이 대답하되 우리가 올라오기는 삼손을 결박하여 그가 우리에게 행한 대로 그에게 행하려 함이로라(10) 유다 사람 삼천 명이 에담 바위 틈에 내려가서,(11) 너를 결박하여 블레셋 사람의 손에 붙이려고 이제 내려왔노라(12) → 새 줄 둘로 결박하고 바위 틈에서 그를 끌어내니라(13)
결박을 끊고 승리함	14-20 삼손이 레히에 이르매 블레셋 사람이 그에게로 마주 나가며 소리지르는 동시에 여호와의 신의 권능이 삼손에게 임하매 그 팔 위의 줄이 불탄 삼과 같아서 그 결박되었던 손에서 떨어진지라(14) 삼손이 나귀의 새 턱뼈를 보고 손을 내밀어 취하고 → 그것으로 일천 명을 죽이고(15) → 블레셋 사람의 때에 삼손이 이스라엘 사사로 이십 년을 지내었더라(20)

15장

자기 백성에게 배척을 당한 삼손

11유다 사람 삼천 명이 에담 바위틈에 내려가서 삼손에게
이르되 너는 블레셋 사람이 우리를 관할하는 줄을 알지 못
하느냐 네가 어찌하여 우리에게 이같이 행하였느냐 삼손
이 그들에게 이르되 그들이 내게 행한 대로 나도 그들에게
행하였노라.

15장의 중심점은 삼손이, "자기 백성에게 배척을 당하는" 데 있습니다. 삼손이 "블레셋 사람을 크게 도륙"(첫째 단원), 즉 이스라엘을 구원하기 시작하니 이것이 도리어 이스라엘을 괴롭히는 자로 여김을 받게 됩니다. 그리하여 "삼손을 결박하여 넘겨주는"(둘째 단원) 어처구니없는 장면을 대하게 됩니다. 그러나 여호와의 신의 권능(14)은, "결박을 끊고 승리"(셋째 단원)하게 하십니다. 자기 백성은 삼손을 배척했으나, 하나님은 삼손으로 하여금 결박을 끊고 승리케 하셨습니다. 이를 세 단원으로 나누어 상고하겠습니다.

첫째 단원(1-8) **블레셋 사람을 크게 도륙함**

둘째 단원(9-13) **삼손을 결박하여 넘겨줌**

셋째 단원(14-20) **결박을 끊고 승리함**

첫째 단원(1-8) 블레셋 사람을 크게 도륙함

"얼마 후 밀 거둘 때에 삼손이 염소 새끼를 가지고 그 아내에게로 찾아가서 가로되 내가 침실에 들어가 아내를 보고자 하노라 장인이 들어오지 못하게 하고"(1).

① 삼손이 아내를 얼마동안 떠나게 된 것은 그 여인의 배신행위 때문입니다. 그런데 삼손이, ㉠ 염소 새끼를 가지고 찾아갔다는 것은 화해하기 위해서였던 것입니다. 그런데 장인이 들어오지 못하게 하면서, "그를 네 동무에게 주었노라 그 동생이 그보다 더욱 아름답지 아니하냐 청하노니 너는 그의 대신에 이를 취하라"(2)고 말합니다. 14장 마지막 절에서 "삼손의 아내는 삼손의 친구 되었던 그 동무에게 준바 되었더라" 하고 말씀했는데 삼손은 이를 모르고 있었던 것 같습니다. ㉡ 이번에는 장인이 삼손을 배신한 것입니다.

② "삼손이 그들에게 이르되 이번은 내가 블레셋 사람을 해할지라도 그들에게 대하여 내게 허물이 없을 것이니라"(3) 말합니다. 삼손은 아내를 빼앗긴 분함보다는 블레셋을 해할 명분을 더욱 내세우고 있는 것을 보게 됩니다. 이로 보건대 삼손의 심중에는 블레셋에게 압제를 당하고 있는 자기 민족을 구원하고자 하는 열망이 간절했음을 알 수가 있습니다.

③ "삼손이 가서 여우 삼백을 붙들어서", 그 꼬리에 홰를 매달고 불을 붙여 "블레셋 사람의 곡식 밭으로 몰아 들여서 아직 베지 아니한 곡식과 감람원을 사른지라"(4-5). 300 마리나 되는 여우가 꼬리에 횃불을 달고 이리 저리 뛰면서 추수 때가 된 밭과 과수원을 불사르는 장면이 눈에 선할 정도입니다.

④ 이것이 누구의 소행이며, 무엇 때문인가 하는 그 이유를 알게 된 블레셋 사람들은 "올라가서 그 여인과 그의 아비를 불사르니라"(6) 합니다. 그들은 삼손의 아내에게 너는 네 남편을 꾀어 수수께끼의 답을 알아내라 그렇지 않으면 너와 네 아비 집을 불사르리라(14:15) 하고 협박을 하던 자들입니다. 그녀는 살아남기 위해서 삼손을 배신하였으나 결국 그들의 손에 불사름을 당하고 만 것입니다. 그는 일편단심 삼손만을 의지했어야 옳았습니다. 블레셋 사람들이 삼손의 아내를 불사름으로 인하여 삼손에게 보복할 명분을 또다시 제공한 셈입니다. ㉠ "삼손이 그들에게 이르되 너희가 이같이 행하였은즉 내가 너희에게 원수를 갚은 후에야 말리라 하고, ㉡ 블레셋 사람을 크게 도륙하고 내려가서 에담 바위틈에 거하니라"(8) 합니다. 이렇게 행함은 삼손이 이스라엘을 구원하기 시작했다는 증거입니다. 그러나 이것은 "시작"일 뿐입니다. 사무엘 때에 가서, ㉢ "이에 블레셋 사람이 굴복하여 다시는 이스라엘 경내에 들어오지 못하였으며 여호와의 손이 사무엘의 사는 날 동안에 블레셋 사람을 막으시매"(삼상 7:13) 하는 말씀을 대하게 되고, "다윗이 이같이 물매와 돌로 블레셋 사람을 이기고 그를 쳐 죽였으나 자기 손에는 칼이 없었더라"(삼상 17:50) 하고 온전한 승리를 거두게 되는 것을 대하게 됩니다.

둘째 단원(9-13) **삼손을 결박하여 넘겨줌**

"이에 블레셋 사람이 올라와서 유다에 진을 치고 레히에 편만 한지라"(9).

① 우선적으로 유념해야할 점은 삼손은 단신으로 적진(블레셋)에 들어가 싸워 이겼다는 사실입니다. 그런 후에 "에담 바위 틈"에 거하였다

고 말씀하고 있는데 "에담"은 유다 서부에 위치해 있는 바위산입니다. 그래서 블레셋 사람이 대군을 이끌고 올라와서 "유다에 진"을 치되 "편만 한지라" 할 정도로 삼손을 잡으러 올라온 것입니다.

② "유다 사람들이 기로되 너희기 이찌하여 올라와서 우리를 치느냐" 하고 묻습니다. "우리가 올라오기는 삼손을 결박하여 그가 우리에게 행한 대로 그에게 행하려 함이라"(10) 합니다.

③ 이 일이 삼손으로 말미암음임을 알게 된 "유다 사람 삼천 명이 에담 바위틈에 내려가서 삼손에게 이르되 너는 블레셋 사람이 우리를 관할하는 줄을 알지 못하느냐 네가 어찌하여 우리에게 이같이 행하였느냐"(11상) 합니다. 이 말은 너로 인하여 우리가 큰 화를 당하게 되었다는 뜻입니다. 그러니까 너는 구원자가 아니라, "이스라엘을 괴롭게 하는 자"라는 말입니다. 생각나는 장면이 있습니다. 악한 왕의 대명사와 같은 아합이, ㉠ "엘리야를 볼 때에 저에게 이르되 이스라엘을 괴롭게 하는 자여 네냐"(왕상 18:17) 하고 말한 장면입니다. 그리고 이 말을 거슬러 올라가면 바로의 노예로 있던 이스라엘 자손들이 모세와 아론에게, ㉡ "너희가 우리로 바로의 눈과 그 신하의 눈에 미운 물건이 되게 하고 그들의 손에 칼을 주어 우리를 죽이게 하는도다"(출 5:21) 한 말과 결부가 되고, 더듬어 내려오게 되면, ㉢ "한 사람이 백성을 위하여 죽어서 온 민족이 망하지 않게 되는 것이 너희에게 유익한 줄을 생각지 아니하는도다"(요 11:50) 한 대제사장 가야바의 말입니다.

④ 유다 사람 3천명이 기드온의 300명 같이 삼손을 따랐다면 얼마나 좋았겠는가? 우매한 백성들은 대적에게 항거하여 자유 하려는 생각은 없이 목전의 안일만을 구하고 있는 것입니다. 그리하여 "블레셋 사람이 우리를 관할하는 줄을 알지 못하느냐" 하고 도리어 삼손을 책망하고 있는 것입니다.

⑤ "그들이 삼손에게 이르되 우리가 너를 결박하여 블레셋 사람의

손에 붙이려고 이제 내려왔노라" 합니다. 삼손은 그들에게 "너희는 친히 나를 치지 않겠다고 내게 맹세하라"(12) 합니다. 동족과 싸우게 될 것을 염려했기 때문입니다. "그들이 삼손에게 일러 가로되 아니라 우리가 다만 너를 단단히 결박하여 그들의 손에 붙일 뿐이요 우리는 결단코 너를 죽이지 아니하리라 하고 새 줄 둘로 결박하고 바위틈에서 그를 끌어 내니라"(13) 합니다. 그리하여 삼손은, "마치 도수장으로 끌려가는 어린양과 털 깎는 자 앞에 잠잠한 양같이" 순순히 결박되어 대적에게 내어줌이 됩니다. 동족에 의해서 말입니다. "그 세대 중에 누가 생각하기를 그가 산 자의 땅에서 끊어짐은 마땅히 형벌 받을 내 백성의 허물을 인함이라 하였으리요"(사 53:8).

셋째 단원(14-20) 결박을 끊고 승리함

"삼손이 레히에 이르매 블레셋 사람이 그에게로 마주 나가며 소리지르는 동시에 여호와의 신의 권능이 삼손에게 임하매 그 팔 위의 줄이 불탄 삼과 같아서 그 결박되었던 손에서 떨어진지라"(14).

① 유다 사람들은 삼손을 "새 줄 둘로", 즉 두 겹으로, "단단히 결박"(13)하여 넘겨주었습니다. 이 장면은 마치 "예수를 파는 자가 이미 그들과 군호를 짜 가로되 내가 입맞추는 자가 그이니 그를 잡아 단단히 끌어가라 하였는지라"(막 14:44) 한 말씀을 연상하게 합니다. 그러나 블레셋 사람들이 마주 나오며 소리를 지르는 동시에 그 결박이 불탄 삼 줄 같이 떨어져나갔습니다.

② "삼손이 나귀의 새 턱뼈를 보고 손을 내밀어 취하고 그것으로 일천 명을 죽였다"(15)고 말씀합니다. 유다 사람들은 대적들과 결탁하여 삼손을 죽이려하였으나, "하나님은 그것을 선으로 바꾸사 만민의 생명

을 구원하게 하시려"(창 50:20) 하셨습니다.

③ 삼손이 심히 목마르므로 여호와께 부르짖었고, "하나님이 레히에 한 우묵한 곳을 터치시니 물이 거기서 솟아 나오는지라 삼손이 그것을 마시고 정신이 회복되어 소생"(19) 하였다고 말씀합니다. 이 장면은 메시아예언으로 유명한 시편 110편의 한 장면을 연상하기에 족합니다.

주의 우편에 계신 주께서 그 노하시는 날에
열왕을 쳐서 파하실 것이라
열방 중에 판단하여 시체로 가득하게 하시고
여러 나라의 머리를 쳐서 파하시며
길가의 시냇물을 마시고 인하여
그 머리를 드시리로다 (시 110:5-7).

④ "블레셋 사람의 때에 삼손이 이스라엘 사사로 이십 년을 지내었더라"(20) 합니다. ㉠ 본 장에서 삼손은 이스라엘을 구원하는 자로 등장합니다. ㉡ 삼손이 "20년" 동안 사사로 있었다고 말씀합니다. 이는 사사기에 기록된 삼손의 행적이 전부가 아니라, 20년 행적 중에서 선택적으로 기록하였음을 말해줍니다. 그렇다면 어디에 초점을 맞추어서 선별적으로 기록하였는가? 첫째는, ㉠ 삼손을 통해서 참 사사이신 그리스도를 증거하기 위해서입니다. 둘째는, ㉡ 삼손의 연약성을 들어서 인간의 자력구원의 불가능성을 보여주기 위해서입니다.

사사기 16장 개관도표

주제 : 삼손의 상반된 두 면을 통한 구원계시

대적의 문을 얻음

1-3

삼손이 가사에 가서, 한 기생을 보고 그에게 들어갔더니(1)

그를 에워싸고 밤새도록 성문에 매복하고 새벽이 되거든 그를 죽이리라 하였더라(2)

삼손이 밤중까지 누웠다가 그 밤중에 일어나 성문짝들과 두 설주와 빗장을 빼어 그것을 모두 어깨에 메고 헤브론 앞산 꼭대기로 가니라(3).

유혹자의 꾐에 넘어간 삼손

4-17

이 후에 삼손이 소렉 골짜기의 들릴라라 이름하는 여인을 사랑하매(4)

블레셋 사람의 방백들이 그 여인에게, 삼손을 꾀어서 무엇으로, 그 큰 힘이 있는지 우리가 어떻게 하면 그를 이기어서 결박하여 곤고케 할 수 있는지 알아 보라 우리가 각각 은 일천 일백을 주리라(5)

삼손이 그에게 이르되, 마르지 아니한 푸른 칡 일곱으로 결박하면(7) 쓰지 아니한 새 줄로 나를 결박하면(11), 머리털 일곱 가닥을 위선에 섞어 짜면 되리라(13).

날마다 그 말로 그를 재촉하여 조르매 삼손의 마음이 번뇌하여 죽을 지경이라(16) 삼손이 진정을 토하여, 내 머리에는

삭도를 대지 아니하였나니 이는 내가 모태에서 하나님의 나실인이 되었음이라 내 머리가 밀리우면 내 힘이 내게서 떠나고(17)

사탄의 종노릇하는 인간상

18-22

들릴라가 삼손으로 자기 무릎을 베고 자게 하고 사람을 불러 그 머리털 일곱 가닥을 밀고 괴롭게 하여본즉 그 힘이 없어졌더라(19)

삼손이 잠을 깨며 이르기를 내가 전과 같이 나가서 몸을 떨치리라 하여도 여호와께서 이미 자기를 떠나신 줄을 깨닫지 못하였더라(20)

블레셋 사람이 그를 잡아 그 눈을 빼고 끌고 가사에 내려가 놋줄로 매고 그로 옥중에서 맷돌을 돌리게 하였더라(21)

그의 머리털이, 다시 자라기 시작하니라(22)

함께 죽기를 원하노라

23-31

블레셋 사람의 방백이, 우리의 신이 원수 삼손을 우리 손에 붙였다 하고 다 모여 그 신 다곤에게 큰 제사를 드리고 즐거워하고(23) 우리 많은 사람을 죽인 원수를 우리의 신이 우리 손에 붙였다 하고 자기 신을 찬송하며(24)

삼손이 손을 붙든 소년에게, 나로 이 집을 버틴 기둥을 찾아서 그것을 의지하게 하라(26)

주 여호와여 구하옵나니 나를 생각하옵소서 하나님이여 이번만 나로 강하게 하사 원수를 단번에 갚게 하옵소서(28) 블레셋 사람과 함께 죽기를 원하노라

죽을 때 죽인 자가, 더욱 많더라(30)

16장

삼손의 상반된 두 면을 통한 구원계시

> 3삼손이 밤중까지 누웠다가 그 밤중에 일어나 성 문짝들과 두 설주와 빗장을 빼어 그것을 모두 어깨에 메고 헤브론 앞산 꼭대기로 가니라.

16장은 사사 삼손에 관한 마지막 기사이자, 사사기의 결말이기도 합니다. 그러므로 본 장을 통해서 사사기의 주제와 결론이 무엇인가를 깨달을 수 있어야만 하겠습니다. 도표에서 보시는 바대로 본문에서 삼손은 극렬하게 대조되는 상반된 두 모습을 보여주고 있습니다. 첫 번째 모습은, "성 문짝들과 두 설주와 빗장을 빼어 그것을 모두 어깨에 메고 헤브론 앞산 꼭대기로 가는"(첫째 단원) 모습입니다. 이는 승리자의 모습입니다. 그런데 "유혹자의 꾐에 넘어간 삼손"(둘째 단원)의 두 번째 모습은, "그 눈을 뽑히고 놋 줄에 묶여 옥중에서 맷돌을 돌리는"(셋째 단원) 처참한 모습입니다. 이는 "죽기를 무서워하므로 일생에 매여 종노릇하는 인간상"(히 2:15)입니다. 그런데 삼손을 예표로 하여 보여주시고자 하는 계시의 결론은 여기가 끝이 아니라, "함께 죽기를 원하노라"(넷째 단원) 하므로 마지막 역전(逆轉)의 드라마를 연출해내는데 있습니다. 이를 네 단원으로 나누어 상고하겠습니다.

첫째 단원(1-3) **대적의 문을 얻은 삼손**
둘째 단원(4-17) **유혹자의 꾐에 넘어간 삼손**
셋째 단원(18-22) **사탄의 종노릇하는 인간상**
넷째 단원(23-31) **함께 죽기를 원하노라**

첫째 단원(1-3) 대적의 문을 얻은 삼손

"삼손이 가사에 가서 거기서 한 기생을 보고 그에게로 들어갔더니"(1).

① "가사"는 블레셋의 중요한 다섯 성읍 중 하나입니다. 삼손이 무엇을 위해서 가사로 내려갔는지 설명이 없습니다. 다만 "거기서 한 기생"을 보고 그에게로 들어갔다고 말씀할 뿐입니다. 이는 삼손과 결부된 두 번째 여자입니다. "탱크에도 약점은 있다"는 말이 있습니다. 탱크의 약한 부분은 체인입니다. 그것이 끊어지면 움직일 수가 없습니다. 큰 힘을 가진 삼손은 연약한 여자에게 약했습니다.

② 이를 알게 된 블레셋 사람들은 "곧 그를 에워싸고 밤새도록 성문에 매복하고 밤새도록 종용히 하며 이르기를 새벽이 되거든 그를 죽이리라"(2) 합니다.

③ "삼손이 밤중까지 누웠다가 그 밤중에 일어나"(3상) 성을 빠져나가려 했을 때는 이미 성문을 걸어 잠가 봉쇄한 이후였습니다. 그러니까 삼손은 "독 안에 든 쥐"같이 된 셈입니다. 삼손은 이 위기를 어떻게 극복할 것인가? "성 문짝들과 두 설주와 빗장을 빼어 그것을 모두 어깨에 메고 헤브론 앞산 꼭대기로 가니라"(3하) 합니다. 이는 상상을 초월하는 초인적인 힘일 뿐만이 아니라, 이 광경을 지켜보는 블레셋 사람들은

전율할 수밖에 없었을 것입니다.

④ "헤브론 앞산 꼭대기로 가니라"(3하) 말씀하고 있는데 이 헤브론이 어디란 말인가? 하나님께서 유다 지파의 족장 갈렙에게 주신 헤브론(수 14:13)이 낯는다면 이는 나름이 아닌, ㉠ "도피성"(수 21:13)으로 구별 된 곳입니다. 또한 "성 문짝들과 두 설주와 빗장을 빼어" 어깨에 메고 갔다는 말씀은 큰 진리를 내포한 상징성이 있는 묘사입니다. 하나님께서는 아브라함에게, ㉡ "또 네 씨로 말미암아 천하만민이 복을 얻으리니" 하신 메시아언약과 함께, "네 씨가 그 대적의 문을 얻으리라"(창 22:17-18) 하고 약속하셨기 때문입니다. 대적의 성문(城門)을 얻으리라는 말씀은 승리, 그것도 결정적인 승리를 의미합니다.

⑤ 주님은, 죽으시고 다시 살아나실 것을 "요나의 표적"이라고 말씀하셨는데 요나서는 그 장면을 이렇게 묘사하고 있습니다. ㉠ "내가 산의 뿌리까지 내려갔사오며 땅이 그 빗장으로 나를 오래도록 막았사오나 나의 하나님 여호와여 주께서 내 생명을 구덩이에서 건지셨나이다"(욘 2:6). 그렇습니다. 원수들은 주님을 무덤에 가두려고 빗장으로 막았으나, ㉡ "하나님께서 사망의 고통을 풀어 살리셨으니 이는 그가 사망에게 매여 있을 수 없었음이라"(행 2:24), 즉 "성 문짝들과 두 설주와 빗장을 빼어 그것을 모두 어깨에 메고 헤브론", 즉 도피성으로 가신 셈입니다. 삼손이 헤브론으로 갔다는 것은 그를 따르는 자도 승리하게 될 것을 시사해준다 하겠습니다. 이제라도 유다 사람들이 삼손을 따른다면 얼마나 좋으련만!

둘째 단원(4-17) **유혹자의 꾐에 넘어간 삼손**

"이 후에 삼손이 소렉 골짜기의 들릴라라 이름하는 여인을 사랑하매"(4).

① "들릴라"는 삼손과 결부된 세 번째 여인이면서, 결국 삼손에게 파멸을 가져온 여자입니다. ㉠ "들릴라"는, "약한 자"라는 뜻입니다. 아이러니컬하게도 가공할만한 힘을 가진 삼손이 번번이 약한 자에게 넘어가고 맙니다. ㉡ "딤나"에 내려가서 블레셋 여자를 아내로 맞이했다가(14:1) 낭패를 경험하고, "가사"에 가서 기생에게 들어갔다가(16:1) 죽을 위기를 모면했다면 정신을 차릴 만도 한데, 이번에는 "소렉 골짜기의 들릴라"에게 마음을 빼앗긴 것입니다. 이를 기회만 엿보고 있는 대적이 놓칠 리가 있겠습니까?

② "블레셋 사람의 방백들이 그 여인에게로 올라와서 그에게 이르되 삼손을 꾀어서 무엇으로 말미암아 그 큰 힘이 있는지 우리가 어떻게 하면 그를 이기어서 결박하여 곤고케 할 수 있을는지 알아 보라 그리하면 우리가 각각 은 일천 일백을 네게 주리라"(5) 합니다. 대적이 알아내고자 하는 바는 "두 가지"입니다. 첫째는, ㉠ "무엇으로 말미암아 그 큰 힘이 있는지", 즉 힘의 근원(根源)이 어디로 말미암음인지 알아내라는 것이고, 둘째는, ㉡ "어떻게 하면 그를 이기어 결박"(5) 할 수 있는지를 알아내라는 것입니다. 형제는 이를 알고 있습니까? 이는 역설적으로 성령께서 독자들인 우리들이 깨닫기를 원하시는 두 가지 요점이라 하겠습니다. 첫째는 달콤한 말로 유혹하는 여인의 배후에는 간악한 사탄의 음모가 있음을 잊지 말아야만 결박을 당하지 않을 수 있다는 것과, 둘째는 우리에게 있는 힘의 원천이 어디로부터 말미암음인지를 알아야만 승리할 수가 있기 때문입니다.

③ 본문을 관찰해보면, 삼손은 들릴라의 꾀임에 바로 넘어간 것이 아닙니다. 이로 보건대 삼손은 들릴라의 집에 들어가면서 심중에 이렇게 다짐을 했을 성싶습니다. "나를 제아무리 유혹해 봐라 이번에는 어림없다". 그리하여 삼손은 대답합니다. ㉠ "만일 마르지 아니한 푸른 칡 일

곱으로 나를 결박하면 내가 약하여져서 다른 사람과 같으리라"(7). 상식적으로 생각할 때, "마르지 아니한 칡 일곱 줄"로 결박한다면 천하장사라도 꼼짝 못할 것입니다. 그러나 이것은 거짓말이었습니다. 들릴라가, "삼손이여 블레셋 사람이 당신에게 미쳤느니라 하니 삼손이 그 칡 끊기를 불탄 삼실을 끊음같이 하였고 그 힘의 근본은 여전히 알지 못하니라"(9) 합니다. ㉡ "만일 쓰지 아니한 새 줄로 나를 결박하면 내가 약하여져서 다른 사람과 같으리라"(11) 하고 말해줍니다. 그러나 이것도 거짓말이었습니다. 삼손은 "진정을 토하지 않았던" 것입니다.

④ "들릴라가 삼손에게 이르되 당신이 이 때까지 나를 희롱하여 내게 거짓말을 하였도다 내가 무엇으로 하면 당신을 결박할 수 있을는지 내게 말하라, ㉠ 삼손이 그에게 이르되 그대가 만일 나의 머리털 일곱 가닥을 위선(緯線)에 섞어 짜면 되리라"(13) 합니다. 삼손은 장발을 "일곱 가닥"으로 땋았던 것 같습니다. 드디어 삼손이 "머리칼"이라는 말을 꺼낸 것입니다. 이는 대적이 알아내고자 하는 두 가지 비밀의 90%에 접근한 셈입니다. 이를 지켜보고 있는, "구름같이 둘러싼 허다한 증인들"(히 12:1)의 마음은 조마조마하다 할 것입니다. 그러나, ㉡ "삼손이 잠을 깨어 직조 틀의 바디와 위선을 다 빼어 내니라"(14) 합니다.

⑤ "들릴라가 삼손에게 이르되 당신의 마음이 내게 있지 아니하면서 당신이 어찌 나를 사랑한다 하느뇨"(15상) 합니다 이는 남자를 치명적으로 약하게 만드는 말입니다. 이 말에 넘어가지 아니할 남자가 그 누구이랴! ㉠ "당신이 이 세 번 나를 희롱하고 당신의 큰 힘이 무엇으로 말미암아 있는 것을 내게 말하지 아니하였도다"(15하) 합니다. 다시 강조합니다. 대적이 알아내고자 하는 비밀은 첫째가, ㉡ "큰 힘이 무엇으로 말미암아 있는가"임을 명심하시기를 바랍니다. 이를 알아야만 형제에게 있는 힘도, "무엇으로 말미암는가"에 확신을 갖게 될 것이기 때문입니다. 어떻게 결박할 수 있는가는 중요하지 않습니다. 힘의 원동력(原動

力)만 알아낸다면 그것은 저절로 해결이 되는 것입니다.

그 힘의 원천

① 이 구도(構圖)는 14:12-17절에서 말씀한 "수수께끼"와 대칭(對稱)을 이루고 있음을 주목하시기를 바랍니다. 삼손은 수수께끼의 답을 "부모에게도 풀어 고하지 아니하고"(6, 9, 16) 그 비밀을 마음 속에 간직하고 있었습니다. ㉠ "수수께끼를 알고자" 꾀던 것이, 본문에서는 "그 힘의 근본"(9하)이 무엇인가를 알아내려는 꾐으로 바뀌었을 뿐입니다. 성경은 말씀합니다. ㉡ "이 비밀은 만세와 만대로부터 옴으로 감취었던 것인데 이제는 그의 성도들에게 나타났고 하나님이 그들로 하여금 이 비밀의 영광이 이방인 가운데 어떻게 풍성한 것을 알게 하려 하심이라 이 비밀은 너희 안에 계신 그리스도시니 곧 영광의 소망이니라"(골 1:26-27). 그렇습니다. 그리스도인들이란 이 "비밀"을 간직하고 있는 자들입니다. 디모데전서에서는 "믿음의 비밀을 가진 자라야 할지니"(딤전 3:9) 하십니다. 우리는 이 비밀을 "음행 하는 자와 혹 한 그릇 식물을 위하여 장자의 명분을 판 에서와 같이"(히 12:16) 팔아버릴 수는 없는 것입니다.

② "날마다 그 말로 그를 재촉하여 조르매 삼손의 마음이 번뇌하여 죽을 지경이라"(16). 이럴 경우 최상책이 무엇인지 형제는 알고 있습니까? 성경은 말씀합니다. ㉠ "내가 깨달은즉 마음이 올무와 그물 같고 손이 포승 같은 여인은 사망보다 독한 자라 하나님을 기뻐하는 자는 〈저를 피하려니와〉 죄인은 저에게 잡히리로다"(전 7:26). 그렇습니다. ㉡ "오직 너 하나님의 사람아 이것들을 〈피하고〉 의와 경건과 믿음과 사랑과 인내와 온유를 좇으며"(딤전 6:11) 합니다. 삼손은 그 자리를 박차고 뛰쳐나왔어야만 옳았습니다. 요셉을 보십시오. "그 여인이 그 옷을

잡고 가로되 나와 동침하자 요셉이 자기 옷을 그 손에 버리고 도망하여 나가매"(창 39:12).

③ 그러나 삼손은 진정을 실토하고야 맙니다. ㉠ "내 머리에는 삭도를 대지 아니하였나니 이는 내가 모태에서 하나님의 나실인이 되었음이라"(17상) 합니다. 삼손은, "태에서 나옴으로부터 죽을 날까지 하나님께 바치운 나실인"(13:7)이라는 자신의 정체성(正體性)을 알고 있었단 말인가? ㉡ "만일 내 머리가 밀리 우면 내 힘이 내게서 떠나고 나는 약하여져서 다른 사람과 같으리라"(17하) 합니다. 여기서 우리는 마땅히 물어야만 합니다. 삼손에게 있는 큰 힘이 "삭도를 대지 아니한 머리칼"에서 나오는가? 아니면 하나님께 받쳐진 나실인이기 때문에 그 힘의 근본이 하나님께로 말미암아서인가?

셋째 단원(18-22) 사탄의 종노릇하는 인간상

"들릴라가 삼손의 진정을 다 토함을 보고 보내어 블레셋 사람의 방백들을 불러 가로되 삼손이 내게 진정을 토하였으니 이제 한 번 만 올라오라 블레셋 방백들이 손에 은을 가지고 여인에게로 올라 오니라"(18).

① "들릴라가 삼손을 자기 무릎을 베고 자게 하고 사람을 불러 그 머리털 일곱 가닥을 밀고 괴롭게 하여본즉 그 힘이 없어졌더라"(19) 합니다. ㉠ "들릴라가 가로되 삼손이여 블레셋 사람이 당신에게 미쳤느니라 하니 삼손이 잠을 깨며 이르기를 내가 전과 같이 나가서 몸을 떨치리라 하여도, ㉡ 여호와께서 이미 자기를 떠나신 줄을 깨닫지 못하였더라"(20) 합니다. "여호와께서 이미 자기를 떠나신 줄을 깨닫지 못하고, 내가 전과 같이 나가서 몸을 떨치리라" 말하고 있다는 것은 얼마나 비극적인 일입니까? 성경을 상고하다보면 공통적인 증상이 "알지 못한다"

는 데 있음을 깨닫게 됩니다. 어떤 철인이 "나는 내가 아무 것도 모른다는 이것 하나만은 알고 있는데 다른 사람들은 그것조차도 모르더라"고 했다는 말은 음미해볼 만합니다. 호세아 선지자는 이렇게 말씀합니다. "저는 이방인에게 그 힘이 삼키웠으나 알지 못하고 백발이 얼룩얼룩할지라도 깨닫지 못하는도다"(호 7:9). 이를 알았기에 시편 기자는 이렇게 기도했습니다.

하나님이여 나를 살피시사 내 마음을 아시며
나를 시험하사 내 뜻을 아옵소서
내게 무슨 악한 행위가 있나 보시고
나를 영원한 길로 인도하소서(시 139:23-24)

② "블레셋 사람이 그를 잡아 그 눈을 빼고 끌고 가사에 내려가 놋줄로 매고 그로 옥중에서 맷돌을 돌리게 하였더라"(21). 이 모습은 다름이 아니라 "사탄의 노예가 된 인간상" 바로 그 모습입니다. 유다의 마지막 왕 시드기야의 모습은 어떠한가? "시드기야의 아들들을 저의 목전에서 죽이고 시드기야의 두 눈을 빼고 사슬로 결박하여 바벨론으로 끌어갔더라"(왕하 25:7) 합니다. 성경은 말씀합니다. "또 죽기를 무서워하므로 일생에 매여 종노릇하는 모든 자들을 놓아주려 하심이니"(히 2:15). 영적으로 이런 상태에 처해있기 때문에 눈이 있어도 보지를 못하는 것입니다. 그럼에도 불구하고 사람들은 자신이 "소경"된 것조차도 알지를 못하고 있습니다. 주님은 말씀합니다. "너희가 소경 되었더면 죄가 없으려니와 본다고 하니 죄가 그저 있느니라"(요 9:41).

③ "그의 머리털이 밀리운 후에 다시 자라기 시작하니라"(22) 합니다. 그래서 어쨌다는 것인가? 이 말씀을 통찰력을 가지고 살펴보아야만 합니다. 이를 깨닫기 위해서는 "나실인"의 규례를 알아야만 합니다. 나

실인이란 구별하여 하나님께 바쳐진 자입니다. 그러므로, ㉠ "그 부모 형제 자매가 죽은 때에라도 그로 인하여 몸을 더럽히지 말 것이니 이는 자기 몸을 구별하여 〈하나님께 드리는 표가 그 머리에〉 있음이라"(민 6:7) 합니다. 그러니까 삭도를 대지 아니한 "머리"는 그가 나실인이라는 "표"라는 것입니다. 그런데 삼손의 머리가 밀렸다는 것은 나실인으로서의 서원을 파기한 것이 됩니다. 그래서 "그 힘"도 떠났던 것입니다. 삼손은 "믿음의 비밀"(딤전 3:9)을 누설함으로 나실인의 특권을 상실하고 말았습니다. 성경은 말씀합니다. ㉡ "자기 몸을 구별한 때에 그 몸을 더럽혔은즉 지나간 날은 무효(無效)니라"(민 6:12). 그러니까 삼손의 머리가 "다시 자라기 시작하니라"는 말은, 이제까지는 무효가 되고, 나실인으로서 다시 시작했다는 뜻이 됩니다. 눈이 빼냄을 당하고, 놋줄에 묶여, 옥중에서, 맷돌을 돌리면서 삼손은 무엇을 생각했을 것인가? 비로소 하나님 앞에 철저하게 깨어지고 부서지는 회개를 했을 것입니다. 즉 이 모습 이대로 하나님께 드리겠나이다 하는 나실인의 서원을 다시 시작했을 것이라는 말씀입니다.

넷째 단원(23-31) **함께 죽기를 원하나이다**

"블레셋 사람의 방백이 기로되 우리의 신이 우리 원수 삼손을 우리 손에 붙였다 하고 다 모여 그 신 다곤에게 큰제사를 드리고 즐거워하고"(23).

① 본 단원에는 핵심적인 말씀이 둘이 있는데, "우리의 신"이라는 말과, "죽기를 원하나이다"(30) 하는 말입니다. "우리의 신", 즉 블레셋 사람들이 섬기는 우상을 가리키는 "신"이라는 언급이 네 번(23, 23, 24, 24)이나 나옵니다.

② 23절을 영적 논리로 음미해보시기 바랍니다. 블레셋 방백들은, ㉠ "우리의 신이, ㉡ 우리 원수 삼손을 우리 손에 붙였다 하고", ㉢ 다 모여 그 신 다곤에게 큰 제사를 드리고, ㉣ 즐거워하고, 우리의 신이 우리 손에 붙였다하고 자기 신을 찬송"했다는 것입니다. 저들은 결코 자신들의 승리로 여기고 있거나, 그 영광을 자신들에게 돌리고 있지 아니합니다. "우리의 신"의 승리로 여기고 있으며, 그리하여, "자기 신을 찬송"(24) 하고 있는 것입니다.

③ 여기서 어떠한 깨달음을 얻게 됩니까? 이는 삼손의 명예가 걸려있는 삼손의 싸움이 결코 아니라는 점입니다. 하나님의 거룩하신 이름과 영예가 걸려있는 하나님의 싸움이라는 말씀입니다. 그러므로 하나님은 말씀하십니다. ㉠ "내가 나를 위하며 내가 나를 위하여 이를 이룰 것이라 어찌 내 이름을 욕되게 하리요 내 영광을 다른 자에게 주지 아니하리라"(사 48:11). 이를 알았기에, ㉡ "다윗이 블레셋 사람에게 이르되 너는 칼과 창과 단창으로 내게 오거니와 나는 만군의 여호와의 이름 곧 네가 모욕하는 이스라엘의 군대의 하나님의 이름으로 네게 가노라, 전쟁은 여호와께 속한 것인즉 그가 너희를 우리 손에 붙이시리라"(삼상 17:45-47) 선언했던 것입니다. 성경은 삼손을 실패자로, 그렇다고 승리자로 기록하고 있지 아니합니다. 그는 다만 "구원하기 시작"(13:5)한 자일뿐입니다. 블레셋과의 전쟁은 다윗 때에 이르러 온전히 승리를 거두게 되는 것입니다.

④ 삼손의 최후 기도와, 최후의 장면은 이런 맥락에서 고찰되어야만 합니다. 삼손은 "집을 버틴 두 기둥"을 붙잡고 이렇게 기도했습니다. "주 여호와여 구하옵나니 나를 생각하옵소서 하나님이여 구하옵나니 이번만 나로 강하게 하사 블레셋 사람이 나의 두 눈을 뺀 원수를 단번에 갚게 하옵소서"(28). 삼손은, "나를 생각하사, 나의 두 눈을 뺀 원수"를 갚게 해달라고 구하고 있습니다. 이 기도를 새 언약의 빛을 받아 보

게 되면 부족하기 이를 데가 없습니다. 그러므로 이를 옛 언약이라는 희미한 등불과, 사사시대라는 어두운 배경 하에서 바라보아야만 하는 것입니다. 그러므로 성경은 말씀합니다. "이는 하나님이 우리(신약의 성도들)를 위하여 더 좋은 것을 예비하셨은즉 우리가 아니면 저희(구약의 성도들)로 온전함을 이루지 못하게 하려 하심이니라"(히 11:40).

⑤ 그러므로 구약을 해석할 때는 "수건이 벗어진 마음"(고후 3:15)으로 해석해야만 그 빛을 볼 수가 있습니다. 유대인 학자들처럼 해석한다는 것은 그리스도를 부인하는 것이 되고 맙니다. 하나님께서 삼손에게 힘을 회복시켜주셔서 신전(神殿)을 무너지게 하신 것은, ㉠ 삼손을 생각하시고 삼손의 원수를 갚으시기 위해서가 아닙니다. 성경은 말씀합니다. "내가 이렇게 행함은 너희를 위함이 아니요 너희가 들어간 그 열국에서 더럽힌 나의 거룩한 이름을 위함이라 열국 가운데서 더럽힘을 받은 이름 곧 너희가 그들 중에서 더럽힌 나의 큰 이름을 내가 거룩하게 할지라 내가 그들의 목전에서 너희로 인하여 나의 거룩함을 나타내리니 열국 사람이 나를 여호와인줄 알리라 나 주 여호와의 말이니라"(겔 37:22-23).

나실인의 사명

① 다시 한 번 삼손은, "태에서 나옴으로부터 하나님께 바치운 나실인"임을 상기하시기 바랍니다. ㉠ 하나님은 잃었던 나실인의 신분과 능력을 회복시켜주신 것입니다. 그리고 나실인의 사명이란 살아도 하나님의 영광을 위하여 살고, 죽어도 하나님의 영광을 위하여 죽는 자입니다. 그러므로 삼손의 최후의 한마디는, ㉡ "죽기를 원하노라"(30)는 말이었습니다. 삼손은 나실인의 신분으로 죽었으며, 그러므로 죽음으로, "삼손이 죽을 때에 죽인 자가 살았을 때에 죽인 자보다 더욱 많았더라"(30)

를 통해서 자신이 더럽혔던 하나님의 거룩하신 이름을 영화롭게 했던 것입니다.

② "그 집에는 남녀가 가득하니 블레셋 모든 방백도 거기 있고 지붕에 있는 남녀도 삼천 명 가량이라"(27) 합니다. 말하자면 블레셋의 고관들이 다 모였을 것입니다. 그리고 "다곤! 다곤! 우리 신"을 환호했을 것입니다. 삼손은 그들을 순식간에 "벙어리"되게 한 것입니다. 이 사건을 통해서 블레셋 사람들은 어느 신이 참 신인가를 깨닫게 되었는가?

③ 십자가를 앞에 놓고 주님은 이렇게 기도하셨습니다. "아버지여 나를 구원하여 이 때를 면하게 하여 주옵소서 그러나 내가 이를 위하여 이 때에 왔나이다 아버지여 아버지의 이름을 영광스럽게 하옵소서"(요 12:27-28). 삼손은 자신의 죄를 인하여 이런 고난을 당했으나, 예수 그리스도께서는 우리들의 죄 값을 대신하여 죽으신 것입니다. 바벨론에 포로로 끌려간 자들은 이렇게 기도했습니다.

여호와여 영광을 우리에게 돌리지 마옵소서
우리에게 돌리지 마옵소서
오직 주의 인자하심과 진실하심을 인하여
주의 이름에 돌리소서
어찌하여 열방으로 저희 하나님이
이제 어디 있느냐 말하게 하리이까
저희 우상은 은과 금이요
사람의 수공물이라
입이 있어도 말하지 못하며
눈이 있어도 보지 못하며
귀가 있어도 듣지 못하며
코가 있어도 맡지 못하며

손이 있어도 만지지 못하며
발이 있어도 걷지 못하며
목구멍으로 소리도 못하느니라
우상을 만드는 자와 그것을 의지하는 자가
다 그와 같으리로다(시 115:1-8)

④ 성경은 우리를 향해 이렇게 말씀합니다. ㉠ "너희는 너희의 것이 아니라 값으로 산 것이 되었으니 그런즉 너희 몸으로 하나님께 영광을 돌리라"(고전 6:19-20). 그렇습니다. 모든 그리스도인들이란, ㉡ "우리 중에 누구든지 자기를 위하여 사는 자가 없고 자기를 위하여 죽는 자도 없도다 우리가 살아도 주를 위하여 살고 죽어도 주를 위하여 죽나니 그러므로 사나 죽으나 우리가 주의 것이로라"(롬 14:7-8) 하고 고백하는 "나실인"들인 것입니다.

⑤ 사사기의 본론을 마치면서, 간악한 사탄이 그토록 알아내려던 두 가지 비밀이 우리들에게는 어떻게 적용이 되는가 하는 점입니다. 첫째는, ㉠ 그리스도인들에게 있는 그 큰 힘이 무엇으로 말미암음인가 하는 점입니다. 삼손의 힘의 원천이 머리칼에서 나오는 것이 아니라 "나실인" 이기 때문에 하나님으로 말미암음같이, 우리에게 있는 힘도 그리스도로 말미암음이라는 사실입니다. 둘째는, ㉡ 어떻게 하면 사탄에게 패배하지 않고 승리할 수 있는가 하는 점입니다. 사탄의 유혹에 넘어가지 않고 끝까지 믿음의 비밀을 지키는 일입니다. 마지막으로 삼손이, ㉢ "함께 죽기를 원하노라" 한 결단이 남았습니다.

주님은 말씀합니다. "누구든지 제 목숨을 구원코자 하면 잃을 것이요 누구든지 나와 복음을 위하여 제 목숨을 잃으면 구원하리라"(막 8:35).

사사기 17장 개관도표

주제 : 신분과 사명을 망각하고 타락한 레위인

미가의 집에 있는 신당과 신상 (1-6)

에브라임 산지에 미가라 이름하는 사람이 있더니(1)

어머니께서 은 일천일백을 잃어버리셨으므로
저주하시고 내 귀에도 말씀하셨더니
그 은이 내게 있나이다 내가 그것을 취하였나이다

내 아들이 여호와께 복 받기를 원하노라(2)

미가가 은 일천일백을 그 어미에게 도로 주매

어미가 가로되 내가 내 아들을 위하여
한 신상을 새기며 한 신상을 부어 만들 차로
내 손에서 이 은을 여호와께 거룩히 드리노라(3)

어미가 그 은 이백을 취하여 은장색에게 주어
한 신상을 새기며 한 신상을 부어 만들었더니

그 신상이 미가의 집에 있더라(4)
이 사람 미가에게 신당이 있으므로
또 에봇과 드라빔을 만들고
한 아들을 세워 제사장을 삼았더라(5)

그 때에는 이스라엘에 왕이 없으므로 사람마다
자기 소견에 옳은 대로 행하였더라(6)

신당의 제사장이 된 레위인 (7-13)

유다 베들레헴에 한 소년이 있으니
그는 레위인으로서 거기 우거하였더라(7)

이 사람이 거할 곳을 찾고자 하여
그 성읍 유다 베들레헴을 떠나서 행하다가
에브라임 산지로 가서 미가의 집에 이르매(8)

미가가 그에게 묻되 너는 어디서부터 오느뇨

그가 이르되 나는 유다 베들레헴의
레위인으로서 거할 곳을 찾으러 가노라(9)

미가가 그에게 이르되 네가 나와 함께 거하여
나를 위하여 아비와 제사장이 되라 내가 해마다
은 열과 의복 한 벌과 식물을 주리라 하므로
레위인이 들어갔더니(10)

레위인이 그 사람과 함께 거하기를
만족히 여겼으니 이는 그 소년이
미가의 아들 중 하나같이 됨이라(11)

미가가 레위인을 거룩히 구별하매 소년이
미가의 제사장이 되어 그 집에 거한지라(12)

이에 미가가 가로되 레위인이 내 제사장이 되었으니
이제 여호와께서 내게 복 주실 줄을 아노라 하니라(13)

17장

신분과 사명을 망각하고 타락한 레위인

[12]미가가 레위인을 거룩하게 구별하매 소년이 미가의 제사장이 되어 그 집에 거한지라.

사사기의 본론은 사사 삼손의 죽음과 함께 16장으로 끝을 맺고, 17-21장까지는 사사기의 부록이라 할 수가 있습니다. 여기에는 두 가지 기사가 수록되어 있는데, 두 기사 모두에 그동안 보이지 않던 "레위인"이 등장을 하고 있음을 주목해야만 합니다. 한 레위인은 미가의 집에 있는 신당의 제사장(17-18장)이 되고, 어떤 레위인은 그의 첩으로 인하여 동족상잔(19-21장)을 일으키는 장본인이 됩니다. 한마디로 사사기에 등장하는 "레위인"은 순기능(順機能)으로 행하고 있는 것이 아니라 역기능(逆機能)으로 행하고 있는 것입니다. 그러므로 부록에는 후렴과 같은 말씀이 네 번 나오는데, "그 때에는 이스라엘에 왕이 없으므로 사람마다 자기소견에 옳은 대로 행하였더라"(17:6, 18:1, 19:1, 21:25)는 말씀입니다. 바로 레위인이 그렇게 행하였던 것입니다.

부록의 기사는 연대순으로 된 것이 아닙니다. 삼손이 사사가 된 때는 여호수아가 죽은 지 300년이 지난 사사시대의 말기입니다. 그런데 20:28절에, 여호수아서에 등장(수 22:32)하는 "아론의 손자 엘르아살의 아들 비느하스(대제사장으로)가 그 앞에 모셨더라" 하고 말씀하는 것으로 미루어 볼 때 이 사건들은 사사시대 초기에 있었던 것으로 추정이 됩니다. 그렇다면 이 부록을 수록한 의도가 무엇인가 하는 점입니다. 첫째는, 타락하고 부패한 사사시대의 책임이 신앙의 지도자로 세움 받은 "레위인들"이 신분과 사명을 망각하고 타락한데 있다는 점과, 둘째는, 인간이란 전적타락하고 부패하여 자력구원의 불가능성을 보여주기 위함이라 할 수가 있습니다. 그러므로 본 장의 주제가, "신분과 사명을 망각하고 타락한 레위인"이 될 수가 있습니다. 이를 두 단원으로 나누어 상고하겠습니다.

첫째 단원(1-6) **미가의 집에 있는 신당**
둘째 단원(7-13) **신당의 제사장이 된 레위인**

첫째 단원(1-6) **미가의 집에 있는 신당**

"에브라임 산지에 미가라 이름하는 사람이 있더니"(1).

① 그 어미가 "은 일천 일백을 잃어버림"으로, 그 돈 훔친 자를 저주를 합니다. 그런데 저주가 두려워서였을까요? 그 아들이 자신의 소행임을 실토합니다. 어머니도 자신이 발한 "저주"가 아들에게 미칠까 두려워서였을까요? "내 아들이 여호와께 복 받기를 원하노라"(2) 합니다.

② 본 장에서 우리가 비상한 관심을 가지고 관찰해야할 점이 있습니다. 그것은 다름이 아니라, 저들이 변명의 여지가 없는 우상숭배를 하고 있으면서도, "여호와"의 이름을 부르면서 하나님을 섬기고 있는 줄로

혼동(混同)과 착각(錯覺)을 하고 있다는 점입니다. 이점을 어찌하여 비상한 관심을 가지고 살펴보아야만 하는가? 우리 자신도 이러한 혼동과 착각에 빠져있는 것은 아닌가 하는 우려(憂慮) 때문입니다.

③ 잃었다가 찾은 은 일천 일백으로, "내 아들을 위하여 한 신상을 새기며 한 신상을 부어 만들겠다"(3상)고 말합니다. 아마 저주가 임할까보아, 달리 말하면 액땜을 하기 위해서인 듯합니다. 도표에서 보시는 바대로 본 단원에는 "신상"이라는 말이 5번이나 강조되어 있습니다. 그러면서 하는 말이, "내 손으로 이 은을 여호와께 거룩히 드리노라"(3하)고 말하고 있는 것입니다. "신상을 만들기 위해서" 돈을 쓰면서, 이것을 "여호와가 드리노라"(3하), 그것도 "거룩히" 드린다고 말하는 것이 얼마나 끔찍한 일입니까? 그런데도 "내 아들이 여호와께 복 받기를 원하노라"(2하, 13) 하고 그렇게 하면, 하나님이 복 주실 것을 믿고 있는 것입니다.

④ "그 어미가 은 이백을 취하여 은장색에게 주어 신상을 새기며 한 신상을 부어만들었더니 그 신상이 미가의 집에 있더라"(4) 합니다. 이는 재고의 여지가 없는 사신 우상을 섬기는 일입니다. 그러면서도 저들은 분별력이 없어 자신들의 신앙이 잘못 된 줄을 모르고 있습니다. 지극히 정상적인 일로, 잘하는 일로, 심지어 충성하고 있는 듯한 느낌마저 갖게 합니다.

⑤ "이 사람 미가에게 신당이 있으므로 또 에봇과 드라빔을 만들고 한 아들을 세워 제사장을 삼았더라"(5) 합니다. "신당(神堂)이 있고, 그 곳에 안치해놓을 신상(神像)을 만들고, 섬길 제사장(祭司長)을 세우고, 그가 입을 에봇"을 만들었으니 모든 것을 구비한 셈입니다. 이렇게 하는데 "은 일천 일백"이라는 거금을 헌납한 셈입니다.

⑥ 이는 사사시대의 신앙상태가 얼마나 혼합종교(混合宗敎) 화하였는가를 보여주고 있습니다. 어찌하여 이처럼 혼합종교가 되어버렸는

가? 가나안 땅에 정착하게 된, "이스라엘 자손은 마침내 가나안 사람과 헷 사람과 아모리 사람과 브리스 사람과 히위 사람과 여브스 사람 사이에 거하여 그들의 딸들을 취하여 아내를 삼으며 자기 딸들을 그들의 아들에게 주며 또 그들의 신들을 섬겼기"(3:5-6) 때문입니다. 다시 말하면, "그 후에 일어난 다른 세대는 여호와를 알지 못하며 여호와께서 이스라엘을 위하여 행하신 일도 알지 못하였더라"(2:10)한 무지(無知) 때문입니다. 이 무지를 호세아 선지자는, "내 백성이 지식이 없으므로 망하는도다"(호 4:6) 하고 탄식했던 것입니다. 이처럼 "여호와를 알지 못하게" 된 책임이 누구에게 있는가를 다음 단원에서 보게 될 것입니다.

둘째 단원(7-13) **신당의 제사장이 된 레위인**

"유다 가족에 속한 유다 베들레헴에 한 소년이 있으니 그는 레위인으로서 거기 우거하였더라"(7).

① 사사기에 있어서 "레위인"이 처음으로 등장하는 장면입니다. 이 레위인은 유다 베들레헴에 살고 있던 사람입니다. 그런데 베들레헴을 떠나서 에브라임(1)으로 온 것입니다. 그가 누구인가는 이 기사 말미(末尾)에 가서 밝혀주고 있는데(18:30) 이를 대하는 우리의 심정은 참담할 뿐입니다. 이렇게 레위인이 방황하게 된 것은 "거할 곳을 찾고자"(8상, 9), 즉 생활고 때문이었습니다. 이점에서 레위인의 신분과 사명을 다시 한 번 상기하고 명심할 필요가 있습니다.

② 레위인의 규례가 민수기에 자세하게 기록이 되어 있습니다. "그들은 이스라엘 자손 중에서 내게 온전히 드린 바 된 자라 이스라엘 중 일절 초태생 곧 모든 처음 난자의 대신으로 내가 그들을 취하였나니"(민 8:16) 하십니다. "초태생 대신으로 취하셨다"는 말씀이 무슨 뜻인가?

애굽의 초태생(장자)이 죽임을 당할 때에 이스라엘의 초태생은 살아남을 수가 있었습니다. 왜냐하면 유월절 양이 대신 죽임을 당했기 때문입니다. 그렇다면 "초태생"은 피로 값을 주고 산 하나님의 소유라는 것입니다. 그런데 그 초태생들 대신으로 "레위인"을 받으신 다는 뜻입니다. "아론이 이스라엘 자손을 위하여 레위인을 요제로 여호와 앞에 드릴지니 이는 그들로 여호와를 봉사케 하기 위함이라"(민 8:11) 하십니다. 이를 신약적으로 말한다면 "너희는 너희의 것이 아니라 값으로 산 것이 되었으니 그런즉 너희 몸으로 하나님께 영광을 돌리라"(고전 6:20)는 헌신자가 된 것입니다.

③ 가나안에 정착하여 땅을 분배할 때에 레위 지파에게는 기업이 주어지지 않았습니다. "기업도 없겠고 그들 중에 아무 분깃도 없을 것이나 나(하나님)는 이스라엘 자손 중에 네 분깃이요 네 기업이니라"(민 18:20) 하십니다. 즉 레위 지파에게는 "하나님" 자신을 기업으로 주시겠다는 말씀입니다. 그리하여 레위인들은, "내가 이스라엘의 십일조를 레위 자손에게 기업으로 다 주어서 그들의 하는 일 곧 회막에서 하는 일을 갚나니"(민 18:21) 하고 백성들이 하나님께 드린 십일조로 살아가게 하셨습니다.

④ 그들이 거할 곳도, "레위 사람의 이스라엘 자손의 기업 중에서 얻은 성읍이 모두 사십 팔 성읍이요 또 그 들이라"(수 21:41) 한대로, 레위인들은 한 곳에 모여 산 것이 아니라 각 지파가 받은 기업 중에서 나누어준 48개 성읍에 흩어져 살면서, 그들이 드린 십일조로 생활을 하게 하신 것입니다. 48개 성읍 중에는 6개의 "도피성"이 포함되어 있었습니다. 하나님께서 이렇게 명하셨던 것입니다. 이렇게 하신 의도는 이스라엘 모든 지파가 레위인들 가까이 살면서 그들의 신앙지도를 받게 하시기 위해서였습니다.

레위인의 사명

① 그런데 유다 베들레헴에 살고 있던 레위인이 "거할 곳을 찾고자" 방황하고 있다는 것은, 백성들이 드려야할 십일조를 바치지 않았기 때문이요, 레위인이 제 위치를 이탈하고 사명을 감당하지 않았다는 증거가 됩니다.

② "미가가 그에게 이르되 네가 나와 함께 거하여 나를 위하여 아비와 제사장이 되라 내가 해마다 은 열과 의복 한 벌과 식물을 주리라"(10상) 하고 제의합니다. 이럴 경우 진실한 레위인이라면 어떻게 반응했어야 마땅합니까? ㉠ 기드온에게 명하심과 같이 당장에 "신당을 헐고, 신상을 부스고, 흠 없는 양으로 속죄제를 드렸어야"(6:25-26) 마땅합니다. 그런데, ㉡ "레위인이 들어갔더라 레위인이 그 사람과 함께 거하기를 만족히 여겼다"(10하-11)고 말씀합니다. 형제는 "미가와 레위인" 중에서 누구의 잘못이 더 크고, 누가 더 중한 심판을 받아 마땅하다고 여겨지십니까? 주님은 말씀하십니다. "화 있을진저 외식하는 서기관들과 바리새인들이여 너희는 교인 하나를 얻기 위하여 바다와 육지를 두루 다니다가 생기면 너희보다 배나 더 지옥 자식이 되게 하도다"(마 23:15).

③ "미가가 레위인을 거룩히 구별하매"(12상) 합니다. "거룩히 구별하매"라는 묘사에서 제의적(祭儀的)인 경건성 마저 느껴지지 않습니까? "소년이 미가의 제사장이 되어 그 집에 거한지라"(12하) 합니다. 이제 미가의 집에는 "신당도 있고, 신상도 있고 에봇도 있고, 레위 제사장도 있게" 된 것입니다. 그야말로 구비하여 온전해진 셈입니다. 미가는 레위인이 아닌 "한 아들"(5)로 제사장을 삼은 것이 마음에 꺼림직 했던 모양입니다.

④ "이에 미가가 가로되 레위인이 내 제사장이 되었으니 이제 여호

와께서 내게 복 주실 줄을 아노라"(13) 합니다. 이것을 믿음이라 할 수가 있겠습니까? 또 한가지, 이들은 엄청난 잘못을 범하고 있으면서도 "복, 복"(2, 13) 하면서 축복만을 추구하고 있다는 점입니다.

⑤ 자, 이제 생각해보아야만 하겠습니다. 17장을 통해서 전형적인 샤만이즘 적인 신앙형태, 기복적인 신앙관을 대하게 됩니다. 사사시대 미가라는 한 집에 있었던 일을, 성령께서 많은 지면을 할애하여 기록하게 하신 의도가 무엇이겠습니까? 지금 우리는 남의 이야기를 하고 있는 것이 아닙니다. "네 집에는 신당이 없느냐, 모셔놓은 신상은 없느냐" 묻고 있는 것입니다. 우리 모두는 단호하게 "없다"고 대답할 것입니다. 그러면 이렇게 물으실 것입니다. "우상의 신당이나, 하나님의 성전은 건물이 아니라 네 마음이다 네 마음에도 신당과 신상이 없다고 말할 수가 있느냐?". 그리고 성경은 말씀합니다. "탐심은 우상숭배니라"(골 3:5).

⑥ 이런 오류를 범하게 된 근본적인 원인이 어디에 있는가? "그 때에는 이스라엘에 왕이 없으므로 사람마다 자기 소견에 옳은 대로 행하였더라"(6), 즉 하나님의 임재를 상실했기 때문이라는 것입니다. 그래서 제 멋대로 행했다는 것입니다. 현대교회 지도자들은 각 사람의 마음에 도사리고 있는 신당과 신상을 부서 버리기는커녕 오히려 "만족히 여기고"(11) 있는 것은 아닌가 심각하게 고민해 보아야만 할 것입니다.

⑦ "이제 여호와께서 내게 복 주실 줄을 아노라"(13), 과연 하나님께서 미가의 집에 복을 주실 것인가?

사사기 18장 개관도표

주제 : 미가의 신상이 단 지파의 신상이 되다

거할 땅을 구하는 단 지파	1-13 그 때에 이스라엘에 왕이 없었고	단 지파는, 거할 기업의 땅을 구하는 중이었으니 이 때까지 기업의 땅 분배함을 얻지 못하였음이라(1)
	다섯 사람을 보내어 땅을 탐지하고 살피게, 미가의 집에 이르러 거기서 유숙하니라(2) 그들이, 레위 소년의 음성을 알아듣고, 네가 여기서 무엇을 하며, 무엇을 얻었느냐(3) 나를 고빙하여 자기 제사장을 삼았느니라(4)	우리를 위하여 하나님께 물어 보아서 우리의 행하는 길이 형통할는지 알게 하라(5) 그 제사장이 그들에게 이르되 평안히 가라 너희의 행하는 길은 여호와 앞에 있느니라(6)
	라이스에 이르러 거기 있는 백성을 본즉 염려 없이 거하여 시돈 사람같이 한가하고 평안하니 그 땅에는 권세 잡은 자가 없어서 무슨 일에든지 괴롭게 함이 없고, 아무 사람과도 상관하지 아니함이라(7)	그들이, 가로대 일어나서 그들을 치러 올라가자 우리가 그 땅을 본즉 매우 좋더라(9) 하나님이 너희 손에 붙이셨느니라(10)
	단 지파 가족 중 육백 명이 병기를 띠고(11) 에브라임 산지 미가의 집에 이르니라(13)	
신상과 제사장을 탈취함	14-26 이 집에 에봇과 드라빔과 새긴 신상과 부어 만든 신상이 있는 줄을 너희가 아느냐(14) 단 자손 육백 명은 병기를 띠고 문 입구에 서니라(16)	우리와 함께 가서 우리의 아비와 제사장이 되라
	네가 한 사람의 집의 제사장이 되는 것과 이스라엘 한 지파, 한 가족의 제사장이 되는 것이 어느 것이 낫겠느냐(19)	제사장이 마음에 기뻐하여 에봇과 드라빔과 새긴 우상을 취하고 그 백성 중으로 들어가니라(20)
라이스를 강점함	27-31	단 자손이 미가의 지은 것과 그 제사장을 취하고 라이스에 이르러 한가하고 평안한 백성을 만나 칼날로 그들을 치며 불로 그 성읍을 사르되(27)
		단 자손이 자기를 위하여 그 새긴 신상을 세웠고
	모세의 손사 게르손의 아들 요나단과 그 자손은 단 지파의 제사장이 되어, 사로잡히는 날까지 이르렀더라(30) 하나님의 집이 실로에 있을 동안에 미가의 지은 바 새긴 신상이 단 자손에게 있었더라(31)	

18장

미가의 신상이 단 지파의 신상이 되다

[1]그 때에 이스라엘에 왕이 없었고 단 지파는 이 때에 거할 기업의 땅을 구하는 중이었으니 이는 그들이 이스라엘 지파 중에서 이때까지 기업의 땅 분배함을 얻지 못하였음이라.

18장은 17장의 연속적인 내용입니다. 중심점은, 미가라는 한 가정에서 섬기던 우상과 제사장이, 어떻게 해서 단 지파라는 한 지파가 섬기는 우상이 되고 제사장이 되었는가를 보여주는데 있습니다. 그러니까 적은 누룩이 온 덩어리에 퍼지게 되는 부패상을 보여주고 있습니다. 단 지파는 두 가지를 필요로 했는데 "거할 땅"(첫째 단원)이었고, 둘째는 "섬길 신"(둘째 단원)이었습니다. 그런데 "섬길 신"은 미가의 집에서 발견을 하게 되었고, 거할 땅은 "염려 없이 거하는 라이스"(셋째 단원)에서 찾게 된 것입니다. 이리하여 두 가지를 다 얻게 된 것입니다. 그런데 그들은 복을 받은 줄로 여겼을 것이나 실상은 "화 있을진저"라는 것이 18장을 통해서 하시려는 말씀입니다.

첫째 단원(1-13) **기업의 땅을 구하는 단 지파**

둘째 단원(14-26) **신상과 제사장을 탈취함**

셋째 단원(27-31) **염려 없이 거하는 라이스를 강점함**

첫째 단원(1-13) 기업의 땅을 구하는 단 지파

"단 자손이 소라와 에스다올에서부터 자기 온 가족 중 용맹 있는 다섯 사람을 보내어 땅을 탐지하고 살피게 하며 그들에게 이르되 너희는 가서 땅을 살펴 보라 하매 그들이 에브라임 산지에 가서 미가의 집에 이르러 거기서 유숙하니라"(2).

① 첫 절에서, "단 지파는 이 때에 거할 기업의 땅을 구하는 중"이었다고 말씀합니다. 그렇다면 여호수아가 단 지파에게는 "기업의 땅"을 분배하여주지 않았단 말인가? 여호수아 19:40-48절에 그들에게 분배하여준 기업이 있습니다. 그런데 사사기 1:34절에서, ㉠ "아모리 사람이 단 자손을 산지로 쫓아들이고 골짜기에 내려오기를 용납지 아니했다"는 말씀을 대하게 됩니다. 그러니까 단 지파는 분배받은 땅을 정복하지를 못하고 도리어 쫓겨나고 만 것입니다. 그리하여 그들은, ㉡ "거할 기업의 땅"을 구하는 신세가 된 것입니다. 이것이 계시록 7장에서 단 지파가 계수에서 빠지게 된 이유로 여겨집니다. 예를 들면, 바울이 마가를 데리고 가는 것을 "옳지 않다"(행 15:38) 한 것과 같다는 말씀입니다.

② 단 자손이 "용맹 있는 다섯 사람"을 대표자로 선출하여 "거할 기업의 땅"을 정탐하게 합니다. 그들이 "에브라임 산지에 가서 미가의 집에 유숙"(2하) 하게 된 것입니다. 그리고 그 집에 제사장으로 있는 레위 소년을 만나게 되어 세 가지를 묻습니다. ㉠ "누가 너를 이리로 인도하였으며", ㉡ "네가 여기서 무엇을 하며", ㉢ "여기서 무엇을 얻었느

냐"(3) 합니다. 단 지파 사람들이 어떤 의도에서 물었든지 간에 이 세 가지 질문은 자신의 정체성과, 사명을 점검하기 위한 체크리스트와 같은 중요한 질문이라 할 것입니다.

③ "누가 너를 이리로 인도하였으며", 레위 소년이 미가의 집에 오게 된 것을, ㉠ "하나님의 인도하심"이라 말할 수는 없을 것입니다. 그런데 레위 소년은 하나님께서 나를 이곳으로 인도해주셨다고 여기지 않을까요? 왜냐하면, 바로 우리 자신들이 자기 마음대로, 제 생각대로하면서도 하나님의 뜻이라, 섭리라, 인도하심이라고 제멋대로 말하고 있기 때문입니다. ㉡ "네가 여기서 무엇을 하며", 그는 미가의 집에 와서 사신 우상의 제사장 노릇을 하고 있는 것입니다. 그러면서도 자기 딴에는 하나님을 섬기고 있노라고 여기고 있지는 않았을까요? ㉢ "여기서 무엇을 얻었느냐", "해마다 은 열과 의복 한 벌과 식물"(10)을 얻게 된 것입니다. 이는 먹고살기 위한 직업적인 삯군, 즉 "한 그릇 식물을 위하여 장자의 명분을 판 에서와 같이 망령된 자"(히 12:16)가 되고 만 것입니다. 이를 본인 자신도 "고빙(고용)된 제사장"(4)이라 말함으로 삯군임을 시인하고 있습니다. 만일 레위 소년이 세 가지 질문을 통해서 자신을 점검해보았다면 정신을 차리게 되었을 것입니다. 그리고 단 지파 사람들도 이 소년이 타락한 레위인임을 깨달았을 것입니다.

④ 그럼에도 불구하고, "그들이 그에게 이르되 청컨대 우리를 위하여 하나님께 물어보아서 우리의 행하는 길이 형통할는지 우리에게 알게 하라"(5) 하고 말하는 것을 보게 됩니다. "하나님께 물어보아", 즉 기도(신탁)부탁을 하고 있는 것입니다. 얼마나 "가련하고, 미련하고, 끔찍한" 일입니까! 하나님은 말씀하십니다. "인자야 이 사람들이 자기 우상을 마음에 들이며 죄악의 거치는 것을 자기 앞에 두었으니 그들이 내게 묻기를 내가 조금인들 용납하랴"(겔 14:3).

⑤ "그 제사장이 그들에게 이르되 평안히 가라 너희의 행하는 길은

여호와 앞에 있느니라"(6) 합니다. 이는 거짓말입니다. 차라리 "하나님, 여호와"의 이름을 들먹이지 않았으면 좋겠습니다. 그들이 부르고 있는 하나님이, "나는 아브라함의 하나님, 이삭의 하나님, 야곱의 하나님"이라 하신 그 하나님이겠습니까? 이로 보건대 언약에 근거하지 않은 하나님이란, 자신들이 만든 동명이인(同名異人)의 하나님에 불과하다는 점을 명심해야만 합니다. 이런 자들을 가리켜 성경은, "악한 사람들과 속이는 자들은 더욱 악하여져서 속이기도 하고 속기도 하나니"(딤후 3:13) 하고 말씀합니다.

염려 없이 평안히 사는 사람들

① "이에 다섯 사람이 떠나 라이스에 이르러 거기 있는 백성을 본즉"(7상) 합니다. ㉠ 본래 단 지파에게 분배된 기업은 에브라임과 유다 사이에 끼어 있는 남쪽 지중해 변입니다. 그런데 정탐꾼이 이른 "라이스"는 북쪽 납달리 지파의 기업에 인접해 있는 곳입니다."거할 땅"을 얻기 위해서 그곳까지 올라간 것입니다. 그곳에서, ㉡ "염려 없이, 한가하고 평안"(7중)히 살아가고 있는 한 족속을 만나게 된 것입니다.

② 어떻게 그들이 "염려 없이, 평안히" 살아가고들 있었는가? ㉠ "그 땅에는 권세 잡은 자가 없어서 무슨 일이든지 괴롭게 함이 없었기" 때문이라는 기막힌 말씀을 듣게 됩니다. 이는 결코 무심한 말씀이 아닙니다. 이 말씀은, ㉡ 삼무엘상 8:10절 이하에서 말씀하고 있는 "왕의 제도"와 결부해서 생각해야할 말씀입니다.

③ 이스라엘의 장로들이 모여 사무엘에게, "열방과 같이 우리에게 왕을 세워 우리를 다스리게 하소서" 하고 "왕"을 요구했습니다. 그들은 사사기에 후렴처럼 등장하는 바와 같이 자신들에게는 다스리는 "왕이 없는" 줄로 여기는 불신앙에 빠져 있었던 것입니다. 하나님은 사무엘에게,

"그들이 너를 버림이 아니요 나를 버려 자기들의 왕이 되지 못하게 함이니라"(삼상 8:5-7) 하고 저들의 잘못을 분명하게 지적하셨습니다. 이어서 어찌하여 왕을 세우시지 않으셨는지, 왕을 세우면 어떤 폐단이 있게 되는지를 저들에게 말해 주라 하십니다.

④ "너희를 다스릴 왕의 제도가 이러하니라" 하고 말씀하는 삼상 8:10-18절을 보면, ㉠ "그(왕)가 너희 아들을 취하여"(11), ㉡ "그가 또 너희 딸들을 취하여"(13), ㉢ "그가 또 너희 밭과 포도원과 감람원의 제일 좋은 것을 취하여"(14), ㉣ "그가 또 십일조를 취하여"(15), ㉤ "그가 또 나귀들을 취하여"(16) 하고, 백성들로부터 "취하고, 취하게" 될 것이라고 말씀하십니다. 그리하여 결론은, ㉥ "너희가 그 종이 될 것이라"(17) 하십니다. 이것이 염려에 끝인 것이 아니라 역사적인 사실로 나타났음을 열왕기서는 보여주고 있습니다. 하나님은 "이래도 왕을 세워달란 말이냐?" 하고 묻고 계시는 것입니다. 이것이 사사시대에 왕을 세우시지 않은 하나님의 마음입니다. 이 대목은 헨리 데이빗 소로우가 쓴 세계의 역사를 바꾼 책으로 평가받고 있는 "시민의 불복종"을 생각하게 합니다. 저자는 그 책에서 "가장 좋은 정부는 가장 적게 다스리는 정부"라고 주장하고 있습니다.

⑤ 이처럼 라이스 사람들은 "그 땅에 권세 잡은 자가 없어서 무슨 일에든지 괴롭게 함이 없기"(7) 때문에, "염려 없이, 평안히" 살고 있었다는 것입니다. 이는 선민 이스라엘을 한없이 부끄럽게 하는 말씀입니다. 왜냐하면 하나님의 백성들은 왕을 세우시지 않은 사사시대에 "염려 없이, 평안히" 살아가고 있지를 못하고 있기 때문입니다. 또한 이 말씀은 하나님의 교회를 위임받은 청지기들인 우리에게 각성으로, 경고로 다가오는 말씀입니다. 하나님은 말씀하십니다. ㉠ "인자야 너는 이스라엘 목자들을 쳐서 예언하라 그들 곧 목자들에게 예언하여 이르기를 주 여호와의 말씀에 자기만 먹이는 이스라엘 목자들은 화 있을진저 목자들이

양의 무리를 먹이는 것이 마땅치 아니하냐 너희가 살진 양을 잡아 그 기름을 먹으며 그 털을 입되 양의 무리는 먹이지 아니 하도다"(겔 34:2-3) 하고 책망하십니다. 구약시대의 종교지도자들이 이처럼 강포로 다스렸다는 말씀입니다.

화 있을진저 지도자들이여

① 그리하여, "내가 한 목자를 그들의 위에 세워 먹이게 하리니 그는 내 종 다윗이라 그가 그들을 먹이고 그들의 목자가 될지라"(겔 34:23) 하고, 그리스도를 목자로, 왕으로 보내주실 것을 말씀하십니다. 그리고 주님은 친히 말씀하십니다. ㉠ "나는 선한 목자라 선한 목자는 양들을 위하여 목숨을 버리노라"(요 10:11). 우리의 왕이시며 목자이신 예수 그리스도께서는 "취하고, 취하려" 오신 것이 아니라 "주시고, 또 주시되", 목숨까지 주시기 위해서 오셨다고 말씀하십니다. 주님은 말씀하십니다. "인자가 온 것은 섬김을 받으려 함이 아니라 도리어 섬기려 하고 자기 목숨을 많은 사람의 대속물로 〈주려〉함이니라"(마 20:28). 그렇다면 그의 제자 된 우리는 어떻게 섬겨야 마땅하겠습니까!

② 정탐꾼들이 라이스로부터 돌아와, ㉠ "일어나서 그들을 치러 올라가자 우리가 그 땅을 본즉 매우 좋더라, 그곳에는 세상에 있는 것이 하나도 부족함이 없느니라 하나님이 너희 손에 붙이셨느니라"(9-10) 하고 회보 합니다. 그리하여, ㉡ "단 지파 가족 중 600명이 병기를 띠고 소라와 에스다올에서 출발하여, 에브라임 산지 미가의 집에 이르니라"(11-13) 합니다. 이들은 "하나님이 너희에게 붙이셨느니라" 하고, 또 "하나님"을 들먹이고 있습니다. 저들이 "하나님이 너희에게 붙이셨느니라" 하고 말하는 근거가 어디에 있는가? 레위 소년에게 물어 그가 "너희 행하는 길은 여호와 앞에 있느니라"(5-6) 하고 말했기 때문이 아닌가?

③ 그리고 저들이 라이스를 취하려는 동기가 어디에 있는가? 하나님의 뜻을 이루기 위해서입니까? 아닙니다. 그들의 관심은, "그 땅은 넓고 그 곳에는 세상에 있는 것이 하나도 부족함이 없느니라" 하고 "세상에 있는 것"에 있었습니다. 잘 먹고 잘 살기 위해서입니다. 하나님은 이를 위해서 저들을 애굽에서 인도하여 내시고, 가나안 땅을 기업으로 주셨단 말인가? 이토록 저급한 그들이 미가의 집에서 한 일이 무엇인가?

둘째 단원(14-26) 신상과 제사장을 탈취함

"전에 라이스 땅을 탐지하러 갔던 다섯 사람이 그 형제들에게 말하여 가로되 이 집에 에봇과 드라빔과 새긴 신상과 부어 만든 신상이 있는 줄을 너희가 아느냐 그런즉 이제 너희는 마땅히 행할 것을 생각하라 하고"(14).

① 단 지파 사람들은 미가의 집에, "에봇과 드라빔과 새긴 신상과 부어 만든 신상"이 있음에 관심 합니다. 그들은 ㉠ 이것이 우상이요, 그러므로 부서 버려야할 대상으로 여기고 있는 것이 아니라, ㉡ 탐을 내고 있는 것입니다. 그것은 개인을 위해서가 아니라, ㉢ 거할 기업의 땅에 가서 섬길 단 지파 전체를 위한 신상으로 삼기 위해서입니다. 그리하여 "마땅히 행할 것을 생각하라"(14하) 하고 암시를 줍니다. 이는 조직폭력배 세계에나 있음직한 말투로 들립니다.

② 그리하여 "단 자손 600명은 병기를 띠고 문 입구에 서니라"(16) 합니다. 그렇게 하고 "그 다섯 사람이 미가의 집에 들어가서 그 새긴 신상과 에봇과 드라빔과 부어만든 신상을 취하여"(18) 냅니다. "제사장이 그들에게 묻되 너희가 무엇을 하느냐"(18하) 합니다.

③ "그에게 이르되 잠잠 하라 네 손을 입에 대라 우리와 함께 가서

우리의 아비와 제사장이 되라 네가 한 사람의 집의 제사장이 되는 것과 이스라엘 한 지파 한 가족의 제사장이 되는 것이 어느 것이 낫겠느냐"(19) 합니다. "제사장이 마음에 기뻐하여 에봇과 드라빔과 새긴 우상을 취하고 그 백성 중으로 들어가니라"(20) 합니다.

④ 뒤늦게 이를 알게 된 미가가 이웃집 사람들을 모아 추격을 합니다. 그러나 "단 자손이 그에게 이르되 네 목소리를 우리에게 들리게 말라 노한 자들이 너희를 쳐서 네 생명과 네 가족의 생명을 잃게 할까 하노라 하고"(25) 협박을 합니다. 미가는 "단 자손이 자기보다 강한 것을 보고 돌이켜 집으로 돌아갔더라"(26) 합니다.

⑤ 성령께서 기록케 하신 이 장면을 대하면서 형제의 느낌은 어떠합니까? 첫째가, ㉠ 무지(無知)하다는 점입니다. 호세아 선지자가 말한, "내 백성이 지식이 없음으로 망하는도다"(호 4:6) 한 모습 그대로입니다. 둘째가, ㉡ 몽매(蒙昧)하다는 점입니다. 셋째가, ㉢ 불쌍하다는 생각마저 듭니다. "무리를 보시고 민망히 여기시니 이는 저희가 목자 없는 양과 같이 고생하며 유리함이라"(마 9:36). 미가는 말합니다. "나의 지은 신들과 제사장을 취하여 갔으니 내게 오히려 있는 것이 무엇이냐"(24), 이제 남은 것이라고는 아무 것도 없다는 한탄입니다.

⑥ 어찌하여 우상숭배를 하게 됩니까? 무지하기 때문입니다. 어찌하여 이단의 거짓 교훈에 미혹이 됩니까? 속이 허(虛)해서 그런 것입니다. 그렇다면 하나님의 백성들이 이 지경이 된 것이 누구의 책임인가? "그 후에 일어난 다른 세대는 여호와를 알지 못하며"(2:10) 한 데서 알 수가 있듯이 말씀을 맡은 지도자들의 책임입니다. "능히 지식에 넘치는 그리스도의 사랑을 알아 그 넓이와 길이와 높이와 깊이가 어떠함을 깨달아 하나님의 모든 충만하신 것으로 너희에게 충만하게 하시기를 원하노라"(엡 3:18-19), 이처럼 "충만"하기만 한다면 어찌 "나의 지은 신들과 제사장을 취하여 갔으니 내게 오히려 있는 것이 무엇이냐" 하고 한

탄할 수가 있겠습니까? 더욱 우리를 슬프게 하는 것은 이 현상이 남의 이야기로 들리지 않기 때문입니다.

셋째 단원(27-31) **라이스를 강점함**

"단 자손이 미가의 지은 것과 제사장을 취하고 라이스에 이르러 한가하고 평안한 백성을 만나 칼날로 그들을 치며 불로 그 성을 사르되"(27).

① 28절은 "그들을 구원할 자가 없었으니" 하고 말씀합니다. 그도 그럴 것이 그들에게는 "권세 잡은 자가 없었다"(7)고 말씀하지 않았는가? 그러니 위급한 때를 당하여 누가 저들을 구원해줄 수가 있단 말입니까? "시돈과 상거가 멀고 상종하는 사람도 없음이었더라"(28중) 합니다.

② 라이스 사람들이 "염려 없이 평안하게" 살고 있었다는 말은 평화시에 한한 말씀이었던 것입니다. 그러나 그 평안은 언제까지 계속되는 것은 아닙니다. 왜냐하면 우리는 온실과 같은 그런 환경 속에서 살아가고 있는 것이 아니기 때문입니다. 호시탐탐 틈을 엿보고 있던 대적은 순식간에, ㉠ "칼날로 그들을 치며 불로 그 성을 살랐다"(27)고 말씀합니다. 그런 후에 "단 자손이 성읍을 중건하고 거기 거하며, 이스라엘의 소생 그 조상 단의 이름을 따라 그 성읍을 단이라 하니라 그 성읍의 본 이름은 라이스더라"(28하-29) 합니다. ㉡ 성읍도, 사람들도, "염려 없던, 평안함"도, 라이스라는 이름과 함께 순식간에 살아지고 만 것입니다.

③ "단 자손이 자기를 위하여 그 새긴 신상을 세웠고"(30상) 합니다. 그들은 10절에서 라이스를 "하나님이 너희에게 붙이셨느니라"고 말한 자들입니다. 그런데 라이스를 점령한 후에 최우선적으로 한 것이, ㉠

"자기들을 위하여" 신상을 세운 것입니다. 그렇습니다. 그 "신상"은 하나님과는 아무 상관이 없는 순전히 "자기들을 위한", 자기중심적인 탐욕을 충족시키기 위한 우상이었던 것입니다. 그들은 말했습니다. ㉡ "그 땅은 넓고 그곳에는 세상에 있는 것이 하나도 부족함이 없느니라"(10중) 하고요. 그들은 눈에 보이는 신상을 섬기기 이전부터, 그들 속에는 보이지 아니하는 우상이 도사리고 있었던 것입니다. 그것은 세속적인 탐욕이라는 우상입니다.

④ 그런데 우리를 놀라게 하는 사실은, 유다 베들레헴을 떠나서 있을 곳을 찾다가 미가의 집 신당의 제사장 되기를 "만족히 여겼던"(17:11) 레위 소년의 신원을 밝혀주고 있는 대목입니다. 그 후에 한 지파의 제사장 되는 것을 "마음에 기뻐하여"(18:20) 우상과 함께 단 지파로 옮겨간 그 레위 소년이 누구인가? ㉠ "단 자손이 자기를 위하여 그 새긴 신상을 세웠고 모세의 손자 게르손의 아들 요나단과 그 자손은 단 지파의 제사장이 되었다"(30상)고 말씀합니다. 이를 대하는 독자들은 곤혹스러울 수밖에 없습니다. 모세의 손자가 이렇게까지 타락할 수가 있단 말인가? 믿어지지가 않아서 다른 해석을 가해보려는 시도가 있었지만, "모세의 손자 게르손의 아들 요나단"이라고 명백히 밝히고 있는 부인할 수 없는 사실을 어이하랴! ㉡ "하나님의 집이 실로에 있을 동안에 미가의 지은바 새긴 신상이 단 자손에게 있었더라"(31) 합니다. 하나님의 집(성막)이 "실로에 있을 동안"이란 언제까지를 가리키는 것인가? 학자들은 실로에 있던 언약궤를 블레셋 군대에 빼앗길 때(삼상 4:11)까지로 보고 있습니다.

⑤ 자, 몇 가지 생각해보아야만 하겠습니다. 17-21장은 사사시대의 타락상을 보여주는 부록입니다. 그 중에서 17-18장은 첫째 삽화입니다. 첫째로 생각해 보아야할 점은, ㉠ 첫 삽화에는 "미가와, 레위인과, 단 지파 사람들과, 라이스 사람들"이 등장합니다. 이들 중에 누구의 책임이

가장 크냐 하는 점입니다. 하나님께서 누구에게 이들을 지도할 임무를 맡기셨는가? 그것은 "레위인"입니다. 그러므로 레위인이 가장 큰 심판을 받게 될 것입니다. 주님은 책망하십니다. ㉡ "화 있을진저 너희 율법사여 너희가 지식의 열쇠를 가져가고 너희도 들어가지 않고 또 들어가고자 하는 자도 막았느니라"(눅 11:52), "화 있을진저 외식하는 서기관들과 바리새인들이여 너희는 교인 하나를 얻기 위하여 바다와 육지를 두루 다니다가 생기면 너희보다 배나 더 지옥 자식이 되게 하는도다"(마 23:15). 그러므로 성경은 말씀합니다. "내 형제들아 너희는 선생 된 우리가 더 큰 심판 받을 줄을 알고 많이 선생이 되지 말라"(약 3;1).

⑥ 두 번째로 생각할 점은 그렇다면, ㉠ "권세 잡은 자", 즉 왕이 있어야 하는가? 없어야 하는가? 유형적인 교회조직이 필요한가? 아니면 무교회주의가 옳단 말인가? 목사가 필요한가? 필요치 않은가? 사사시대란 하나님이 왕이 되셔서 친히 다스리신 신정시대(神政時代)임을 명심해야만 합니다. 중요한 요점은, ㉡ "충성되고 지혜 있는 종이 되어 주인에게 그 집 사람들을 맡아 때를 따라 양식을 나눠 줄 자"(마 24:45)가 없었다는데 있습니다. 레위 지파 제사장들이 이 막중한 사명을 망각하게 되자, 각각 제 맘대로 행하는 혼란에 빠지게 된 것이 사사시대였던 것입니다. 그렇다면 왕정시대(王政時代)는 어떠했는가? 하나님께서 "왕의 제도가 이러하니라"(삼상 8:11) 하고 경고하신 대로 세움 받은 왕들이 주권자인양 백성들을 압제하던 시대였던 것입니다. "어리석은 비둘기"(호 7:11) 같은 백성들에게 지도자는 필요 불가결한 것입니다. 다시 강조합니다만 문제는 지도자로 세움 받은 자가 어떤 자세로 섬기느냐에 있습니다.

⑦ 라이스 사람들은 여기에 허점이 있었던 것입니다. 그들에게는 보호해줄, 인도해줄, 필요를 공급해줄 왕이 없었던 것입니다. 그리고 유념해야할 말씀은 그들은 이웃과의 "상거(相距)가 멀고", 상종하는 사람도

없음이었더라"(28중)는 말씀입니다. 그리스도인들 중에는 구속받기 싫어서 교회와 적당히 거리를 두고 편한 신앙생활을 하고 있는 사람들이 있는 것도 사실입니다. 형제에게 묻습니다. 지금은 평안하여 염려 없이 지냄으로 소속의 필요를 별로 느끼지 못할는지도 모르겠습니다. 그러나 영적 침략자는 틈을 노리고 있습니다. 그럴 경우 이웃과의 거리가 너무 멀지는 않습니까? 상종(교제)하는 사람도 없는 것은 아닙니까?

사사기 19장 개관도표

주제 : 전대미문(前代未聞)의 만행

레위인의 타락	1-9 이스라엘에 왕이 없을 그 때에 에브라임 산지 구석에 우거하는 어떤 레위 사람이 유다 베들레헴에서 첩을 취하였더니(1) 그 첩이 행음하고 남편을 떠나 유다 베들레헴 집에 돌아가서 거기서 넉 달의 날을 보내매(2) 그 남편이, 그를 데려오고자 하여, 그에게로 가매(3)	그 첩장인 곧 여자의 아비가 그를 머물리매 그가 삼 일을 그와 함께 거하며 먹고 마시며(4) 나흘만에(5) 다섯째 날 아침에 일찌기 일어나 떠나고자 하매, 그대의 기력을 돕고 해가 기울도록 머물라(8)
에브라임 노인의 영접	10-21 다시 밤을 지내고자 아니하여 일어나 떠나서 여부스 맞은편에 이르렀으니 곧 예루살렘이라(10) 베냐민 기브아에 가까이 이르러는 해가 진지라(14) 그를 집으로 영접하여 유숙케 하는 자가 없었더라(15) 유다 베들레헴에서 에브라임 산지 구석으로 가나이다, 나를 자기 집으로 영접하는 사람이 없나이다(18) 그대는 안심하라 그대의 모든 쓸 것은 나의 담책이니 거리에서는 자지 말라 하고(20)	주인이 그에게 이르되, 외인의 성읍으로 들어갈 것이 아니니 기브아로 나아가리라(12) 저물매 한 노인이 밭에서 일하다가 돌아오니(16) 그대는 어디로 가며 어디서 왔느뇨(17) 그를 데리고 자기 집에 들어가서 그들이 발을 씻고 먹고 마시니라(21)
애굽에서 나온날부터 오늘까지	22-30 그 성읍의 비류들이 그 집을 에워싸고, 네 집에 들어온 사람을 끌어내라(22) 무리가 듣지 아니하므로 그 사람이 자기 첩을 무리에게로 붙들어 내매 그들이 그에게 행음하여 동틀 때에(26), 일어나라 우리가 떠나가자 하나 아무 대답이 없는지라(28) 그 집에 이르러서는 칼을 취하여 첩의 시체를, 열두 덩이에 나누고 그것을 이스라엘 사방에 두루 보내매(29) 이스라엘 자손이 애굽 땅에서 나온 날부터 오늘날까지 이런 일은 행치도 아니하였고 보지도 못하였도다(30)	형제들아 청하노니 악을 행치 말라, 이런 망령된 일을 행치 말라(23) 이런 망령된 일을 행치 말라 하나(24) 밤새도록 욕보이다가 새벽 미명에 놓은지라(25)

19장

전대미문(前代未聞)의 만행

[30]그것을 보는 자가 다 가로되 이스라엘 자손이 애굽 땅에서 나온 날부터 오늘날까지 이런 일은 행치도 아니하였고 보지도 못하였도다(30).

19-21장은, 두 번째 부록입니다. 그런데 최우선적으로 주목하게 되는 점은 첫째 삽화에서와 마찬가지로 여기서도 "레위인"이 중심인물로 등장하고 있다는 점입니다. 다시 말하면 둘째 삽화의 원인제공(原因提供)을 레위인이 하고 있다는 말씀입니다. 19장의 요약은, 레위인이 첩을 얻었고, 그 첩을 기브아 사람들이 성폭행을 하여 숨지게 하고, 레위인은 그 시체를 열 두 덩이에 내어 각 지파에 보내는 내용입니다. 그리고 결론은, "이스라엘 자손이 애굽 땅에서 나온 날부터 오늘날까지 이런 일은 행치도 아니하였고 보지도 못하였도다"(30) 하고 말합니다. 어찌하여 이런 전대미문의 사건이 벌어졌는가?

첫 절은, "이스라엘에 왕이 없을 그 때에", 이렇게 시작이 됩니다. "왕이 없었다"는 말이 사사기에 후렴처럼 네 번(17:6, 18:1, 19:1, 21:25)이나 등장합니다. 그런데 이 말씀이 어디에 집중되어 있느냐 하면 어두운 단면을 보여주고 있는 부록(17-21장)에 집중되어 있다는 점을 주목해야만 합니다. 앞에서도 수차 말씀드렸습니다만 이스라엘에 왕이 없었던 것은 아닙니다. 하나님께서 친히 다스리시는 왕이셨습니다. 그런데 "이스라엘에 왕이 없을 그 때에" 라는 말은 하나님의 임재를 잃어버렸음을 뜻합니다. 그리하여 "사람이 각각 그 소견에 옳은 대로(자기 멋대로) 행했다"(21:25)는 것입니다. 그 중심에 지도계급인 "레위인"이 서 있음을 사사기는 보여주고 있는 것입니다. 그렇다면 묻습니다. 현대교회 지도자들은 왕의 임재를 잃지 않고 있다고 자신 있게 말할 수가 있습니까? 이를 세 단원으로 나누어 상고하겠습니다.

첫째 단원(1-9) **레위인의 타락**
둘째 단원(10-21) **한 노인의 영접**
셋째 단원(22-30) **애굽에서 나온 날부터 오늘까지**

첫째 단원(1-9) **레위인의 타락**

"이스라엘에 왕이 없을 그 때에 에브라임 산지 구석에 우거하는 어떤 레위 사람이 유다 베들레헴에서 첩을 취하였더니"(1).

① 첫 절에 "레위인"이 등장합니다. ㉠ 이 레위인은 "에브라임 산지 구석에 우거"했다고 말씀합니다. 여호수아 21:5절에 의하면 에브라임 지파는 자신들이 분배받은 땅 중에서 레위 지파 그핫 자손들에게 거할 성읍을 나눠주는 것을 보게 됩니다. 그런데 본문에서 "에브라임 산지"에 우거했다고 말씀하는 것을 보면 도피성으로 구별한 "에브라임 산지 세겜"(수 20:7)에 살고 있었던 레위인이 아닌가 여겨집니다. ㉡ 그런데 그 "레위인"이 첩을 취하였다는 것입니다.

② "그 첩이 행음하고 남편을 떠나 유다 베들레헴 그 아비의 집에 돌아가서 거기서 넉 달의 날을 보내매"(2) 합니다. 가관인 것은 첩이, ㉠ "행음"을 했다는 것입니다. 그리고 유다 베들레헴 아비 집으로 돌아갔다는 것을 보면 그 첩은, ㉡ 베들레헴에 사는 유다 지파 여인인 것을 알 수가 있습니다. 레위인이 그 첩을 데려오고자 하여(3) 베들레헴으로 간 것입니다. 이것이 배경설명입니다.

③ 4-9절은 레위인이 첩장인을 만나서 교제하는 광경을 묘사하는 내용인데, ㉠ "먹고 마시매"(4, 5, 6, 8), "즐겁게 하라"(6, 9)는 말이 주를 이루고 있음을 봅니다. 이는 향락에 빠져있는 모습입니다. 그리하여 "아침 일찍이"(5, 7, 8, 9) 떠나고자 하면 간청을 해서 유숙하기를, ㉡ "삼일(4)을, 나흘만에(5), 다섯째 날"(8)까지 주저앉고 있는 것을 보게 됩니다. 이는 그 향락에서 깨어나지를 못하고 있는 모습을 생생하게 보여주고 있습니다. 그러다가 결국, ㉡ "아침 일찍이" 떠나는 것이 아니라, "해가 기울어"(9중)서야 떠나다가 문제는 발생하게 되는 것입니다. 이는 한마디로 당시의 레위인이 얼마나 타락하고 부패하였는가를 보여주는 생생한 묘사입니다. 그리고 이 거울에 자신의 모습은 어떠한가를 비춰보라고 기록케 하신 것입니다.

④ 이처럼 타락한 지도자들은 사사시대만 있었던 것이 아닙니다. 예루살렘이 멸망하고 성전이 불타게 된 책임도 바로 지도자들에게 있었던 것입니다. 이점을 이사야 선지자는, "그 파수꾼들은 소경이요 다 무지하며 벙어리 개라 능히 짖지 못하며 다 꿈꾸는 자요 누운 자요 잠자기를 좋아하는 자니 이 개들은 탐욕이 심하여 족한 줄을 알지 못하는 자요 그들은 몰각한 목자들이라 다 자기 길로 돌이키며 어디 있는 자이든지 자기 이만 도모하며 피차 이르기를 오라 내가 포도주를 가져오리라 우리가 독주를 잔뜩 먹자 내일도 오늘같이 또 크게 넘치리라 하느니라"(사 56:10-12) 하고 책망하고 있습니다.

둘째 단원(10-21) 한 노인의 영접

"그 사람이 다시 밤을 지내고자 아니하여 일어나 떠나서 여브스 맞은 편에 이르렀으니 여브스는 곧 예루살렘이라 안장 지운 나귀 둘과 첩이 그와 함께 하였더라"(10).

① "그들이 여부스에 가까왔을 때에 해가 지려 하는지라 종이 주인에게 이르되 청컨대 우리가 돌이켜 여부스 사람의 성읍에 들어가서 유숙하사이다"(11) 합니다.

② 레위인이 대답하기를, "이스라엘 자손에게 속하지 아니한 외인(外人)의 성읍으로 들어갈 것이 아니니 기브아로 나아가리라"(12) 합니다. "외인"이란 이방인이란 말인데, 레위인의 신분으로 이방인의 마을에서 유할 수는 없다는 말입니다. 예루살렘에 살고 있던 여브스 족은 다윗 때에 가서야 온전히 정복(삼하 5:6-7)했던 것입니다. 이 말을 엄숙함으로 받아야할지, 아니면 고소를 머금어야할지 마음이 착잡하기만 합니다.

③ "기브아에 가서 유숙하려고 그리로 돌이켜 들어가서 성읍 거리에 앉았으나 그를 집으로 영접하여 유숙케 하는 자가 없었더라"(15) 합니다. 이점에서 레위인의 언행(言行)과, 베냐민 지경 기브아 사람들의 행위(行爲)를 생각하게 합니다. 먼저 본 장에 나타난 레위인의 행위를 보면 변명의 여지가 없이 부패하고 타락하였음이 명백합니다. 그럼에도 불구하고, "외인의 성읍에 들어갈 것이 아니니"(12) 하고 가장 거룩한 척 외식을 하고 있으며, 레위인이라는 형식만은 붙들고 있음을 보게 됩니다.

④ 이를 대하면서 주님께서 말씀하신, "선한 사마리아 사람의 비유"를 연상하게 합니다. "마침 한 제사장이 그 길로 내려가다가 그를 보고 피하여 지나가고 또 이와 같이 한 레위인도 그 곳에 이르러 그를 보고

피하여 지나가되"(눅 10:31-32) 하십니다. 강도를 만나 거반 죽게 된 자를 보고서도 어찌하여 피하여 지나갔는가? 첫째는, 아무도 보는 사람이 없었기 때문일 것입니다. 둘째는, 만일의 경우 그가 죽는다면 거룩한 몸을 더럽힐 수 없다는 것이 명분입니다.

⑤ 반면, 누가 영접해줄 것을 기대하면서 날이 저물어 가는 "성읍 거리에 앉았으나 그를 집으로 영접하여 유숙케 하는 자가 없었다"(15)는 것은 당시의 시대상을 반영해주는 일면이기도 합니다. 형식만 붙들고 있기는 레위인이나, 기브아 사람들이나 다를 바가 없었습니다. 이를 대하면서, "그를 불쌍히 여겨 가까이 가서 기름과 포도주를 그 상처에 붓고 싸매고 자기 짐승에 태워 주막으로 데리고 가서 돌보아 주었다"(눅 10:33-34)는 사마리아 사람이 더욱 그리워지는 것입니다. 그런데 기브아에서도 그러한 노 성도를 만날 수 있다는 것은 크나큰 위안이 아닐 수 없습니다.

⑥ "이미 저물매 한 노인이 밭에서 일하다가 돌아"(16상)오는 중, ㉠ "노인이 눈을 들어 성읍 거리에 행객이 있는 것을 본지라 노인이 묻되 그대는 어디로 가며 어디서 왔느뇨"(17). ㉡ "우리는 유다 베들레헴에서 에브라임 산지 구석으로 가나이다 나는 그곳 사람으로 유다 베들레헴에 갔다가 이제 여호와의 집으로 가는 중인데 나를 자기 집에 영접하는 사람이 없나이다"(18) 하고 대답합니다. 그리하여 노인의 영접함을 받아 "그들이 발을 씻고 먹고 마시니라"(21하) 합니다.

⑦ 여기 중대한 문제를 비켜가고 있음을 보게 됩니다. 노인은 묻기를 "그대는 어디로 가며 어디서 왔느뇨" 했습니다. 이 물음 속에는, "어디서, 어떤 용무로 왔다가, 어디로 가느냐"는 뜻이 함축되어 있는 것입니다. 그런데 레위인은 이를 밝히지 않은 체, "여호와의 집으로 가는 중"(18중)이라고 대답함으로 거룩함을 가장하고 있기 때문입니다.

⑧ "노인이 가로되 그대는 안심하라 그대의 모든 쓸 것은 나의 담책

이니"(20), 즉 자신이 담당해야할 몫이라는 것입니다. 이점에서 우리로 생각에 잠기게 합니다. 첫째는, ㉠ 이 레위인이 종의 말대로 여부스(이방인의 지경)에 유숙했다면 어찌되었을까를 생각하게 합니다. 왜냐하면 신민 이스라엘 사람들이 이방인들보다 더 악하다는 생각이 들기 때문입니다. 둘째는, ㉡ 그런 중에서도 무명의 노인에게서 "선한 사마리아 사람"의 모습을 대하게 된다는 것은 얼마나 큰 위로가 됩니까? 그러나 셋째로, ㉢ "레위인"보다 노인이 보다더 순수한 믿음을 간직하고 있다는데 생각이 미치게 되면, 이내 마음이 우울해 질 수밖에 없습니다.

셋째 단원(22-30) **애굽에서 나온 날부터 오늘까지**

"그들이 마음을 즐겁게 할 때에 그 성읍의 비류들이 그 집을 에워싸고 문을 두들기며 집 주인 노인에게 말하여 가로되 네 집에 들어온 사람을 끌어내라 우리가 그를 상관하리라"(22).

① 22절에 나타난 비류들의 언행을 보면, 창세기 19:4-5절에 나오는 소돔 사람들과 같음을 보게 됩니다. 두 천사가 롯의 집에 머문 것을 알고, "소돔 백성들이 무론 노소하고 사방에서 다 모여 그 집을 에워싸고 롯을 부르고 그에게 이르되 이 저녁에 네게 온 사람이 어디 있느냐 이끌어 내라 우리가 그들을 상관하리라" 했습니다. 기브아의 비류들도 "네 집에 들어온 사람을 끌어내라 우리가 그를 상관하리라" 말하고 있습니다. 이는 성적으로 얼마나 타락했는가를 단적으로 말해주는 것입니다. "비류"라고 했는데 이들은 다름이 아니라 선민 이스라엘, 즉 구약교회 성도들입니다.

② "집 주인 그 사람이 그들에게로 나와서 이르되 아니라 내 형제들아 청하노니 악을 행치 말라 이 사람이 내 집에 들었으니 이런 망령 된

일을 행치 말라"(23) 합니다. 그 비류들을 "내 형제들"이라고 부르고 잇습니다. 그들이 범하려는 짓을 "망령 된 일"이라고 지적을 하고 있습니다. 사태가 수습 불가능함을 알았기 때문일까요?

③ "보라 여기 내 처녀 딸과 이 사람의 첩이 있은즉 내가 그들을 끌어내리니 너희가 그들을 욕보이든지 어찌하든지 임의로 하되 오직 이 사람에게는 이런 망령 된 일을 행치 말라"(24) 합니다. 이 장면도 롯이 취한 것과 같습니다. 이것도 용납 될 수 없는 일입니다.

④ 결국 레위인이 "자기 첩을 무리에게 붙들어 내매 그들이 그에게 행음하여 밤새도록 욕보이다가 새벽 미명에 놓은지라"(25), 얼마나 욕을 보였으면 그 여인이 죽고(27) 만 것입니다.

⑤ 악은 악을 낳는 것일까요? 레위인은 자기 집에 돌아와서는, ㉠ "칼을 취하여 첩의 시체를 붙들어 그 마디를 찍어 열 두 덩이에 나누고 그것을 이스라엘 사방에 두루 보내매"(29), 레위인이 이렇게 한 것은 여러 지파에 호소하여 기브아 사람들을 복수해줄 것을 바랐기 때문입니다. 그리하여, ㉡ "그것을 보는 자가 다 가로되 이스라엘 자손이 애굽 땅에서 나온 날부터 오늘까지 이런 일은 행치도 아니하였고 보지도 못하였다"(30상)고 말했다는 것입니다. ㉢ "생각하고 상의한 후에 말하자"(30하) 합니다. 즉 진상을 파악한 후에 조치를 취하자는 그런 뜻입니다.

⑥ 이제 생각해보아야만 하겠습니다. 첫째는, ㉠ "외인의 성읍"에 들어가지 아니하고, "이스라엘 자손에 속한"(12) 장막에 거하려고 찾아온 나그네를, 영접하기는커녕 도리어 악행 한 기브아 사람들입니다. 둘째는, ㉡ 시신을 열 두 덩이에 내서 이스라엘 사방에 보낸 레위인의 행동입니다. 이를 지켜보시는 하나님의 심정은 어떠하셨겠는가? 여기 이스라엘의 정체성을 일깨워주는 말이 또다시 등장합니다. ㉢ "이스라엘 자손이 애굽 땅에서 나온 날부터"(30) 라는 말씀입니다. 이렇게 하라고

"여호와께서 능하신 손으로 너를 애굽에서 인도하여 내셨단"(출 13:9) 말인가? "사람이 자기 아들을 안음같이 너희 하나님 여호와께서 너희의 행로 중에 너희를 안으사 이 곳까지 이르게 하셨느니라"(신 1:31), "우매무지한 백성아 여호와께 이같이 보답하느냐 그는 너를 얻으신 너의 아버지가 아니시냐 너를 지으시고 세우셨도다 옛날을 기억하라 역대의 연대를 생각하라 네 아비에게 물으라 그가 네게 설명할 것이요 네 어른들에게 물으라 그들이 네게 이르리라"(신 32:6-7) 하십니다.

⑦ 형제는 본문을 대하면서 무엇을 생각하셨습니까? 기브아 비류들의 행위와, 레위인의 행위 중 어느 것이 더욱 악하다 여겨지십니까? 그리고 이방인에게도 없는 이런 끔찍스러운 일이 선민 이스라엘 중에서 자행되고 있음을 기록케 하신 의도가 어디에 있다고 여겨지십니까? 결론은 어느 쪽이 더 악하냐에 있는 것이 아닙니다. 누구의 책임이 더 크냐는 데 있는 것입니다. 그리고 인간은 "만물보다 거짓되고 심히 부패"(렘 17:9)하여 자력구원의 가망이 전연 없다는 실상입니다.

사사기 20장 개관도표

주제 : 기브아 거민을 징벌하려 함

징계를 거부한 베냐민

1-17

이에 모든 이스라엘 사람이,
일제히 미스바에서 여호와 앞에 모였으니(1)
칼을 빼는 보병이 40만이었으며(2)

이 악한 일의 정형을 우리에게 고하라(3)

베냐민의 기브아에 가서, 망령된 일을
행한 대로 징계하게 하리라 하니라(10)

그 비류를 우리에게 붙여서 우리로 죽여
이스라엘 중에 악을 제하여 버리게 하라(13)

도리어 각 성읍에서 기브아에 모이고
나가서 이스라엘 자손과 싸우고자 하니(14)
칼을 빼는 자가 26000이요(15), 700명은 물매로
돌을 던지면 호리도 틀림이 없는 자더라(16)

벧엘에 올라가서 하나님께 묻자와 가로되
누가 먼저 올라가서 베냐민 자손과 싸우리이까
여호와께서 가라사대 유다가 먼저일지니라(18)

먼저 이스라엘을 징벌하심

19-28

베냐민 자손이 기브아에서, 이스라엘 사람
22000을 땅에 엎드러뜨렸으나(21)

이스라엘 자손이 올라가서 여호와 앞에서
저물도록 울며 여호와께 묻자와 가로되 내가
다시 나가서 나의 형제 베냐민 자손과 싸우리이까
여호와께서 가라사대 올라가서 치라 하시니(23)

다시 이스라엘 자손 18000을 땅에
엎드러뜨렸으니(25)

이에 온 이스라엘 자손 모든 백성이 올라가서
벧엘에 이르러 울며 여호와 앞에 앉고
날이 저물도록 금식하고 번제와 화목제를
여호와 앞에 드리고(26) 여호와께 물으니라(27)

여호와께서 가라사대 올라가라
내일 내가 그를 네 손에 붙이리라(28)

베냐민을 이삭줍듯 함

29-48

이스라엘이 기브아 사면에 군사를 매복하니라(29)

여호와께서 이스라엘 앞에서 베냐민을 쳐서
파하게 하시매 당일에 이스라엘 자손이
베냐민 사람 25100을 죽였으니(35)

각 성읍에서 나온 자를 그 가운데서 진멸하니라(42)

또 5000 명을 이삭 줍듯 하고(45)
베냐민 600 명이 돌이켜 광야로 도망하여(47)

20장

기브아 거민을 징벌하려함

[11]이와 같이 이스라엘 모든 사람이 하나 같이 합심하여 그
성읍을 치려고 모였더라.

20장은 19장에서 끔찍한 만행을 범한 기브아 거민을 징벌하려는 내용입니다. 레위인이 보낸 열 두 토막이 난 시신을 본 모든 이스라엘 자손이 미스바에 모여, 이런 끔찍스러운 일이 벌어지게 된 연유를 듣고는 격분하여 베냐민에 속한 기브아 사람을 "징계"(10) 하기로 다짐을 합니다. 그리하여 "우리 중에 누가 먼저 올라가서 베냐민 자손과 싸우리이까" 하고 하나님 앞에 묻습니다. "유다가 먼저일지니라"(18) 하십니다. 그런데 웬일입니까? 40만이라는 대군을 거느린 이스라엘 온 군대가 불과 2만 6천밖에 안 되는 베냐민 앞에 두 번이나 대패를 하게 됩니다. 저들은 기브아 사람들의 만행을 징벌하려 하였으나, 하나님께서는 먼저 이스라엘을 징벌하셨던 것입니다. 이점이 "이에 온 이스라엘 자손 모든 백성이 올라가서 벧엘에 이르러 울며 거기서 여호와 앞에 앉고 그 날이 저물도록 금식하고 번제와 화목제를 여호와 앞에 드린"(26-27상) 후에

야 비로소, "여호와께서 가라사대 올라가라 내일은 내가 그를 네 손에 붙이리라"(28) 하심을 통해서 드러납니다. 이를 세 단원으로 나누어 상고하겠습니다.

첫째 단원(1-18) **징계를 거부한 베냐민**
둘째 단원(19-28) **먼저 이스라엘을 징계하심**
셋째 단원(29-48) **베냐민을 이삭 줍듯 함**

첫째 단원(1-18) 징계를 거부한 베냐민

"이에 모든 이스라엘 자손이 단에서부터 브엘세바까지와 길르앗 땅에서 나왔는데 그 회중이 일제히 미스바에서 여호와 앞에 모였으니"(1).

① 레위인이 첩의 시체를 열 두 토막으로 내어 이스라엘 사방에 보낸, "그것을 보는 자가 다 가로되 이스라엘 자손이 애굽 땅에서 나온 날부터 오늘날까지 이런 일은 행치도 아니하였고 보지도 못하였도다 생각하고 상의 한 후에 말하자"(19:30) 하고, 비상총회(非常總會)로 미스바에 모인 것입니다. ㉠ "온 백성의 어른 곧 이스라엘 모든 지파의 어른들은 하나님 백성의 총회에 섰고, ㉡ 칼을 빼는 보병은 사십 만이었으며"(2) 합니다.

② "이스라엘 자손이 가로되 이 악한 일의 정형을 우리에게 고하라"(3) 합니다. 레위인을 통해서 연유를 들은 모든 이스라엘 자손들이, "베냐민의 기브아에 가서 그 무리의 이스라엘 중에서 망령된 일을 행한 대로 징계"(10) 하기로 결의를 합니다.

③ "이스라엘 지파들이 베냐민 온 지파에 사람들을 보내어 두루 행

하며 이르기를 너희 중에서 생긴 이 악이 어찜이뇨 그런즉 이제 기브아 사람 곧 그 비류를 우리에게 붙여서 우리로 죽여 이스라엘 중에 악을 제하여 버리게 하라"(12-13) 하고 통보합니다. 그러나, "베냐민 자손이 그 형제 이스라엘 자손의 말을 듣지 아니하고 도리어 각 성읍에서 기브아에 모이고 나가서 이스라엘 자손과 싸우고자"(13하-14) 했다는 것입니다. 이는 징계에 대한 반항입니다.

④ 그리하여 동족상잔이 벌어지게 되었는데, ㉠ "베냐민 자손 외에 이스라엘 사람의 칼을 빼는 자의 수는 40만 명이니 다 전사라"(17) 합니다. 그리고 하나님께, ㉡ "우리 중에 누가 먼저 올라가서 베냐민 자손과 싸우리이까"(18상) 하고 묻습니다. 이 말씀을 사사기 첫 절과 대조해 보시기 바랍니다. "여호수아가 죽은 후에 이스라엘 자손이 여호와께 묻자와 가로되 우리 중 누가 먼저 올라가서 가나안 사람과 싸우리이까" 하고 묻는 것으로 사사기는 시작이 되었습니다. 그런데 사사기는 마지막에 이르러 "누가 먼저 올라가서 베냐민 자손과 싸우리이까" 하고 묻고 있는 것입니다. 즉 자중지란(自中之亂)이 일어난 것입니다.

둘째 단원(19-28) **먼저 이스라엘을 징계하심**

"이스라엘 자손이 아침에 일어나 기브아를 대하여 진을 치니라"(19).

① 그런데 결과는 정 반대로 나타나고 말았습니다. "베냐민 자손이 기브아에서 나와서 당일에 이스라엘 사람 2만 2천을 땅에 엎드러뜨렸다"(21)고 말씀합니다. 베냐민의 군세는 1/10도 안 되는 2만 6천명에 불과한데 말입니다.

② 그리하여 "이스라엘 자손이 올라가서 여호와 앞에서 저물도록 울며 여호와께 묻자와 가로되 내가 다시 나아가서 나의 형제 베냐민 자손

과 싸우리이까" 하고 묻습니다. "여호와께서 가라사대 올라가서 치라 하시니라"(23).

③ 그런데 이것이 웬 일입니까? "다시 이스라엘 자손 1만 8천을 땅에 엎드러뜨렸으니 다 칼을 빼는 자였더라"(25) 합니다. 도합 4만 명이 죽은 것입니다. 이를 무심한 일로 여길 수가 있겠습니까? 기드온의 300명 군사를 들어서도 "메뚜기의 중다함 같은"(7:12) 미디안 군을 진멸케 하신 하나님이십니다. 하나님은 "올라가서 치라" 하셨습니다. 이는 기브아 사람들이 징벌을 받아 마땅하다는 뜻입니다. 그런데, "너희는 어떠하냐" 묻고 계시는 것입니다.

④ "이에 온 이스라엘 자손 모든 백성이 올라가서 벧엘에 이르러 울며 거기서 여호와 앞에 앉고 그 날이 저물도록 금식하고 번제와 화목제를 여호와 앞에 드렸다"(26)고 말씀합니다. 왜 두 차례의 패배가 필요했는가? 1차 패배 때는 "울기만"(23) 했는데, 2차 패배를 통해서는 번제와 화목제를 드리며 회개를 하고 있는 것입니다. 번제와 화목제는 "속죄제"를 먼저 드린 후에야 드릴 수 있는 제사임을 유념해야만 합니다.

⑤ 이런 회개가 있은 후에야, ㉠ "올라가라 내일은 내가 그를 네 손에 붙이리라"(28하)는 하나님의 허락이 임하게 된 것입니다. 그렇다면 1-2차 때는 "그를 네 손에 붙이시지 않았다"는 것이 분명해지는 것입니다. 이는 무엇을 말해주고 있느냐 하면, ㉡ 하나님은 베냐민의 기브아를 징벌하시기에 앞서서 이스라엘을 먼저 징계하셨다는 것이 됩니다. 저들을 낮추시며, 말이나 군사의 수가 아니라 이스라엘의 하나님 여호와만을 의뢰하는 법을 가르치시기 위해서입니다. 이점에서 다시 한 번 3:2절에서, "이스라엘 자손의 세대 중에 아직 전쟁을 알지 못하는 자에게 그것을 가르쳐 알게 하려 하사" 하신 말씀을 상기하게 됩니다.

⑥ 이 시점에서 이스라엘이 번제와 화목제를 드렸다는 것을 제의(祭儀)적인 의미로만 여겨서는 아니 됩니다. 왜냐하면 하나님께서 제정하

신 제사제도, 즉 죽임을 당한 생축들은, 주님께서 단번에 드려주실 대속에 대한 예표로 세우신 것이요, 그러므로 저들이 그동안 망각하고 있었던 아브라함과 이삭과 야곱에게 세워주신 메시아언약 아래로 돌아왔음을 나타내고 있기 때문입니다. 이제 그들은 "번제와 화목제", 즉 메시아 언약을 힘입어 싸우고 승리할 수가 있게 된 것입니다.

셋째 단원(29-48) 베냐민을 이삭 줍듯 함

"이스라엘이 기브아 사면에 군사를 매복하니라"(29).

① 이스라엘이 매복 작전을 썼다는 것입니다. ㉠ 매복 작전은 전술상 소수가 다수를 공격할 때에 쓰는 작전입니다. 그런데 이스라엘은 수적으로 절대적인 우위에 있었음에도 "기브아 사면에 군사를 매복하니라" 합니다. 이러한 모습은 여호수아가 아이 성을 공격하는 장면에서도 대하게 됩니다. 두 장면의 공통점은 다 같이 낭패를 당한 후에 매복작전을 썼다는 점입니다. 난공불락의 여리고를 정복한 이스라엘은 기고만장하여 작은 아이 성을 깔보다가 쓰라린 패배를 맛보게 됩니다. 그들은 말했습니다. "백성을 다 올라가게 말고 이 삼천 명만 올라가서 아이를 치게 하소서 그들은 소수니 모든 백성을 그리로 보내어 수고롭게 마소서"(수 7:3). 작은 성 아이 사람 앞에서 패한 원인은 아간의 연고만은 아닙니다. 이스라엘은 자고하고 자만했던 것입니다. ㉡ "여호수아가 옷을 찢고 이스라엘 장로들과 함께 여호와의 궤 앞에서 땅에 엎드려 머리에 티끌을 무릅쓰고 저물도록 있다가"(수 7:6), 이 모습이 바로 "매복"인 것입니다. 그들은 아간을 징벌하는 회개를 한 후에 "매복작전"을 폈습니다. 여호수아 8장에는 "복병, 매복"이라는 말이 10번이나 등장합니다. 본 단원에도 "매복, 복병"이라는 말이 다섯 번이나 나옵니다. 이는

무심한 일로 여겨지지 않습니다. 여기에는 모세가 말씀한 바, "네 하나님 여호와께서 이 사십 년 동안에 너로 광야의 길을 걷게 하신 것을 기억하라 이는 너를 낮추시며 너를 시험하사 네 마음이 어떠한지 그 명령을 지키는지 아니 지키는지 알려 하심이라"(신 8:2) 한 "낮추심"(매복)의 상징성이 있다고 여겨집니다. 아무튼 하나님 앞에 엎드려 울며 회개하고, 부르짖는 "매복작전"은 최고의 전술임에 틀림이 없습니다.

② "여호와께서 이스라엘 앞에서 베냐민을 쳐서 파하게 하시매 당일에 이스라엘 자손이 베냐민 사람 2만 5천 1백을 죽였으니 다 칼을 빼는 자이었더라"(35) 합니다. 15절에 의하면 베냐민 자손의 칼을 빼는 자가 모두 2만 6천이라 했으니 전멸을 당한 셈입니다.

③ 그러므로 "베냐민 6백 명이 돌이켜 광야로 도망하여 림몬 바위에 이르러 거기서 넉 달을 지내었더라"(47) 하고 살아남은 자가 겨우 600명뿐임을 말씀합니다. 이점에서 주목하게 되는 것은, "큰 길에서 이스라엘이 또 5천명을 이삭 줍듯 하고 또 급히 따라 기돔에 이르러 또 2천명을 죽였다"(45)는 묘사입니다. ㉠ "이삭 줍듯"이라는 묘사는 농부가 곡식의 한 알갱이도 허실 되지 않게(암 9:9) 하려는 행위인데, 이스라엘이 베냐민을 멸절시키기 위해서 그렇게 했다는 것입니다. 이는 징계의 바른 자세가 아닙니다. 하나님은 이렇게 말씀합니다. ㉡ "나는 조금만 노하였거늘 그들은 힘을 내어 고난을 더하였음이라"(슥 1:15). 바벨론이 유다에 대하여 그리했다는 것입니다. 이스라엘도 베냐민을 향해 연민으로가 아니라 증오와 살기로 이처럼 진멸을 시켰던 것입니다. 그리고 유념해야할 점은, 한 지파가 전멸의 위기에 놓이게 된 원인제공이 그들을 지도해야할 레위인의 첩으로 말미암았다는 사실입니다.

사사기 21장 개관도표

주제 : 한 단을 쌓고 번제와 화목제를 드림

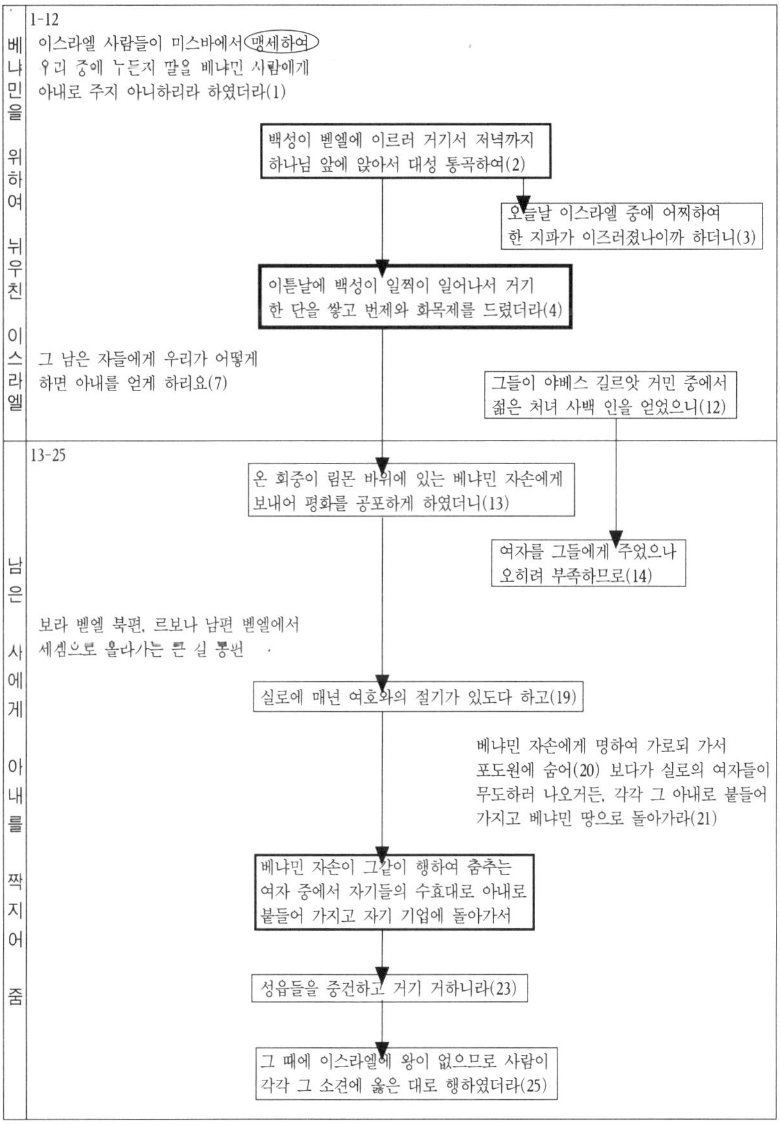

21장

한 단을 쌓고 번제와 화목제를 드림

4이튿날에 백성이 일찍이 일어나서 거기 한 단을 쌓고 번
제와 화목제를 드렸더라.

이제 사사기 마지막 장에 이르렀습니다. 사사시대를 가리켜 "암흑시대"라 말합니다. 빛이 없다는 뜻입니다. 그런데 마지막 장에서 "일찍이 일어나서 거기 한 단을 쌓고 번제와 화목제를 드렸더라"(4)는 것은 빛이 비춰고 있다는 증거입니다. 우리는 그 빛을 룻기에서 보게 될 것입니다.

21장은 "이스라엘 자손이 그 형제 베냐민을 위하여 뉘우쳐"(6), 한 지파가 궐이 나지 않게 하려고, 피하여 살아남은 6백 명에게 아내를 짝지어 주는 내용입니다. 그런데 문제는 "우리 중에 누구든지 딸을 베냐민 사람에게 아내로 주지 아니하리라"(1) 하고 맹세했다는 데 있습니다. 그리하여 궁여지책을 쓰게 됩니다. 이처럼 내용은 베냐민 지파와 화목하는 내용이지만, 중심점은 "번제와 화목제"(6)를 드렸다는데 있음을 놓쳐서는 아니 됩니다. 이점이 중요한 것은 이를 통해서 먼저 하나님과 화목하고, 이웃과도 화목할 수가 있기 때문입니다. 이를 두 단원으로 나누어 상고하겠습니다.

첫째 단원(1-12) **베냐민을 위하여 뉘우친 이스라엘**
둘째 단원(13-25) **남은 자에게 아내를 짝지어 줌**

첫째 단원(1-12) 베냐민을 위하여 뉘우친 이스라엘

"이스라엘 사람들이 미스바에서 맹세하여 이르기를 우리 중에 누구든지 딸을 베냐민 사람에게 아내로 주지 아니하리라 하였더라"(1).

① 첫째 단원의 중심점은 "이스라엘 자손들이 그 형제 베냐민을 위하여 뉘우쳤다"(6)는 데 있습니다. 왜냐하면 한 지파가 "이즈러지게"(3) 되었고, "한 지파가 끊치게"(6) 되었고, "한 지파가 궐이 나게"(15) 되었고, "한 지파가 살아지게"(17) 되었기 때문입니다.

② 이를 인하여 "하나님 앞에서 대성통곡"(2)을 했습니다. 이제야 정신이 들었단 말인가? 이제 시급한 일은, 광야로 도망하여 살아남은 6백명에게 아내를 구해주는 일이었습니다.

③ 그런데 문제는, "우리 중에 누구든지 딸을 베냐민 사람에게 아내로 주지 아니하리라"(1) 맹세했다는데 있습니다. 그리하여 ㉠ "그 남은 자들에게 우리가 어떻게 하면 아내를 얻게 하리요 우리가 전에 여호와로 맹세하여 우리 딸을 그들의 아내로 주지 아니하리라 하였도다"(7) 하고 난감해합니다. 18절에서도, "그러나 우리가 우리의 딸을 그들의 아내로 주지 못하리니 이는 이스라엘 자손이 맹세하여 이르기를 딸을 베냐민에게 아내로 주는 자는 저주를 받으리라 하였음이로다" 하고 한탄하는 것을 보게 됩니다. 이 맹세를 언제 했는가? ㉡ "이스라엘 사람이

베냐민 자손에게로 돌아와서 온 성읍과 가축과 만나는 자를 다 칼날로 치고 닥치는 성읍마다 다 불살랐더라"(20:48) 한 격한 감정에서 발한 것으로 여겨집니다. 그들은 경솔하게 발한 맹세의 올무에 걸렸던 것입니다.

④ 성경을 상고해보면 "맹세"란, 전적타락, 전적부패 한 죄인은 발할 자격이 없는 것입니다. 이를 아셨기에 주님께서는, "또 옛 사람에게 말한바 헛맹세를 하지말고 네 맹세한 것을 주께 지키라 하였다는 것을 너희가 들었으나 나는 너희에게 이르노니 도무지 맹세하지 말라"(마 5:33-34) 하고 경계하셨던 것입니다. "맹세"는 하나님과 결부해서만 해당되는 것입니다. 하나님은 아브라함에게, "내가 나를 가리켜 맹세하노니"(창 22:16) 하고 언약을 세워주셨습니다. 다윗에게도 "내가 나의 거룩함으로 한 번 맹세하였은즉 다윗에게 거짓을 아니 할 것이라"(시 89:35) 합니다. 그리고 성경은 "약속과 맹세"를 가리켜, "이 두 가지 변치 못할 사실"(히 6:18)이라고 말씀합니다. 하나님은 맹세하신 대로 지켜주셨다, "맹세"는 이를 증거하기 위해서 필요한 것입니다.

⑤ 이스라엘 백성들은 베냐민과 싸울 때에 참여하지 않는 자는 "반드시 죽일 것이라"(5) 하고 맹세했는데, "야베스 길르앗에서는 한 사람도 진에 이르러 총회에 참여치 아니한 것"(8)을 확인하고는 그들을 쳐서 "젊은 처녀 4백 인"을 얻게 됩니다.

둘째 단원(13-25) 남은 자에게 아내를 짝지어 줌

"온 회중이 림몬 바위에 있는 베냐민 자손에게 보내어 평화를 공포하게 하였더니"(13).

① "평화를 공포"했다고 말씀합니다. 이제 전쟁은 끝나고 평화가 온

것입니다. 이것이 어떻게 해서 가능하여졌는가? "거기 한 단을 쌓고 번제와 화목제를 드렸더라"(4) 한 하나님과의 화목이 선행되었기 때문입니다. 다시 힘을 주어 강조합니다만, "번제와 화목제"를 예사로 여기는 과오를 범해서는 아니 됩니다. 그런 경향이 있는 것은 하나님께서 이루어오신 구속사역의 맥을 놓치고 있기 때문이며, 영광스런 복음에 둔감해 졌기 때문이라고 밖에는 달리는 말할 길이 없습니다. 구약에 등장하는 제사는 갈보리 십자가를 예표 한다는 뜻에서만 의미가 있습니다.

② 모세는 유훈(遺訓)하기를 "너희는 너희 하나님 여호와께서 자기 이름을 두시려고 한 곳을 택하실 그곳으로 나의 명하는 것을 모두 가지고 갈지니 곧 너희의 번제와 너희 희생"(신 12:11)이라고 말씀했습니다. 포로에서 귀환한 자들이 최우선적으로 행한 일이 무엇인가? "하나님의 단을 만들고 하나님의 사람 모세의 율법에 기록한 대로 번제를 그 위에 드렸다"(스 3:2-3)고 말씀합니다. 아무 곳에서나 드리면 되는 것이 아닙니다. "택하실 한 곳, 그 터"에서 드리라고 말씀합니다. 이는 구원의 근거가 오직 갈보리 십자가에만 있음을 강력하게 계시하시는 말씀입니다.

③ 저들이 범한 죄가, 나아가 구약시대 내내 범한 죄악이 속죄제를 드릴 때에 흘린 짐승의 피로 해결이 될 수가 있었다는 말인가? 아닙니다. 제사제도를 통해서 보류해 두셨을 뿐(롬 3:25)입니다. 그러므로 성경은 말씀합니다. "이를 인하여 그는 새 언약의 중보니 이는 첫 언약 때에 범한 죄를 속하려고 죽으사"(히 9:15), 저수지에 물이 고이듯 보류해 두셨던 구약시대의 모든 죄를 하나님의 어린양에게 담당시키셨던 것입니다. 이에 대한 예표로 제사제도를 명하셨던 것입니다. 이를 아는 자라면 구약성경에 등장하는 "번제와 화목제" 등을 예사로 볼 수는 없는 것입니다.

④ "그 때에 베냐민이 돌아온지라"(14상) 합니다. "이에 이스라엘 사

람이 야베스 길르앗 여인 중에서 살려둔 여자를 그들에게 주었으나", "오히려 부족하므로"(14하) 합니다. 그리하여 고안해 낸 것이 "실로의 딸 중에서 각각 그 아내로 붙들어 가라"(21)는 것이었습니다. 맹세로 인하여 줄 수는 없으니 납치해가라는 것입니다.

⑤ "실로에 매년 여호와의 절기가 있다"(19하)고 말씀합니다. 이는 일종의 축제를 가리키는 말인데 설날이나 한가위 같은 세상적인 명절이 아니라, "여호와의 절기"라고 말씀함을 유념해야만 합니다. "여호와의 절기"라면, "너는 매년 삼차 내게 절기를 지킬지니라"(출 23:14, 신 16:16) 한 대로 삼차를 지켜야만 했습니다. 그런데 일차만을 지킨 것입니다. 그마만큼 하나님에게서 멀어졌다는 증거입니다. 한나의 남편 엘가나도 "매년, 실로에 올라가서 만군의 여호와께 경배하며 제사를 드렸다"(삼상 1:3)고 말씀함을 봅니다. 그렇다면 본문에서 말씀하고 있는 "여호와의 절기"는 삼 대 절기인 "유월절, 오순절, 초막절" 중 어느 절기일까? 학자들은 초막절이었을 것이라고 말합니다. 왜냐하면 "여자들의 무도"(21)가 허용된 것은 초막절 뿐이기 때문이라는 것입니다. 그 무도하러 나온 여자들을 납치해 가서 아내로 삼으라는 것입니다.

여호와의 절기

① 여기 다시 한 번 주목할 점이 있는데, "여호와의 절기"를 지키고 있는 실로의 위치를 설명하는 대목입니다. ㉠ "보라 벧엘 북편, 르보나 남편, 벧엘에서 세겜으로 올라가는 큰길 동편, 실로"(19하) 라고 약도를 그려 주듯이 자세히 설명해 주고 있습니다. 성경 지도를 보시면 베냐민 지파는 실로에서 아주 가까운 곳에서 살고 있었습니다. 그런데 이토록 설명을 해주어야만 한다니. 베냐민 사람들은 일년에 한 번도 "여호와의 절기"를 지키러 실로에 올라가지 않았단 말인가? 이는 하나님의 성막과

가까운 지척에 살면서도, ㉡ 마음의 거리는 하나님과 얼마나 멀리 떨어져 있었는가를 말해주는 대목입니다.

② "베냐민 자손이 그같이 행하여 춤추는 여자 중에서 자기들의 수효대로 아내로 붙들어 가지고 자기 기업에 돌아가서 성읍들을 중건하고 거기 거하니라"(23) 합니다. 이제, ㉠ "한 지파가 "이즈러지게"(3) 되었고, "한 지파가 끊치게"(6) 되었고, "한 지파가 궐이 나게"(15) 되었고, "한 지파가 살아지게"(17) 된 것을 면하게 된 것입니다. 이는 베냐민 지파만을 위해서가 아님을 유념하시기를 바랍니다. 이점을, ㉡ 가룟 유다의 배신으로 궐이 생긴 열 두 사도의 자리를 맛디아로 채우는(행 1:26) 데서 드러납니다. 6백 명을 남겨두심은 하나님의 자비요, 하나님 나라건설을 온전케 하기 위해서였던 것입니다. 이는 하늘에서 내려오는 새 예루살렘의 열 두 문에 열 두 지파의 이름이 기록되었다(계 21:12)는 데서 더욱 분명해집니다. 훗날 베냐민 지파에서 사울 왕이 나오고, 놀랍게도 사도 바울을 배출하게 됩니다. 그런데 더욱 경이로운 일은, ㉢ "여호와의 절기"로 말미암아 신부를 맞이하게 되었다는 점입니다.

③ 사사기는 "성읍들을 중건"(重建)하는 것으로 끝을 맺고 있습니다. "중건"이 가능했던 것은 저들에게, ㉠ "번제와 화목제"(4, 20:26)를 통한 회복의 길이 열려 있었기 때문입니다. 비록 일년에 한 번이라도 저들이 "여호와의 절기"를 통하여 언약의 명맥을 유지해 나갔기 때문입니다. 하나님께서 패역한 저들을 용납하실 수 있었던 것은 전적으로 조상 아브라함에게 세워주신 메시아언약 안에서 가능했음을 간과해서는 아니 됩니다. 아모스서는, ㉡ "그 날에 내가 다윗의 무너진 천막을 일으키고 그 틈을 막으며 그 퇴락한 것을 옛적과 같이 세우고, 내가 저희를 본토에 심으리니 저희가 나의 준 땅에서 다시 뽑히지 아니하리라 이는 네 하나님 여호와의 말씀이니라"(암 9:11, 15) 하고 끝맺고 있습니다. 구속사역이란 다름 아닌 "퇴락한 것을 중건"하는 역사입니다.

④ 사사기는, "그 때에 이스라엘에 왕이 없으므로 사람이 각각 그 소견에 옳은 대로 행하였더라"(25) 하고 끝을 맺고 있는데, 이는 사사시대를 한마디로 요약해주는 의미심장한 말씀입니다. 성령께서는 독자들에게 무엇을 깨닫게 하시려고 이 말씀을 후렴처럼 반복하고 있는 것일까? 그 대답을 룻기에서 듣게 될 것입니다.

룻기

룻기 파노라마

룻기는 "사사들이 치리하던 때에"(1:1), 이렇게 시작이 됩니다. 우리는 사사기 말미에서 사사들이 치리하던 때에 있었던, 두 개의 부록을 대한 바 있습니다. 그렇다면 룻기는 사사시대에 있었던 또 하나의 부록인 셈입니다. 이점이 왜 중요하냐 하면 사사기는 룻기가 있음으로 말미암아 온전하게 되기 때문입니다.

룻기로 말미암아 온전해지는 사사기

주님은 안식일을 범했다고 비난하는 유대인들에게, "내 아버지께서 이제까지 일하시니 나도 일한다"(요 5:17)고 말씀하셨습니다. 성경은 하나님께서 우리를 구원하시기 위해서, 다시 말하면 하나님 나라를 회복하시기 위해서 어떻게 일해 오셨는가를 계시해주고 있습니다. 그러므로 성경에는 일관성(一貫性)과 통일성(統一性)과 점진성(漸進性)이 있습니다. 마치 창세기라는 시발역(始發驛)으로부터 계시록이라는 종착역(終着驛)까지 놓여있는 선로(線路)와 같고, 고층건물에 비한다면 골조(骨組)와 같은 뼈대가 있다는 말씀입니다. 그러므로 성경은 나눌 수도 없고, 떼어놓을 수도 없는 것입니다. 이를 가리켜 바울은 "영원부터 만물을 창조하신 하나님 속에 감취었던 비밀의 경륜"(엡 3:9)이라고 말씀합니다. 이를 증거 해주어야만 뼈대있는 신앙이 되어서 견고하게 설 수가 있는 것입니다.

룻기가 이를 잘 보여주고 있습니다. 룻기는 사사기와 사무엘상 사이에 놓여있어서 마치 척추 사이에 끼어 있는 연골과 같은 역할을 합니다. 그러므로 룻기를 교훈적으로 접근하여 구속사라는 맥락을 무시하게 되면, 사사기와 사무엘상의 연결고리가 끊어지게 되고 맙니다. 교훈적인 설교의 한계(限界)가 여기에 있는 것입니다. 그렇게 한다면 하나님께서 이루어오신 구원계획을 해체(解體)시키는 결과가 되고 맙니다.

룻기에 대한 전통적인 관점은 암흑기였던 사사시대에, 찬란하게 빛을 발하는 샛별처럼 룻의 효행이나 희생적인 사랑에 초점을 맞추어 가정의 달의 단골 메뉴로 취급되어 왔습니다. 그렇게 한다면 룻기는 춘향전이나 심청전과 같이 권선징악(勸善懲惡)의 윤리적인 작품은 될지언정 하나님의 계시인 성경은 될 수가 없는 것입니다.

룻기의 연결고리

사사기는, "그 때에 이스라엘에 왕이 없으므로"(삿 21:25) 하고 끝을 맺고, 룻기는, "이새는 다윗을 낳았더라"(4:22)하고 끝을 맺고 있습니다. 이를 대할 때에 당연히 물어야만 합니다. 무엇을 말씀하기 위해서 "다윗을 낳았더라" 하고 말씀하는가? 룻기에 등장하는 중요한 인물은 "룻과, 보아스"입니다. 보아스는 룻을 맞이하여 오벳을 낳았습니다. 그런데 룻기는 "오벳을 낳았더라" 하고 끝나는 것이 아니라 "오벳은 이새를 낳았고 이새는 다윗을 낳았더라" 하고 "다윗"이라는 인물까지 더 나아가고 있습니다. 우리가 얼마나 둔감한가를 보십시오.

다윗은 이새의 맏아들이 아니라 막내입니다. 그런데 어찌하여 "이새는 다윗을 낳았더라" 하고 끝맺는 것일까요? 왕이 없던 그 때에 하나님은 왕을 준비하고 계셨음을 계시해주고 있는 것입니다. 이것이 룻기서의 핵심적인 주제입니다. 그리고 룻기 다음 책인 사무엘상에서, "너는 기름을 뿔에 채워 가지고 가라 내가 너를 베들레헴 사람 이새에게로 보내리니 이는 내가 그 아들 중에서 한 왕을 예선하였음이니라"(삼상 16:1) 하고, 예선해 놓으신 왕이 다윗임을 말씀하시는 것입니다. 그러하기 때문에 룻기가 아니면 사사기가 온전해지지 못한다고 말씀했던 것입니다.

그리고 주목해야할 점은 다윗의 족보를 보아스로부터 시작하고 있는 것이 아니라 "베레스의 세계(족보)는 이러하니라"(4:18) 하고 "베레스"까지 소급해 올라가고 있다는 것과, 베레스는, "다말이 유다에게 낳아준 베레스"(4:12)라고 설명해 줌으로 다윗의 뿌리가 유다 지파 자손임을 밝혀주고 있다는 점입니다.

성경의 통일성과 점진성

"다윗"의 뿌리를 유다까지 거슬러 올라가 보여주는 의도가 무엇인가? 성경은 창세기에서 유다에게, "홀이 유다를 떠나지 아니하며 치리자의 지팡이(즉 왕)가 그 발 사이에서 떠나지 아니하시기를 실로가 오시기까지 미치리니 그에게 모든 백성이 복종하리로다"(창 49:10) 하고 예언한 바가 있습니다. 하나님께서 예선해놓으신 다윗이 이 정통(正統)을 이어받은 줄기임을 보여주기 위해서입니다. 그리고 이 구속사의 맥은 여기가 끝이 아니라 하나님께서 다윗에게, "내가 네 몸에서 날 자식을 네 뒤에 세워 그 나라를 견고케 하리라, 네 집과 네 나라가 네 앞에서 영원히 보존되고 네 위가 영원히 견고하리라"(삼하 7:12-16) 하고 세워주신 언약으로 이어지고 있는 것입니다.

그리고 이 다윗 언약은, "보라 네가 수태하여 아들을 낳으리니 그 이름을 예수라 하라 저가 큰 자가 되고 지극히 높으신 이의 아들이라 일컬을 것이요 주 하나님께서 그 조상 다윗의 위를 저에게 주시리니 영원히 야곱의 집에 왕 노릇하실 것이며 그 나라가 무궁하리라"(눅 1:20-33)에서 성취가 되고 있는 것입니다. 그러므로 룻기에 나오는 다윗의 족보(4:18-22)가, 예수 그리스도의 족보(마 1:3-6)와 일치함을 보게 됩니다. 룻기는 구속사의 이 연결고리를 이어주고 있는 것입니다.

기업 무를 자

룻기서의 또 하나의 중요한 주제는 "기업 무를 자"입니다. 짧은 룻기에 12번이나 등장합니다. 기업 무를 자란 어떤 사람이 하나님께 받은 기업을 빚으로 인하여 잃게 되었을 때에, 그 값을 대신 갚아주고 잃었던 기업을 되찾아주어야 할 가까운 친족을 가리킵니다. 예를 들면 분배받은 땅을 잃었을 때, 자식이 종으로 팔렸을 때(레 25:25), 대를 이을 자식이 없이 죽었을 때, 계대결혼(繼代結婚)을 통해서 대를 이어주는 일 등입니다. 기업 무를 자의 자격요건은 첫째, 가까운 친척이어야 하고, 둘째, 자원하여야 하고, 셋째, 능력이 있어야만 합니다. 룻기에서는 이 기업 무를 자로 보아스가 자원하고 있는 것입니다.

룻기의 줄거리는, 베들레헴에 살던 엘리멜렉이 그 땅에 흉년이 들매 아내와 두 아들을 데리고 모압 지방으로 내려가는 것으로 이야기는 시작이 됩니다. 거기서 엘리멜렉과 두 아들이 죽고, 과부 시어머니와, 그 곳에서 얻은 두 과부 며느리만 남게 됩니다. 그 중 한 자부 오르바는 시모 나오미를 작별하고 자기 신에게로 돌아가지만 룻은, "나로 어머니를 떠나며 어머니를 따르지 말고 돌아가라 강권하지 마옵소서 어머니께서 가시는 곳에 나도 가고 어머니께서 유숙하시는 곳에서 나도 유숙하겠나이다 어머니의 백성이 나의 백성이 되고 어머니의 하나님이 나의 하나님이 되시리니 어머니께서 죽으시는 곳에서 나도 죽어 거기 장사될 것이라 만일 내가 죽는 일 외에 어머니와 떠나면 여호와께서 내게 벌을 내리시고 더 내리시기를 원하나이다"(룻 1:16-17) 하면서, "그를 붙좇았더라"고 말씀합니다.

나오미는 룻을 데리고 고향 베들레헴으로 돌아옵니다. 나오미는 성읍 사람들에게, "나를 나오미(기쁨)라 칭하지 말고 마라(괴로움)라 칭하라, 내가 풍족하게 나갔더니 여호와께서 나로 비어 돌아오게 하셨느니라"(1:19-21) 하고 말합니다. 그러면 좇아오고 있는 룻에게는 어떤 소망이 있단 말인가? 없습니다. 그 점이 나오미가 자부들에게, "나의 태중에 너희의 남편 될 아들들이 오히려 있느냐"(1:11) 하고 말한 데서 드러납니다. 이들에게 유일하게 남은 소망이, "기업 무를 자"입니다. 첫 번으로 가까운 친족 중 "아무개"는, "내 기업에 손해가 있을까 하여 무르지 못하겠다"(4:1, 6) 하고 나오미를 모른 체합니다. 이 때에 보아스가 기업 무를 자로 자청을 합니다. 그리하여 룻을 맞이하여 대를 이어줄 아들을 낳게 됩니다.

그러므로 룻기의 요절은, 4:14절이라 할 수가 있습니다. "여인들이 나오미에게 이르되 찬송할지어다 여호와께서 오늘날 네게 기업 무를 자가 없게 아니하셨도다" 하고 찬양을 합니다. 여인들은 보아스나 룻을 찬양하고 있는 것이 아닙니다. "여호와" 하나님을 찬양하고 있는 것입니다. 왜냐하면 "기쁨"(나오미)을 잃어버리고 "괴로움"(마라)이 되어 돌아온 그에게, 기업 무를 자가 있게 하셔서 "기쁨"을 회복하게 해주신 것은 자신에게 그럴만한 가치가 있어서가 아니라 전적인 하나님의 "은혜"임을 알았기 때문입니다. 그런데 우리는 한 걸음 더 나아가야만 합니다.

우리에게 기업 무를 자가 있게 하신 하나님

성경은, 나오미의 기업을 회복시켜주는 이야기가 아닙니다. 인류의 시조가 잃어버렸던 기업을 회복시켜주시기 위해서 우리의 기업 무를 자를 없게 아니하셨다는 계시입니다. 이점을 히브리서 2장은 잘 보여주고 있습니다. 주님은 우리를, "형제라 부르기를 부끄러워 아니하셨다"(히 2:11)고 말씀합니다. 어떤 처지에 있는 자들을 형제라 부르기를 부끄러워 아니하셨는가? "또 죽기를 무서워하므로 일생에 매여 종노릇하는 모든 자"(히 2:15), 다시 말하면 죄 값에 팔린 자들입니다. 이는 체면(體面)의 문제가 아니라 책임(責任)의 문제였던 것입니다. 그리하여 우리의 가까운 친족이 되어주시기 위해서 우리와 같은 "혈육"을 입고 오셨습니다. "그러므로 저가 범사에 형제들과 같이 되심이 마땅하도다 이는 하나님의 일에 자비하고 충성된 대제사장이 되어 백성의 죄를 구속하려 하심이라"(히 2:17) 말씀합니다. "구속하려 하심", 이는 값을 대신 지불해주고 자유케 함을 뜻합니다. "이를 행하심은 하나님의 은혜로 말미암아 모든 사람을 위하여 죽음을 맛보려 하심이라"(히 2:9) 말씀합니다.

이는 전적으로 "하나님의 은혜로 말미암아"입니다. 그러므로 룻기에서 여인들이 보아스를 찬양하고 있는 것이 아니라, "찬송할지로다 여호와께서 오늘날 네게 기업 무를 자가 없게 아니하셨도다" 하심은 이를 통해서 우리를 인류의 기업 무를 자가 되시는 그리스도에게로 인도하기 위해서입니다.

성취하기까지 쉬지 않으시는 하나님

나오미는 룻에게 말합니다. "내 딸아 이 사건이 어떻게 되는 것을 알기까지 가만히 앉아 있으라 이 사람이 오늘날 이 일을 성취하기 전에는 쉬지 아니하리라"(3:8). 그렇습니다. 잃었던 기업을 회복하는 일에 나오미나 룻이 보태야할 일은 아무 것도 없습니다. "가만히 앉아 있으라" 뿐입니다. 오직 "그 사람이 이 일을 성취하기 전에는 쉬지 아니하리라" 하십니다.

하나님께서는 구속사역을 성취하시기 전에는 결코 쉬지 아니하십니다(사 9:6-7). 이는 전적으로 하나님의 주권적인 사역입니다. 출애굽 당시, 홍해와 추격해오는 바로의 군대 사이에 끼어서 절망하는 백성들에게 모세는 외쳤습니다. "너희는 두려워 말고 가만히 서서 여호와께서 오늘날 너희를 위하여 행하시는 구원을 보라"(출 14:13).

"일을 행하는 여호와, 그것을 지어 성취하는 여호와"(렘 33:2)의 일하심은 룻기서 전편에 걸쳐 나타납니다. ㉠ 사사시대에 여호와의 목전에 악을 행한 저들을 징벌하시기 위해서 "흉년"으로 치신(1:1) 일, ㉡ 하나님의 징계를 순히 받지 아니하고 피하여 모압으로 내려간 엘리멜렉의 가정을 징책하신(1:21) 일, ㉢ 그들이 부르짖자 "자기 백성을 권고하사 그들에게 양식을 주신"(1:6) 일, ㉣ 그들이 떡집(베들레헴)으로 돌아왔을 때가, "보리 추수 시작할 때"(1:22)였다는 점, ㉤ 룻이 이삭을 주우러 간 것이 "우연히 엘리멜렉의 친족 보아스에게 속한 밭"(2:3)으로 인도하신 일, ㉥ 그 때 "마침 보아스가 베들레헴으로부터" 돌아와서 이삭을 줍는 룻을 만나도록 해 주신(2:4) 일, ㉦ 그리고 보아스가 기업 무를 자로 자원토록 해주신 일 등입니다. 궁극적으로 룻기의 주제는, ① 왕을 준비해주신 일과, ② 우리의 기업 무를 자가 없게 아니 하신 일입니다. 그래도 부족합니까?

룻은 보아스에게 이렇게 간구합니다. "나는 당신의 시녀 룻이오니 당신의 옷자락으로 시녀를 덮으소서 당신은 우리 기업 무를 자가 됨이니이다"(3:9). 우리도 이렇게 간구하십시다. "주여 당신의 의의 옷자락으로 이 종을 덮으소서 주는 우리의 기업 무를 자가 됨이니이다". 우리에게 왕을 주시고, 우리에게 기업 무를 자가 있게 하신 하나님을 찬양하십시다.

룻기 1장 개관도표

주제 : 언약 백성을 붙좇은 이방인 룻

유다 베들레헴을 떠나다

1-5

사사들의 치리하던 때에

그 땅에 흉년이 드니라

유다 베들레헴에 한 사람이

그 아내와 두 아들을 데리고
모압 지방에 가서 우거하였는데(1)

유다 베들레헴 에브랏 사람들이더라(2)

나오미의 남편 엘리멜렉이 죽고(3)
말론과 기룐 두 사람이 다 죽고 그 여인은
두 아들과 남편의 뒤에 남았더라(5)

어머니의 하나님이 나의 하나님

6-18

여호와께서 자기 백성을 권고하사
그들에게 양식을 주셨다함을 들었으므로
두 자부와 함께 일어나, 돌아오려 하여(6)

유다 땅으로 돌아오려고 길을 행하다가(7)

나오미가 두 자부에게 이르되
너희는 각각 어미의 집으로 돌아가라(8)
오르바는 그 시모에게 입맞추되

룻은 그를 붙좇았더라(14)
네 동서는 그 백성과 그 신에게로 돌아가나니
너도 동서를 따라 돌아가라(15)

룻이 가로되 나로 어머니를 떠나며 어머니를
따르지 말고 돌아가라 강권하지 마옵소서
어머니께서 가시는 곳에 나도 가고
어머니께서 유숙하시는 곳에서 나도 유숙하겠나이다
어머니의 백성이 나의 백성이 되고
어머니의 하나님이 나의 하나님이 되시리니(16)
어머니께서 죽으시는 곳에서 나도 죽어 거기
장사될 것이라 만일 내가 죽는 일 외에
어머니와 떠나면 여호와께서 내게 벌을
내리시고 더 내리시기를 원하나이다(17)

베들레헴으로 돌아옴

19-22

두 사람이 행하여 베들레헴까지 이르니라
베들레헴에 이를 때에 온 성읍이 그들을 인하여

떠들며 이르기를 이가 나오미냐 하는지라(19)
나를 나오미라 칭하지 말고 마라라 칭하라(20)

내가 풍족하게 나갔더니
여호와께서 나로 비어 돌아오게 하셨느니라

여호와께서 나를 징벌하셨고, 나를 괴롭게 하셨거늘
너희가 어찌 나를 나오미라 칭하느뇨 하니라(21)
나오미가 모압 지방에서 그 자부 모압 여인 룻과
함께 돌아왔는데 그들이 보리 추수 시작할 때에

베들레헴에 이르렀더라(22)

1장

언약 백성을 붙좇은 이방인 룻

16 룻이 가로되 나로 어머니를 떠나며 어머니를 따르지 말고 돌아가라 강권하지 마옵소서 어머니께서 가시는 곳에 나도 가고 어머니께서 유숙하시는 곳에서 나도 유숙하겠나이다 어머니의 백성이 나의 백성이 되고 어머니의 하나님이 나의 하나님이 되시리니(16).

1장은 유다 베들레헴을 떠나 모압으로 내려갔던 한 가정이, 낭패와 실망을 당한 후에 다시 유다 베들레헴으로 돌아오는 내용입니다. 그런데 떠날 때는 "풍족하게 떠났으나" 돌아올 때는 "비어 돌아오게"(21) 하셨다고 말합니다. 남편과 두 아들을 잃고 돌아왔기 때문입니다. 그런데, 잃은 것만이 아니라 "룻"이라는 믿음의 딸을 얻었음을 유념해야만 합니다. 1장에서 초점(焦點)을 누구에게 맞추느냐 따라 룻기의 의미가 달라집니다. "나오미"에게 맞추게 되면, 낭패와 실망을 당한 후에 본향으로 돌아오는 탕자의 이야기가 됩니다. 그러나 "룻"에게 맞추게 되면 그 의미는 전연 달라집니다. 룻은, "그 때에 너희는 그리스도 밖에 있었고 이스라엘 나라 밖의 사람이라 약속의 언약들에 대하여 외인이요 세상에서 소망이 없고 하나님도 없는 자"(엡 2:12)였던 이방인입니다. 그런 룻이, "어머니의 백성이 나의 백성이 되고 어머니의 하나님이 나의 하나님이 되시리니"(16하) 하고 고백하면서 유다 베들레헴으로 오고 있다는 것은, "언약백성, 다시 말하면 그리스도 예수 안으로 들어오고 있는 것이 되기 때문입니다. 이점을 신약성경에서는, "이제는 전에 멀리 있던 너희(룻)가 그리스도 예수 안에서 그리스도의 피로 가까와졌느니라"(엡 2:13) 하고 말씀합니다. 룻기 전체의 문맥으로 볼 때, 초점은 나오미가 아니라 룻에게 맞춰져 있음을 깨닫게 됩니다.

1장에서 주목해야할 점은 "유다 베들레헴"이 강조되어 있다는 점입니다. 시련은 "하나님의 떡 집"이라는 복스러운 베들레헴을 떠나는데서 시작이 되었던 것입니다. "유다"라는 말이 1절, 2절, 7절에 나오고, "베들레헴"이 다섯 번(1, 2, 19, 19, 22)이나 등장하고 있다는데 주목해야만 합니다. 어찌하여 "유다 베들레헴"이 강조되어 있는가? 바로 그 동네가 룻기 마지막에 이르러, "이새는 다윗을 낳았더라"(4:22) 하고 마치는 다윗이 탄생할 동네요, 다윗의 자손으로 오실 그리스도가 탄생할 땅이기 때문입니다. 나오미는 룻을 데리고 다른 곳이 아니라 바로 "유다 베들레헴"으로 돌아오고 있다는데 구속사적인 의미가 있는 것입니다. 그러므로 1장의 주제가, "언약백성을 붙좇은 이방인 룻"이 될 수가 있습니다. 하나님은, "그 날개 아래 보호를 받으러 온" 이방인 룻을 통해서 메시아의 계보를 이어나가셨던 것입니다. 이를 세 단원으로 나누어 상고하겠습니다.

첫째 단원(1-5) **베들레헴을 떠나는 엘리멜렉**

둘째 단원(6-18) **언약 백성을 붙좇는 룻**

셋째 단원(19-22) **유다 베들레헴으로 돌아오다**

첫째 단원(1-5) **베들레헴을 떠나는 엘리멜렉**

"사사들이 치리하던 때에 그 땅에 흉년이 드니라 유다 베들렘에 한 사람이 그 아내와 두 아들을 데리고 모압 지방에 가서 우거하였는데"(1).

① 첫 단원은 룻기의 배경적인 설명입니다. 먼저 시대적인 배경을, ㉠ "사사들이 치리하던 때"라고 밝혀주고 있습니다. 이는 무심한 일이 아니라 중요한 의미를 전달해주고 있습니다. 사사기는 말미에 부록처럼 두 사건을 기술하고 있는 것을 보았습니다. 두 사건은 어두움의 권세(눅 22:53)가 지배하는 암흑의 장면입니다. 그런데 "사사들이 치리하던 때에", 하고 시작되는 "룻기"는 또 하나의 부록인 셈인데, ㉡ 이 "룻기"로 말미암아 사사기는 빛을 발하게 되고, 온전케 되는 것입니다.

② 다음은 상황적인 배경으로, "그 땅에 흉년이 드니라"(1중) 합니다. 이 흉년은, "또 내가 너희 모든 성읍에서 너희 이를 한가하게 하며 너희 각처에서 양식이 떨어지게 하였으나 너희가 내게로 돌아오지 아니하였느니라 이는 여호와의 말이니라"(암 4:6) 하신 대로, 패역한 백성들에게 "돌아 오라"는 징벌이었던 것입니다.

③ 그런데 "유다 베들레헴에 한 사람이 그 아내와 두 아들을 데리고 모압 지방에 가서 우거 하더니"(1하) 하고, 돌아오는 것이 아니라 도리어 멀리 떠나고 있는 것입니다. 이는 그 시대의 신앙적인 배경을 반영해주고 있는 것입니다.

④ "그 사람의 이름은 엘리멜렉이요 그 아내의 이름은 나오미요 그 두 아들의 이름은 말론과 기룐이니 유다 베들레헴 에브랏 사람들이더라"(2중) 합니다. "유다 베들레헴 에브랏 사람"이라고 말씀함을 주목할 필요가 있습니다. 왜냐하면 우리는 미가 선지자가, "베들레헴 에브라다야 너는 유다 족속 중에 작을지라도 이스라엘을 다스릴 자가 네게서 내

게로 나올 것이라"(미 5:2) 하고 예언한 말씀을 알고 있기 때문입니다. 그런데 잠시의 시련을 참고 견디지를 못하고 그 축복의 땅을 떠나 "그들이 모압 지방에 들어가서 거기 우거"(2하)하다니.

⑤ "나오미의 남편 엘리멜렉이 죽고", 두 아들은 "모압 여사 중에서 아내를 취하였는데 하나의 이름은 오르바요 하나의 이름은 룻이더라"(3-4상) 합니다. "거기 거한지 십 년 즈음에"(4하), 창세기에 보면 하나님의 언약을 믿고 기다렸어야할 아브라함이 하갈을 첩으로 얻은 때를, "가나안 땅에 거한지 십 년 후이었더라"(창 16:3) 하고 밝혀주고 있는 것을 대하게 됩니다. "십 년이면 강산도 변한다"는 데, 유다 베들레헴을 떠난 언약 백성들이 이방에 너무 오래 거한 것은 아닌가?

⑥ 종래는 "말론과 기룐 두 사람이 다 죽고", 시어머니 과부와, 두 며느리 과부, 세 과부(5)만이 남게 됩니다. 이를 깨우쳐주고 있는 시편 말씀이 있습니다.

메섹에 유하며 게달의 장막 중에 거하는 것이
내게 화로다
내가 화평을 미워하는 자와 함께
오래 거하였도다
나는 화평을 원할지라도 내가 말할 때에
저희는 싸우려 하는도다(시 120:5-7).

둘째 단원(6-18) 언약 백성을 붙좇은 룻

"그가 모압 지방에 있어서 여호와께서 자기 백성을 권고하사 그들에게 양식을 주셨다 함을 들었으므로 이에 두 자부와 함께 일어나 모압 지방에서 돌아오려 하여"(6).

① "있던 곳을 떠나고 두 자부도 그와 함께 하여 유다 땅으로 돌아오려고 길을 행하다가"(7), 나오미가 두 자부에게, "각각 어미의 집으로 돌아가라" 하고 말합니다. 그리고 "여호와께서 너희로 각각 남편의 집에서 평안함을 얻게 하시기를 원하노라" 하고, 개가(改嫁) 해서 행복하게 살게 되기를 축복해줍니다(8-9). 이는 시모가 과부 된 젊은 자부들에게 베풀 수 있는 마지막 배려일 수도 있습니다.

② "아니니이다 우리는 어머니와 함께 어머니의 백성에게로 돌아가겠나이다"(10) 하고 말합니다. 그들에게, "내 딸들아 돌이켜 너희 길로 가라" 하면서 말한 나오미의 진술(11-13)은 자신을 따라와 보았자 아무 소망이 없다는 말입니다. 그래서 결론을, "여호와의 손이 나를 치셨으므로 나는 너희로 인하여 더욱 마음이 아프도다"(13) 하고 절망으로 끝맺고 있는 것입니다. 유다 베들레헴으로 올라가는 길이 과연 절망의 길이란 말인가?

③ 성경은 말씀합니다. "볼지어다 하나님께 징계 받는 자에게는 복이 있나니 그런즉 너는 전능자의 견책을 업신여기지 말지니라 하나님은 아프게 하시다가 싸매시며 상하게 하시다가 그 손으로 고치시나니"(욥 5:17-18), 그렇습니다. 하나님은 악을 선으로 바꾸사(창 50:20) 그들을 위하여 "기업 무를 자를 없게 아니하셨도다"(4:14) 하는 것이 룻기서의 중심주제입니다. 불신앙은 "원시(遠視)치 못하기"(벧후 1:9) 때문에 절망하나, 하나님은 합력하여 선을 이루어 나가십니다.

④ "그들이 소리를 높여 다시 울더니 오르바는 그 시모에게 입맞추되 룻은 그를 붙좇았더라"(14) 합니다. "룻은 그를 붙좇았다"는 말은 떼어놓지 못하도록 꽉 붙잡고 놓지 않았다는 묘사입니다. 이를 문맥적으로 보면 두 자부에게 돌아가라 한 나오미의 권면(11-13)은 두 사람의 믿음을 시험하는 시금석(試金石)과 같은 말씀으로 작용합니다. 룻의

반응은 떨어지지 않으려고 "붙좇았으나", 그러나 오르바는 작별의 입맞춤을 하고 말았습니다. 이것이 천국과 지옥의 갈림길이 될 줄을 그들은 몰랐을 것입니다. 15절을 보십시오. "네 동서는 그 백성과 그 신(神)에게로 돌아가나니" 라고 말씀하고 있는 것입니다. 오르바는 옛 "백싱과 신"에게로 돌아가지 말았어야만 했습니다. 이럴 경우 시편은 말씀합니다.

딸이여
듣고 생각하고 귀를 기울일지어다
네 백성과 아비 집을 잊어버릴지어다
그러하면 왕이 너의 아름다움을 사모할지라
저는 너의 주시니
너는 저를 경배할지어다 (시 45:10-11).

⑤ 이런 맥락에서 룻이, "나로 어머니를 떠나며 어머니를 따르지 말고 돌아가라 강권하지 마옵소서 어머니께서 가시는 곳에 나도 가고 어머니께서 유숙하는 곳에서 나도 유숙하겠나이다 어머니의 백성이 나의 백성이 되고 어머니의 하나님이 나의 하나님이 되시리니 어머니께서 죽으시는 곳에서 나도 죽어 거기 장사될 것이라 만일 내가 죽는 일 외에 어머니와 떠나면 여호와께서 내게 벌을 내리시고 더 내리시기를 원하나이다"(16-17) 한 말은 다름 아닌 룻의 신앙고백이었던 것입니다. 이보다 더 감동적인 신앙고백을 우리는 듣지를 못했습니다.

⑥ 이점에서 유념해야할 점이 있습니다. 룻은 나오미라는 시모를 좇아온 것이 아니라는 점입니다. "어머니의 백성", 즉 언약백성을 좇아 언약 안으로 들어온 것이고, "어머니의 하나님이 나의 하나님이 되시리니"(16) 한, "여호와의 날개 아래 보호를 받으러온"(2:12) 것임을 놓치

지 말아야만 합니다. 그러므로 이방인 룻의 신앙이 사사시대 모든 이스라엘 백성들의 신앙은 물론, 나오미의 신앙까지를 능가하고 있다는 점을 보여주려는 것이 1장의 의도입니다. 서론에서 1장의 초점이 룻에게 맞춰져 있다함이 이 때문입니다. 엘리멜렉은 약속의 땅을 떠났고 죽었으나, 룻은 미지의 약속의 땅으로 들어오고 있다는 것이 1장의 구도입니다.

⑦ 룻기에서 기업 무를 자로 자원하는 보아스는 분명 그리스도를 예표하고 있습니다. 이것이 맞는다면 그의 신부가 되기 위하여 돌아오고 있는 "룻"은 신약교회, 특히 이방인이었다가 구원에 참여하게 된 우리들의 예표(사 54:1)임도 분명한 것입니다. 그렇다면 룻의 신앙고백과 "붙좇음"을 통해서, 우리의 결단이 무엇이어야만 하는가를 깨닫게 되는 것입니다.

셋째 단원(19-22) 유다 베들레헴으로 돌아오다

"이에 그 두 사람이 행하여 베들레헴까지 이르니라 베들레헴에 이를 때에 온 성읍이 그들을 인하여 떠들며 이르기를 이가 나오미냐 하는지라"(19).

① 그들이 돌아오자 베들레헴 "온 성읍이 그들을 인하여 떠들 썩" 했다는 것은 그들의 돌아옴을 환영했음을 나타냅니다. "나오미가 그들에게 이르되 나를 나오미(기쁨)라 칭하지 말고 마라(괴로움)라 칭하라 이는 전능자가 나를 심히 괴롭게 하셨음이니라"(20) 합니다.

② "내가 풍족하게 나갔더니 여호와께서 나로 비어 돌아오게 하셨느니라"(21상) 하고 말합니다. 나오미의 말은 부정적이고 절망적입니다. 그것은 믿음이 적음을 나타냅니다. 나오미는 결코 잃기만 한 것이 아닙

니다. 첫째는 자신들이 유다 베들레헴을 떠난 것이 잘못이었다는 소중한 깨달음을 안고 돌아온 것입니다. 이점을, "여호와의 손이 나를 치셨다(13하), 전능자가 나를 심히 괴롭게 하셨다(20), 여호와께서 나로 비어 돌아오게 하셨느니라 여호와께서 나를 징벌하셨다"(21) 하고 말하는 데서 드러납니다. 징계의 목적이 여기에 있는 것입니다. 이점을 시편에서는, "고난 당한 것이 내게 유익이라 이로 인하여 내가 주의 율례를 배우게 되었나이다"(시 119:71) 하고 말씀합니다. 이후로 모압의 연단을 통하여 빛을 발하게 되는 나오미의 성숙한 신앙을 보게 될 것입니다.

③ 그 무엇보다도 나오미는, "일곱 아들보다 귀한 자부"(4:15), 곧 믿음의 딸을 선물로 받아 가지고 돌아왔다는 사실입니다. 그들이 유다 베들레헴을 떠난 것은 분명 잘못이었습니다. 그런데 "하나님은 그것(악)을 선으로 바꾸사 오늘과 같이 만민의 생명을 구원하게 하시려"(창 50:20)는 계획을 갖고 계셨던 것입니다.

④ 그러므로 성경은, "나오미가 모압 지방에서 그 자부 모압 여인 룻과 함께 돌아왔는데 그들이 보리 추수 시작할 때에 베들레헴에 이르렀더라"(22) 하고, "추수를 시작할 때"라는 소망스러운 묘사로 마치고 있는 것입니다. 믿음은 결코 절망으로 끝나지 않습니다. 이를 알았기에 바울은 "우리가 알거니와 하나님을 사랑하는 자 곧 그 뜻대로 부르심을 입은 자들에게는 모든 것이 합력하여 선을 이루느니라"(롬 8:28) 하고 선언하고 있는 것입니다.

룻기 2장 개관도표

주제 : 룻과 기업 무를 자 보아스와의 만남

보아스의 밭으로 간 룻	1-7 나오미의 남편 엘리멜렉의 친족 중 → 유력한 자가 있으니 이름은 보아스더라(1) 나로 밭에 가게 하소서 내가 뉘게 은혜를 입으면 이삭을 줍겠나이다(2) 룻이, 우연히 엘리멜렉의 친족 보아스에게 속한 밭에 이르렀더라(3) 마침 보아스가 베들레헴에서부터 와서(4) 보아스가 베는 자들을 거느린 사환에게 이르되 이는 뉘 소녀냐(5)
룻에게 은혜를 베푼 보아스	8-16 보아스가 룻에게 이르되, 여기서 떠나지 말고 나의 소녀들과 함께 있으라(8) 나는 이방 여인이어늘 당신이 어찌하여 내게 은혜를 베푸시며 나를 돌아보시나이까(10) 부모와 고국을 떠나 전에 알지 못하던 백성에게로 온 일이 내게 분명히 들렸느니라(11) 여호와께서 네 행한 일을 보응하시기를 원하며 여호와께서 그 날개 아래 보호를 받으러 온 네게 온전한 상 주시기를 원하노라(12) 내 주여 내가 당신께 은혜 입기를 원하나이다 위로하시고 마음을 기쁘게 하는 말씀을 하셨나이다(13)
룻의 기업무를자 보아스	17-23 시모에게 그 주운 것을 보이고 그 배불리 먹고 남긴 것을 내어 시모에게 드리매(18) 너를 돌아본 자에게 복이 있기를 원하노라 오늘 일하게 한 사람의 이름은 보아스니이다(19) 그가 생존한 자와 사망한 자에게 은혜 베풀기를 그치지 아니하도다 그 사람은 우리 기업을 무를 자 중 하나이니라(20)

2장

룻과, 기업 무를 자 보아스와의 만남

> 12여호와께서 네 행한 일을 보응하시기를 원하며 이스라엘
> 의 하나님 여호와께서 그 날개 아래 보호를 받으러 온 네
> 게 온전한 상주시기를 원하노라.

2장의 중심점은 도표에 표시된 대로, "룻과 보아스와의 만남"에 있습니다. 룻은 보리 이삭을 주우러 밭으로 갔다가 보아스를 만나게 됩니다. 본 장에는 "보아스"가 10번, "룻"이 12번이나 등장합니다. 그런데 룻과 보아스의 만남은 단순한 만남이 아니라, 절망적인 처지에 빠진 룻과, 기업 무를 자인 보아스와의 만남이라는데 2장의 핵심이 있는 것입니다. 그러므로 룻은 은혜를 받는 자로, 보아스는 베푸는 자로 등장합니다. 첫째로, "위로하시고 마음을 기쁘게 하는", 〈말씀〉(13)의 은혜를 입게 됩니다. 둘째로, "배불리 먹고 남았더라"(14) 한 때를 따라 도우시는 은혜를 입게 됩니다. 또한 "배불리 먹고 남긴 것을 시모에게 드리매"(18) 하고 나누어줄 수 있는 넘치는 은혜를 입게 됩니다. "부모와 고국을 떠나 전에 알지 못했던 백성에게로 온"(11) 룻은 보아스를 만나 이와 같은 은혜를 입게 된 것입니다.

모압 소녀 룻이 이삭줍는 하찮은 이야기가 어떤 의미가 있기에 성경에 수록이 되었는가? 이를 구속사의 맥락에서 보면 "왕이 없던" 사사시대에 왕을 준비하시는 하나님의 기이한 섭리로 말미암음임을 깨닫게 되는 것입니다. 그렇다면 룻에게 있어서 보아스는 누구인가? "그 사람은 우리의 근족이니 우리 기업을 무를 자 중 하나이니라"(20) 하고 말씀합니다. 이점에서 룻과 보아스와의 관계가, 우리와 그리스도와의 관계의 예표가 되는 것입니다. 이를 세 단원으로 나누어 상고하겠습니다.

첫째 단원(1-7) **보아스의 발으로 인도된 룻**
둘째 단원(8-16) **룻에게 은혜를 베푼 보아스**
셋째 단원(17-23) **룻의 기업 무를 자 보아스**

첫째 단원(1-7) 보아스의 발으로 인도된 룻

"나오미의 남편 엘리멜렉의 친족 중 유력한 자가 있으니 이름은 보아스더라(1).

① 룻기에서 "보아스"의 이름이 여기서 처음으로 등장합니다. 본 서의 이름을 "룻기"라 한 것은 "룻"이 우리의 처지를 예표 해주기 때문일 것입니다. 그러나 룻은 은혜를 입는 자요, 은혜를 베푸는 주체(主體)는 "보아스"임을 명심해야만 합니다. 보아스가 없는 룻은 아무 의미가 없는 것입니다. 룻기에서 "보아스"는 예수 그리스도의 예표로 등장합니다. 구속사의 맥락에서 본다면 구약시대에 세움 받은 "제사장, 왕, 선지자"는, 역기능(逆機能)으로 행했기 때문에 문제이지, 모두가 그리스도의 일면을 예표하는 자로 세움 받은 자들입니다. 이점에서 "거짓 선지자"는 아닙니다. 그리고 "유다 지파"에서 나지 않은 왕, 즉 북 이스라엘의

왕들이나, 사울 왕도 예외입니다. 왜냐하면 그리스도가 유다로 좇아 나시게 되기 때문입니다.

② 2장은, "나오미의 남편 엘리멜렉의 친족 중 유력한 자가 있으니 이름은 보아스더라"(1), 이렇게 시작이 됩니다. 이 첫 절은 명제(命題)와 같은 말씀입니다. 그 이하는 이에 대한 해설이라 할 수가 있습니다. ㉠ 파산한 엘리멜렉의 가문에 "가까운 친척"(親族), 즉 기업 무를 자가 있다는 것은 소망이 아닐 수가 없습니다. 보아스를, ㉡ "유력(有力)한 자"라고 말씀합니다. 이는 기쁜 소식입니다. 왜냐하면 친족이 있다하여도 잃어버린 기업을 회복시켜줄 만한 능력이 없다면 좋다 만 격이 될 것이기 때문입니다. 그 사람의 이름이, ㉢ "보아스더라" 합니다. 만일 룻기를 교훈적으로 접근하게 되면 보아스를 치켜세우고 본받자고 말하게 될 것입니다. 그러나 룻기는 결론에 이르러 보아스를 찬양하고 있는 것이 아니라, "찬송할지로다 여호와께서 오늘날 네게 기업 무를 자가 없게 아니하셨도다"(4:10) 하고 "하나님"을 찬양하고 있습니다. 왜냐하면 하나님은 "나오미" 한 사람의 기업 무를 자를 준비하신 하나님이 아니시며, 성경은 "나오미" 한 가정의 잃어버린 기업을 회복시켜주심을 보여주기 위해서 기록된 책이 아니기 때문입니다.

③ 룻이 나오미에게, "나로 밭에 가게 하소서 내가 뉘게 은혜를 입으면 그를 따라서 이삭을 줍겠나이다"(2) 하고 말합니다. ㉠ "룻이 가서 베는 자를 따라 밭에서 이삭을 줍는데 우연히 엘리멜렉의 친족 보아스에게 속한 밭에 이르렀더라"(3) 합니다. "우연히"라고 말하는 것은 객관적으로 표현한 것일 뿐, 하나님의 절대주권을 믿는 사람들에게는 우연이란 없습니다. 룻이 보아스의 밭으로 가게 된 것은, ㉡ 배후에서 하나님께서 섭리하셨다고 고백하는 것이 하나님의 주권을 믿는 사람들입니다. 포로에서 귀환하는 기사인, "에스라, 느헤미야"에는 하나님의 나타내심이 없습니다. 심지어 에스더서에는 "하나님"이라는 말도 없습니

다. 그런데 성경은, "하나님의 선한 손의 도우심을 입어 오 월 초하루에 예루살렘에 이르니라"(스 7:9) 하고, "하나님의 선한 손"이 자주 등장하고 있는 것을 보게 됩니다. 그렇습니다. "하나님의 선한 손"이 룻을 유력한 친족 보아스의 밭으로 인도하셨던 것입니다.

④ "마침 보아스가 베들레헴에서부터 와서 베는 자들에게 이르되 여호와께서 너희와 함께 하시기를 원하노라" 합니다. ㉠ "그들이 대답하되 여호와께서 당신에게 복 주시기를 원하나이다"(4) 하고 화답합니다. 얼마나 선합니까? 얼마나 아름다운 모습입니까? 이는 "네 집(보아스)에 있는 교회"였던 것입니다. 이점을 성경은, ㉡ "형제가 연합하여 동거함이 어찌 그리 선하고 아름다운고"(시 133:1) 하고 노래합니다. 이런 가정이 "사사들이 치리하던 때"에 유다 베들레헴에 있었다니! 그러므로 엘리야가 "나만 남았는데" 하고 절망적인 말을 하자 하나님께서는 "내가 나를 위하여 바알에게 무릎을 꿇지 아니한 사람 칠천을 남겨 두었다"(롬 11:3-4)고 말씀하셨던 것입니다. 인간은 사사시대의 어두운 면을 보면서 낙망을 하기도 합니다. 그러나 하나님은 어느 시대를 막론하고 "은혜로 택하심을 따라 남은 자"(롬 11:5)가 있게 하셨습니다.

⑤ 보아스는 묻습니다. "이는 뉘 소녀냐"(5). "이는 나오미와 함께 모압 지방에서 돌아온 모압 소녀"(6)입니다. "아침부터 와서는 잠시 집에서 쉰 외에 지금까지 계속하나이다"(7). 보아스는 이삭을 줍고 있는 룻을 본 것입니다. 우리가 섬기는 교회도 이처럼 은혜롭고 아름다운 모습을 보여드려야만 하겠습니다. 그리고 추수를 서두르고 있는 교회에는, "모압 지방에서 돌아온" 잃었다가 찾은 바 된 오늘의 룻이 주일마다 더하여지기를 기원합니다.

둘째 단원(8-16) 룻에게 은혜를 베푼 보아스

"보아스가 룻에게 이르되 내 딸아 들으라 이삭을 주우러 다른 밭으로 가지 말며 여기서 떠나지 말고 나의 소녀들과 함께 있으라"(8).

① 농장 주인이 나타나자 룻은 긴장했을 성싶습니다. 그는 낯선 타국에 와서 "주인의 상에서 떨어지는" 부스러기를 얻어먹는 신세로 주인의 눈치를 살펴야할 처지가 되었기 때문입니다. 그런데 첫 마디가, ㉠ "내 딸아"(8상) 하는 자애로운 음성을 듣게 됩니다. 그리고 그를 내어쫓는 것이 아니라, ㉡ "이삭을 주우러 다른 밭으로 가지 말며 여기서 떠나지 말고 나의 소녀들과 함께 있으라"는 관대한 말씀을 듣게 됩니다. ㉢ "내가 소년들에게 명하여 너를 건드리지 말라"(9중) 하였다고 안심시킵니다. ㉣ "목이 마르거든 그릇에 가서 소년들의 길어 온 것을 마실지니라"(9하) 하고 극진한 배려를 합니다.

② 룻이 땅에 엎드려 절하며 그에게 이르되, ㉠ "나는 이방 여인이어늘 당신이 어찌하여 내게 은혜를 베푸시며 나를 돌아보시나이까"(10) 합니다. "돌아보심", 이것이 중요합니다. 이는 권고(眷顧), 또는 권념(眷念)이라는 말입니다. 1:6절에서는, "여호와께서 자기 백성을 권고하사 그들에게 양식을 주셨다"고 말씀합니다. 그들의 배은망덕을 흉년이라는 채찍으로 치셨으나, "돌아보심"으로 양식을 주셨던 것입니다. 그렇습니다. ㉡ 우리가 믿는 하나님은 자기 백성을 돌아보시는 하나님이십니다. "하나님이 그 고통소리(애굽에서 부르짖는)를 들으시고 아브라함과 이삭과 야곱에게 세운 그 언약을 기억하사 이스라엘 자손을 권념하셨더라"(출 2:24-25) 합니다. 이를 믿었기에 베드로는, "너희 염려를 다 주께 맡겨 버리라 이는 저가 너희를 권고하심이니라"(벧전 5:7)고 말씀합니다. 보아스는 이러한 하나님의 마음을 닮은 자였던 것입니다.

③ "보아스가 그에게 대답하여 가로되 네 남편이 죽은 후로 네가 시

모에게 행한 모든 것과 네 부모와 고국을 떠나 전에 알지 못하던 백성에게로 온 일이 내게 분명히 들렸느니라"(11)하고 룻을 돌아보는 이유를 말해줍니다. 이는 깨닫기에 따라서는 의미심장한 말씀입니다. 먼저 생각할 것은, ㉠ "전에 알지 못하던 백성에게로 온 일"(11하)이라는 의미입니다. 그렇다면 이는 "믿음"이라고 말할 수밖에 없는 것입니다. 왜냐하면 아브라함이 장래 기업으로 받을 땅에 나갈 새 믿음으로, "갈 바를 알지 못하고 나갔다"(히 11:8)고 말씀하고 있기 때문입니다. 다음은, ㉡ "네 남편이 죽은 후"(11상)라는 그가 처한 상황입니다. 룻은 시련을 당했고 소망이 끊어진 상황에서 본토 친척 아비 집을 떠나 베들레헴으로 온 것입니다. 그렇다면 룻의 믿음은 "바랄 수 없는 중에 바라고"(참고, 롬 4:18) 믿은 것이 됩니다.

④ 또한, ㉠ "네가 시모에게 행한 모든 것"이라고 말씀합니다. 형제에게 묻고싶습니다. 룻이 "시모에게 행한 모든 것"을 사람들은 효행(孝行)으로 여겼을 것입니다만, 하나님께서는 어떻게 여겨주셨을까 하는 질문입니다. 성경은 여리고의 기생 라합이 정탐꾼을 영접해준 일로, ㉡ "의롭다 하심을 받았다"(약 2:25)고 말씀합니다. 그렇다면 하나님은 라합이 정탐꾼을 영접한 것을 그리스도를 영접한 것으로 여겨주셨다는 논리가 성립이 되는 것입니다. 왜냐하면 "의롭다 함"을 얻을 수 있는 방도는 신구약을 막론하고 예수 그리스도로 말미암아서 뿐이기 때문입니다.

⑤ 바로 이것입니다. 본문 11-12절을 묵상해보십시오. 룻이 "시모에게 행한 모든 것"을 그리스도에게 한 것으로 여겨주셨다는 뜻이 암시되어 있는 것입니다. ㉠ "이스라엘의 하나님 여호와께서 그 날개 아래 보호를 받으러 온 네게"(12중) 라는 묘사가 이를 뒷받침해주고 있습니다. 룻이 "부모와 고국을 떠나 전에 알지 못하던 백성에게로 온 일"(11중)을, "이스라엘의 하나님 여호와의 날개 아래 보호를 받으러 온" 것이라고 말씀하고 있는 것입니다. 그렇다면 룻이 고국을 버리고 베들레헴으

로 온 것은 메시아언약 안으로 들어온 것이 되고, ㉡ "시모에게 행한 모든 일"은 그리스도에게 한 것이 되는 것입니다. 주님은 말씀합니다. "여기 내 형제 중에 지극히 작은 자 하나에게 한 것이 곧 내게 한 것이니라"(마 25:40).

⑥ 그러므로 본문은, ㉠ "내게 분명히 들렸느니라"(11하), ㉡ "여호와께서 네 행한 일을 보응하시기를 원하며"(12상), ㉢ "네게 온전한 상 주시기를 원하노라"(12하) 하고 룻의 한 일을 인정해주고 있는 것입니다.

⑦ "룻이 가로되 내 주여 내가 당신께 은혜 입기를 원하나이다"(13상) 합니다. 룻은 이미 "은혜 베푸심"(10)을 받았습니다. 그런데 룻은 "은혜 위에 은혜"입기를 더욱 갈망하고 있는 것입니다. "나는 당신의 시녀의 하나와 같지 못하오나"(13중) 합니다. 이는 그 앞에 내놓을 것이라고는 아무 것도 없다는 "심령의 가난함"(마 5:3)을 고백하고 있는 것입니다. "당신이 이 시녀를 위로하시고 마음을 기쁘게 하는 말씀을 하셨나이다"(13하).

때를 따라 돕는 은혜

① "식사할 때에 보아스가 룻에게 이르되 이리로 와서 떡을 먹으며 네 떡 조각을 초에 찍으라"(14상) 합니다. 불쌍한 룻은 보아스의 상(床)에 초대를 받는 은혜를 입어, 마냥 행복한 룻이 되었습니다. "그가 볶은 곡식을 주매 룻이 배불리 먹고 남았더라"(14:하) 합니다.

② 보아스는 소년들에게 명합니다. ㉠ "그로 곡식 단 사이에서 줍게 하고 책망하지 말며"(15하), ㉡ "또 그를 위하여 줌에서 조금씩 뽑아 버려서 그로 줍게 하고 꾸짖지 말라 하니라"(16). 이는 때를 따라 돕는 은혜(히 4:16)입니다. 이점에서 유념할 점이 있습니다. 룻은 먼저 "위로

하시고 마음을 기쁘게 하는 말씀"(13)의 은혜를 받았다는 사실입니다. 그런 후에 "배불리 먹고, 줌에서 조금씩 뽑아 버려서 줍게 하는"(14-16) 때를 따라 도우시는 은혜를 입은 것입니다.

③ 생각나는 장면이 있습니다. 다윗은 왕위에 오른 후에 자신의 환난날에 돌아본 요나단의 우정을 생각하여 그의 아들 므비보셋을 왕의 상에 초대한 장면입니다. ㉠ "또 너는 항상 내 상에서 먹을지니라(삼하 9:7), 항상 내 상에서 먹으리라(9:10), 므비보셋은 왕자 중 하나처럼 왕의 상에서 먹으니라(9:11), 므비보셋이 항상 왕의 상에서 먹으므로 예루살렘에 거하니라 그는 두 발이 다 절뚝이더라"(삼하 9:13) 하고, "왕의 상"에서 먹었다는 말을 유난히 강조하고 있음을 봅니다. 므비보셋은 어떻게 반응했습니까? "저가 절하여 가로되 이 종이 무엇이관대 왕께서 죽은 개 같은 나를 돌아보시나이까"(삼하 9:8), 그가 한 말은 이 말 밖에는 없습니다. 주님은 말씀하십니다. "너희로 내 나라에 있어 내 상에서 먹고 마시며 또는 보좌에 앉아 이스라엘 열 두 지파를 다스리게 하리라"(눅 22:30). 우리도 이렇게 고백할 것밖에 없습니다. "나는 이방여인이어늘 당신이 어찌하여 내게 은혜를 베푸시며 나를 돌아보시나이까"(10).

셋째 단원(17-23) 룻의 기업 무를 자 보아스

"룻이 밭에서 저녁까지 줍고 그 주운 것을 떠니 보리가 한 에바 쯤 되는지라"(17).

① "한 에바"라면 약 20 되쯤 되는 양입니다. ㉠ "아침부터 와서는 잠시 집에서 쉰 외에 지금까지 계속"(7), 아침부터 시작해서 "저녁까지"(17), 이삭을 부지런히 주운 결과 이만큼 얻게 된 것입니다. 주님의

비유 말씀대로 하면 "잘 하였도다 착하고 충성된 종아 네가 작은 일에 충성하였으매 내가 많은 것으로 네게 맡기리니 네 주인의 즐거움에 참여할지어다"(마 25:21) 하신 칭찬을 들을 만합니다.

② "그것을 가지고 성읍에 들어가서 시모에게 보이고 그 배불리 먹고 남긴 것을 내어 시모에게 드리매"(18), ㉠ "시모가 그에게 이르되 오늘 어디서 주었느냐 어디서 일을 하였느냐 너를 돌아본(권고) 자에게 복이 있기를 원하노라"(19상) 합니다. ㉡ "룻이 누구에게서 일한 것을 시모에게 알게 하여 가로되 오늘 일하게 한 사람의 이름은 보아스니이다"(19하) 하고 고합니다. "오늘 일하게 한 사람의 이름은 보아스니이다" 하는 룻의 말을 듣는 순간, 나오미는 거룩한 전율(戰慄)같은 것을 느꼈을 것이라고 여겨집니다. 왜냐하면 이 일이 범상(凡常)한 일이 아니라 비상(非常)한 일로 여겨졌을 것이기 때문입니다. 이점을, "내 딸아 이 사건이 어떻게 되는 것을 알기까지 가만히 앉아 있으라 그 사람이 오늘날 이 일을 성취하기 전에는 쉬지 아니하리라"(3:18)고 말하는데서 엿볼 수가 있습니다.

③ 나오미는, ㉠ "여호와의 복이 그에게 있기를 원하노라 그가 생존한 자와 사망한 자에게 은혜를 베풀기를 그치지 아니하도다"(20상) 하고 축복을 합니다. 나오미가 또 그에게 이르되, ㉡ "그 사람은 우리의 근족이니 우리 기업을 무를 자 중하나이니라"(20하) 하고 비로소 중대한 사실을 알려줍니다. 2장의 구도(構圖)는 첫 절에서, "나오미의 남편 엘리멜렉의 친족 중 유력한 자가 있으니 이름은 보아스더라" 하고 제시하고는, 19절에 이르러 그 사람의 "이름은 보아스니이다" 하고, 룻과 만남이 이루어지고, 20절에서는, "우리 기업을 무를 자 중 하나"라 하고 관계성을 말씀하는 구도입니다. 그러니까 1절과, 20절 사이의 기사, 즉 이삭을 주우러 간 룻이 우연히 보아스의 밭으로 인도된 일, 보아스와 룻과의 만남, 보아스가 룻에게 은혜를 베푼 일 등은 보아스가 엘리멜렉의

가문에 유일한 소망인 "기업 무를 자"임을 드러내기 위한 해설이라 해도 과언이 아닙니다.

④ "부모와 고국을 떠나, 여호와의 날개 아래 보호를 받으러 온"(2:11-12) 룻에게, "유력한 기업 무를 자"가 있게 하시고, 그 보아스를 만나게 해주셨다는 것이 2장을 통해서 말씀하고자 하는 핵심입니다.

⑤ 이를 알았기에 나오미는, "내 딸아 너는 그 소녀들과 함께 나가고 다른 밭에서 사람을 만나지 아니하는 것이 좋으니라"(22) 하고 의미 있는 당부를 했던 것입니다. 이를 신학적으로 표현을 한다면, "내 안에 거하라 나도 너희 안에 거하리라"(요 15:4)는 말씀이 될 것입니다.

룻기 3장 개관도표

주제 : 기업 무를 자의 책임을 행하리라

말씀대로 행하리이다	1-5 룻의 시모 나오미가 그에게 이르되 내 딸아 내가 너를 위하여 안식할 곳을 구하여 너로 복되게 하여야 하지 않겠느냐(1) **보아스는 우리의 친족이 아니냐(2)** 그가 누울 때에 너는 그 눕는 곳을 알았다가 들어가서 그 발치 이불을 들고 거기 누우라 그가 너의 할 일을 네게 고하리라(4) **룻이 시모에게 이르되 어머니의 말씀대로 내가 다 행하리이다 하니라(5)**
당신의 옷자락으로 덮으소서	6-13 그가 타작 마당으로 내려가서 시모의 명대로 다 하니라(6) 보아스가, 노적가리 곁에 눕는지라 룻이, 그 발치 이불을 들고 거기 누웠더라(7) 네가 누구뇨 ,나는 당신의 시녀 룻이오니 **당신의 옷자락으로 시녀를 덮으소서 당신은 우리 기업을 무를 자가 됨이니이다(9)** 여호와께서 네게 복 주시기를 원하노라(10) 두려워 말라, 네 말대로 네게 다 행하리라(11) 참으로 나는 네 기업을 무를 자나 무를 자가 나보다 더 가까운 친족이 있으니(12) 그가 기업 무를 자의 책임을 네게 이행코자 아니하면 **여호와의 사심으로 맹세하노니 내가 기업 무를 자의 책임을 네게 행하리라(13)**
성취하기 전에는 쉬지 아니하리라	14-18 룻이 새벽까지 그 발치에 누웠다가 사람이 피차 알아보기 어려울 때에 일어났으니(14) 보아스가 가로되 네 겉옷을 가져다가 펴서 잡으라 보리를 여섯 번 되어 룻에게 이워주고 성으로 들어가니라(15) 룻이 시모에게 이르니, 내 딸아 어떻게 되었느냐 룻이 그 사람의 자기에게 행한 것을 다 고하고(16) 시모가 가로되 내 딸아 이 사건이 어떻게 되는 것을 알기까지 가만히 앉아 있으라 그 사람이 오늘날 **이 일을 성취하기 전에는 쉬지 아니하리라(18)**

3장

기업 무를 자의 책임을 행하리라

> [18]이에 시모가 가로되 내 딸아 이 사건이 어떻게 되는 것을 알기까지 가만히 앉아 있으라 그 사람이 오늘날 이 일을 성취하기 전에는 쉬지 아니하리라.

3장의 중심점은 도표에서 보시는 바대로, "당신은 우리 기업을 무를 자가 됨이니이다"(9) 하고 요청하는 룻에게, 보아스가, "여호와의 사심으로 맹세하노니 내가 기업 무를 자의 책임을 네게 행하리라"(13) 하고 약속함에 있습니다. 그렇다면 룻기가 강조하고 있는 "물어야 할 기업"이 무엇인가? 그것은 재산이 아니라, "이름이 끊어지지 않게"(4:10) 할 "자손"임을 놓치지 말아야만 합니다. 1장에서 나오미는 자부들에게 "땅"이 없다고 말하고 있는 것이 아니라, "나의 태 중에 너희의 남편 될 아들들이 오히려 있느냐"(1:11) 하고 "자손"이 없음을 말하고 있습니다. 그러므로 룻은 보아스가 기업 무를 자임을 알게 되자, "당신의 옷자락으로 시녀를 덮으소서"(9), 즉 자신을 아내로 맞이하여 "그 이름을 잇게"(4:5) 해달라고 요청하고 있는 것입니다. 드디어 4장에서는, "그가 아들을 낳은지라"(4:12) 하고 자식이 태어나고, 그 줄기에서 "이새는 다윗을 낳았더라" 하고 마치는 문맥(文脈)입니다. 나오미는 말합니다. "가만히 앉아 있으라 그 사람이 오늘날 이 일을 성취하기 전에는 쉬지 아니하리라"(18). 이는 믿음입니다. 이를 세 단원으로 나누어 상고하겠습니다.

첫째 단원(1-5) **말씀대로 행하리이다**
둘째 단원(6-13) **당신의 옷자락으로 덮으소서**
셋째 단원(14-18) **성취하기 전에는 쉬지 아니하리라**

첫째 단원(1-5) 말씀대로 행하리이다

"룻의 시모 나오미가 그에게 이르되 내 딸아 내가 너를 위하여 안식할 곳을 구하여 너로 복되게 하여야 하지 않겠느냐"(1).

① 룻을 위하여 "안식할 곳을 구한다"는 말은 남편을 맞이하여 행복한 가정을 이루는 것을 의미합니다. 구속사의 관점에서 볼 때, "안식"(安息)이라는 주제는 대단히 중요한 의미가 있습니다. 이 "안식"이 3장을 바르게 해석하는 열쇠입니다. 만일 이를 잘못 해석하게 되면 본 장의 내용은 메로 드라마로 전락하게 되는 것입니다. ㉠ "천지와 만물이 다 이루니라" 하고는, 하나님은 "안식하시니라"(창 2:1-2) 합니다. 그러나 그 안식이 인간의 범죄로 깨어지고 맙니다. 구원계획이란 다름이 아닌, ㉡ "안식할 곳"(1)을 마련하는 일입니다.

② 이스라엘 백성들을 애굽에서 인도하여 내사 약속의 땅 가나안에 정착(定着)하게 하신 것을 그들에게, ㉠ "안식을 주셨다"(수 21:44)고 말씀합니다. 그런데 여호수아 이후 사사시대에서 보는 바대로 이는 궁극적인 안식은 아니었던 것입니다. 그래서 성경은, "만일 여호수아가 저

희에게 안식을 주었더면 그 후에 다른 날을 말씀하지 아니하셨으리라 그런즉 안식할 때가 하나님의 백성에게 남아 있도다"(히 4:8-9) 하고 말씀하는 것입니다. 그렇습니다. ㉡ 그리스도 예수 안에서 영혼의 안식을 누리기까지는 참 안식은 없는 것입니다. 여기에 룻기가 지향(指向)하고 있는 전망(展望)이 있는 것입니다. ㉢ 나오미는 룻에게, "네가 함께 하던 시녀들을 둔 보아스는 우리의 친족이 아니냐"(2상) 하고, 보아스가 룻을 안식하게 해줄 기업 무를 자임을 상기시킵니다.

③ 나오미가 룻에게, "보아스는 우리의 친족이 아니냐, 그 발치 이불을 들고 거기누우라"한 2-4절은 하나님의 말씀에 근거한 말입니다. 첫째로, ㉠ "너희 기업의 온 땅에서 그 토지 무르기를 허락할지니 만일 너희 형제가 가난하여 그 기업 얼마를 팔았으면 그 근족이 와서 동족의 판 것을 무를 것이요"(레 25:24-25) 한 규례입니다. 또 한 말씀이 있는데, ㉡ "형제가 동거하는데 그 중 하나가 죽고 아들이 없거든 그 죽은 자의 아내는 나가서 타인에게 시집가지 말 것이요 그 남편의 형제가 그에게로 들어가서 그를 취하여 아내를 삼아 그의 남편의 형제 된 의무를 그에게 다 행할 것이요 그 여인의 낳은 첫 아들로 그 죽은 형제의 후사를 잇게 하여 그 이름을 이스라엘 중에서 끊어지지 않게 할 것이니라"(신 25:5-6) 한 말씀입니다. 이 말씀을 대하면서 두 가지를 명심해야만 합니다. 첫째는 이는 하나님께서 명하신 규례라는 점입니다. 그리고 둘째는, "토지 무르기와 계대결혼"의 규례를 세우신 의도는, "그 이름을 이스라엘 중에서 끊어지지 않게" 하시기 위해서라는 점입니다.

④ 구속사의 관점으로 성경을 보게 될 때 사탄은, ㉠ "후사"를 끊으려하고, 하나님은, ㉡ 이 "후사"(後嗣)가 끊어지지 않게 이어오신 역사임을 깨닫게 됩니다. 가인이 아벨을 죽이자 하나님은 "다른 씨"인 셋(창 4:25)을 주셨습니다. 홍수심판 때에도 노아로 하여금 "의의 후사"(히 11:7)가 되게 하셨습니다. 왜 그렇습니까? 사탄은 후사를 끊어버리고

자신이 온전히 차지하려는 음모를 꾸미고 있었던 것입니다. 이점이 주님이 말씀하신 "악한 농부의 비유"에 잘 드러나고 있습니다. "농부들이 이(아들)를 보고 서로 의론하여 가로되 이는 상속자(相續者)니 죽이고 그 유업을 우리의 것으로 만들자"(눅 20:9-14) 했다는 것입니다.

⑤ "그(보아스)가 누울 때에 너는 그 눕는 곳을 알았다가 들어가서 그 발치 이불을 들고 거기 누우라 그가 너의 할 일을 고하리라"(4) 하고 지시합니다. ㉠ "룻이 시모에게 이르되 어머니의 말씀대로 내가 다 행하리이다"(5) 합니다. 룻이 "말씀대로 내가 행하리이다" 한 것은 결국 하나님의 말씀대로 행하겠다는 논리가 됩니다. 여기 몇 가지 요점이 있는데, ㉡ 첫째는, 나오미와 룻이, 행동의 근거를 하나님의 말씀에 두고 있다는 것과, 둘째는, 하나님의 말씀에 근거한 "믿음의 담력"(딤전 3:13)입니다. 그리고 셋째는, 보아스의 경건 성입니다. 이점이 "네가 누구냐"(9) 하고 놀라는 것과, "여인이 타작마당에 들어온 것을 사람이 알지 못하여야 할 것이라"(14) 하고 룻을 배려해주는 데서 나타납니다. 만일 하나님의 말씀이 없었다면, 그리고 그 말씀을 믿는 믿음이 없었다면, 그리고 보아스의 경건을 믿지 못했다면, 이처럼 무모한 행동은 감행할 수가 없었을 것입니다.

둘째 단원(6-13) 당신의 옷자락으로 덮으소서

"그가 타작 마당에 내려가서 시모의 명대로 다 하니라"(6).

① "보아스가 먹고 마시고 마음이 즐거워서 가서 노적가리 곁에 눕는지라 룻이 가만히 가서 그 발치 이불을 들고 거기 누었더라"(7). 이는 시모의 명대로 행한 것입니다. 한 걸음 더 나아가 룻은 어머니의 말씀만이 아니라, 어머니가 믿는 하나님의 말씀에 순종한 것임을 유념해야만

합니다.

② "밤중에 그 사람이 놀라 몸을 돌이켜 본즉 한 여인이 자기 발치에 누웠는지라 가로되 네가 누구뇨"(8-9상) 하고 묻습니다. ㉠ "나는 당신의 시녀 룻이오니 당신의 옷자락으로 시녀를 덮으소서"(9중) 하고 간구합니다. 룻이 "당신의 옷자락으로 나를 덮으소서" 한 말은 1차적으로 자신을 내치지 말고 받아달라는 뜻입니다. 즉 이제까지는 보아스가 베푸는 은사로 만족하였으나, 이제는 보아스 자신을 소유하기를 원하고 있는 것입니다. 그런데 이를 구속사의 맥락에서 음미해보면 의미심장한 묘사인 것입니다. 하나님과 인간의 관계성을 상징적으로 표현하는 것 중에, ㉡ "남편과 아내"라는 표현이 있습니다. 어떤 처지에 있던 우리를 하나님의 아내로 삼아주셨는가? 에스겔서 16장을 보시기를 바랍니다. "벌거벗은 몸에 피투성이가 되어 버려진 상태"였다는 것입니다. 이를 데려다가 물로 씻기고 "내 옷으로 너를 덮어 벌거벗은 것을 가리우고 네게 맹세하고 언약하여 너로 내게 속하게 하였었다"(겔 16:8), 그리하여 황후로 삼으셨다고 말씀합니다. 이것이 "당신의 옷자락으로 나를 덮으소서"의 뜻입니다. 룻은 보아스에게 이렇게 해주기를 간구하고 있는 것입니다.

③ "옷자락으로 나를 덮으소서" 한 말을 수박 겉 핥기 식으로 넘어가서는 아니 됩니다. ㉠ 하나님은 아담 하와에게 "가죽옷을 지어 입혀주심"(창 3:21)으로 그들의 벌거벗은 수치를 가리워주셨습니다. 그리고 노아는 벌거벗은 수치를 가리움을 받은 후에, "셈의 하나님 여호와를 찬송하리로다"(창 9:26) 하고 하나님을 찬양했습니다. 다윗도 이를 알았기에, "허물의 사함을 얻고 그 죄의 가리움을 받은 자는 복이 있도다"(시 32:1) 하고 "가리움을 받은 자의 복"을 찬양했습니다. 사도 바울은, ㉡ "가리워주심"이라는 주제를, "일한 것이 없이 하나님께 의로 여기심을 받는 사람의 행복에 대하여 다윗이 말한 바 그 불법을 사하심을

받고 그 죄를 가리우심을 받는 자는 복이 있고"(롬 4:6-8) 하고 칭의로 해석해주고 있습니다. 이를 아는 자라면, 룻이 "당신의 옷자락으로 시녀를 덮으소서" 한 소청이 나의 간구가 됨을 깨닫게 되는 것입니다.

④ 이를 논리적인 비약이라 여기지 마시기 바랍니다. 만일 그렇게 말한다면 나는 바울의 증거를 인용하여 이렇게 대답할 것입니다. "그러나 저희 마음이 완고하여 오늘까지라도 구약을 읽을 때에 그 수건이 오히려 벗어지지 아니하고 있으니 그 수건은 그리스도 안에서 없어질 것이라 오늘까지 모세의 글을 읽을 때에 수건이 오히려 그 마음을 덮었도다 그러나 언제든지 주께로 돌아가면 그 수건이 벗어지리라"(고후 3:14-16). 룻은 아무에게나, ㉠ "덮어달라"고 말하고 있는 것이 아닙니다. 그렇게 한다면 그는 창기인 것입니다. 당신은 하나님께서 제정하신, "우리 기업 무를 자가 됨이니이다"(9하), 그러하기 때문에 "당시의 옷자락으로 덮으소서" 하는 것입니다. 아담의 후예들은 엘리멜렉의 가문처럼 파산을 한 자들입니다. 이를 회복시켜줄, ㉡ 우리의 "기업 무를 자"가 누구입니까? 그러므로 룻기는, 룻과 보아스의 이야기로 끝나는 것이 아닙니다. 바로 우리들의 기업 무를 자, 곧 우리의 형제가 되시기 위해서 우리와 같은 혈육을 입고 오셔서 죽으심을 통해서 우리의 기업을 회복시켜 주신, 예수 그리스도와 우리들의 이야기입니다.

⑤ "내 딸아 두려워 말라 내가 네 말대로 네게 다 행하리라 네가 현숙한 여자인줄 나의 성읍 백성이 다 아느니라"(11) 합니다. 이는 세 마디로 되어 있는데, 첫째로, ㉠ "두려워 말라" 합니다. 보아스 앞에 룻은 어떤 존재인가? 부스러기를 얻어먹는 개나 다를 바가 없는 존재입니다. 만일 보아스가 그 옷자락으로 덮어주지 않는다면 그는 음란한 여자로 취급되어 죽임을 당하거나 추방을 당할 수밖에 없었을 것입니다. 그래서 "두려워 말라" 하는 것입니다. 둘째로, ㉡ "네 말대로 네게 다 행하리라" 합니다. "여호와의 사심으로 맹세하노니 내가 기업 무를 자의 책

임을 네게 행하리라"(13하) 하고 맹세로 보증해줍니다. 셋째로, ㉢ "네가 현숙한 여자인줄 나의 성읍 백성이 다 아느니라" 합니다. 이 말을 첨부하고 있는 것은 룻의 당돌한 행위가 불순한 동기에서가 아님을 변호해주기 위해서입니다. 그렇습니다. 룻은 단순한 동정을 구하고 있는 것이 아닙니다. 하나님의 말씀에 근거하여 간구하고 있는 것입니다. 그러하기 때문에 보아스가 "네 말대로 네게 다 행하리라" 한 것도 룻의 말대로 해주겠다는 차원에 멈추는 것이 아니라, "하나님의 말씀"대로 다 행하겠다는 뜻이 되는 것입니다. 이 장면을 신약적으로 표현하면, "그러므로 우리가 긍휼하심을 받고 때를 따라 돕는 은혜를 얻기 위하여 은혜의 보좌 앞에 담대히 나아갈지니라"(히 4:16)가 되는 것입니다.

⑥ 그런데 여기 변수가 있습니다. "참으로 나는 네 기업 무를 자나 무를 자가 나보다 더 가까운 친족이 있다"(12)는 것입니다. 그리하여 "그가 기업 무를 자의 책임을 네게 이행코자 아니하면 여호와의 사심으로 맹세하노니 내가 기업 무를 자의 책임을 네게 행하리라"(13하)는 것입니다. 이를 통해서 우리는 무엇을 깨닫게 되는가? 보아스가 기업 무를 자가 되어준 것은 반칙(反則)을 하고 된 것이 아니라 정정당당하게 공의롭게 한 일이라는 사실입니다. 이는 하나님의 공의(公義)와 결부되는 대목입니다.

셋째 단원(14-18) 성취하기 전에는 쉬지 아니하리라

"룻이 시모에게 이르니 그가 가로되 내 딸아 어떻게 되었느냐 룻이 그 사람의 자기에게 행한 것을 다 고하고"(16).

① 짐작컨대 나오미는 룻을 보내놓고 밤이 새도록 기도했을 법합니다. 그러므로 룻이 돌아오자 최우선적으로, "어떻게 되었느냐"고 물었던

것입니다. "그 사람의 자기에게 행한 것을 다 고하고 가로되 그가 내게 이 보리를 여섯 번 되어 주며 이르기를 빈손으로 네 시모에게 가지 말라 하더이다"(17) 합니다.

② "이에 시보가 가로되 내 딸아 이 사선이 어떻게 되는 것을 알기까지 가만히 앉아 있으라"(18상) 합니다. "이 사건이 어떻게 되는 것"이란, 보아스가 말한 바, "나보다 더 가까운 친족이 있다"는 말을 염두에 두고 한 말입니다. 그런데 나오미의 심중에는 종래에는 보아스가 자신들의 기업 무를 자가 되어 줄 것을 믿고 있는 것입니다. 그 점이 다음 말에 나타나 있습니다.

③ "그 사람(보아스)이 오늘날 이 일을 성취하기 전에는 쉬지 아니하리라"(18하) 합니다. "이 일"이란, 나오미의 가문의 기업을 회복시켜 주는 일인데, 성경은 나오미의 가문이 아니라 하나님의 나라를 회복하시려는 구속사(救贖史)인 것입니다. 하나님은 "이 일을 성취하기 전에는 쉬지 아니" 하십니다.

④ 하나님은 이를 이루시기 위해서, ㉠ "이는 한 아기가 우리에게 났고 한 아들을 우리에게 주신 바 되었는데" 하고 "한 아기"를 보내주시겠다고 약속하십니다. 그런데 그 아기는, "또 다윗의 위에 앉아서 그 나라를 굳게 세우고 자금 이후 영원토록 공평과 정의로 그것을 보존하실 것이라"(사 9:6-7) 하고 "다윗"의 가문에서 나시게 될 것을 예언하십니다. 그런데 룻기는 "오벳은 이새를 낳았고 이새는 다윗을 낳았더라"(4:22) 하고 끝맺고 있는 것입니다. 이 절묘한 통일성을 주목하시기를 바랍니다. 왕이요, 기업 무를 자가 다윗의 자손으로 오시게 된다는 것입니다. 그리고 이사야는 이렇게 말씀합니다. ㉡ "만군의 여호와의 〈열심이〉 이를 이루시리라"(사 9:7). 그리고 룻기는 이렇게 말씀합니다. "그 사람이 오늘날 이 일을 성취하기 전에는 쉬지 아니하리라". 이 말씀을 대하는 형제의 심정은 어떠합니까!

룻기 4장 개관도표

주제 : 기업 무를 자가 있게 하신 하나님을 찬양

기업무를 권리를 포기한 아무개	1-6 보아스가 성문에 올라가서 거기 앉았더니 보아스의 말하던 기업 무를 자가 지나는지라(1) 성읍 장로 십 인을 청하여 가로되 당신들은 여기 앉으라 그들이 앉으매(2) 보아스가 그 기업 무를 자에게 이르되 → 모압 지방에서 돌아온 나오미가 우리 형제 엘리멜렉의 소유지를 관할하므로(3) 내 백성의 장로들 앞에서 그것을 사라고 네게 고하여 알게 하려 하였노라 네가 무르려면 무르려니와, 네 다음은 나요 그 외에는 무를 자가 없느니라 그가 가로되 내가 무르리라(4) 룻에게서 사서 그 죽은 자의 기업을 그 이름으로 잇게 하여야 할지니라(5) → 그 기업 무를 자가 가로되 나는 내 기업에 손해가 있을까 하여, 나는 무르지 못하겠노라(6)
기업무를 자로 자원한 보아스	7-12 보아스가 장로들과 모든 백성에게 이르되 너희가 오늘날 증인이 되었고(9) 룻을 사서 나의 아내로 취하고 그 이름으로 잇게 하여 그 이름이, 끊어지지 않게 함에 너희가 오늘날 증인이 되었느니라(10) 여호와께서 네 집에 들어가는 여인으로, 베들레헴에서 유명하게 하시기를 원하며(11), 네게 후사를 주사 네 집으로 다말이 유다에게 낳아준 베레스의 집과 같게 하시기를 원하노라(12)
오벳 ↓ 이새 ↓ 다윗을 낳았더라	13-22 이에 보아스가 룻을 취하여, 아들을 낳은지라(13) 찬송할지로다 여호와께서 오늘날 네게 기업 무를 자가 없게 아니하셨도다 이 아이의 이름이 이스라엘 중에 유명하게 되기를 원하노라(14) 나오미가 아기를 취하여 품에 품고 그의 양육자가 되니(16) 나오미가 아들을 낳았다 하여 그 이름을 오벳이라 하였는데 그는 다윗의 아비인 이새의 아비였더라(17) 베레스의 세계는 이러하니라 (유다는 다말에게서 베레스를 낳고 12) 베레스→ 헤스론(18)→ 람→ 암미나답(19) 나손→ 살몬(20)→ 보아스→ 오벳을 낳았고(21) 오벳은 이새를 낳았고 이새는 다윗을 낳았더라(22)

4장

기업 무를 자가 있게 하신 하나님을 찬양

[14]여인들이 나오미에게 이르되 찬송할지로다 여호와께서 오늘날 네게 기업 무를 자가 없게 아니하셨도다 이 아이의 이름이 이스라엘 중에 유명하게 되기를 원하노라.

4장을 관찰할 때에 놓치지 말고 주목해야할 말씀이 있습니다. 그것은, "그 이름을 잇게 하여야 할지니라"(5)는 말씀입니다. 그 중요성을 3장에서 살펴보았는데 10절은, "그 죽은 자의 기업을 그 이름으로 잇게 하여, 그 이름이 형제 중과 그곳 성문에서 끊어지지 않게" 하라고 말씀합니다. 12절에서도, "네게 후사(後嗣)를 주사" 합니다. 이는 표현만 다를 뿐, 대를 잇게 한다는 같은 의미입니다. 그런 후에, "베레스의 세계는 이러하니라"(18) 하고, 그 이름이 끊어지지 않고 어떻게 이어져 내려왔는가를 보여주는 구도(構圖)입니다. 그런데 그 이름이, "이새는 다윗을 낳았더라"(22) 하고 다윗으로 마치고 있다는 데 룻기의 핵심이 있는 것입니다. 이는 왕이 없던 그 때에 왕을 예비하셨는데, 그 왕이 다윗이라는 것과, 그 다윗이 "기업 무를 자"임을 보여주고 있습니다. 그렇다면 이는 다윗의 자손으로 오실 그리스도에 대한 예표임이 명백한 것입니다. 이를 세 단원으로 나누어 상고하겠습니다.

첫째 단원(1-6) **기업 무를 권리를 포기한 아무개**
둘째 단원(7-12) **기업 무를 자로 자원한 보아스**
셋째 단원(13-22) **오벳→이새→다윗을 낳았더라**

첫째 단원(1-6) 기업 무를 권리를 포기한 아무개

"보아스가 성문에 올라가서 거기 앉았더니 마침 보아스의 말하던 기업 무를 자가 지나는지라 보아스가 그에게 이르되 아무여 이리로 와서 앉으라 그가 와서 앉으매"(1).

① "마침 보아스가 말하던 기업 무를 자가 지나가고" 있었다는 것도 결코 우연은 아니었을 것입니다. ㉠ "보아스가 성읍 장로 십 인을 청하여 가로되 당신들은 여기 앉으라 그들이 앉으매"(2), 1-2절에, ㉡ "이리로 와서 앉으라, 여기 앉으라"는 말이 거듭 나오는데, 이는 일종의 재판석(裁判席)입니다. 당시에는 장로들이 성문에 모여 중요한 사건들을 처리했기 때문입니다.

② "보아스가 그 기업 무를 자에게", ㉠ 나오미가 자신들의 친족이 됨과 기업 무를 우선순위가 "아무개"에게 있음을 통고합니다. 그리고 이렇게 말합니다. ㉡ "네가 무르려면 무르려니와 네가 무르지 아니하려거든 내게 고하여 알게 하라 네 다음은 나요 그 외에는 무를 자가 없느니라"(3-4). 그는 선 듯 "내가 무르리라"(4하) 합니다. 순간 긴장감이 감돌았을 법합니다.

③ "보아스가 가로되 네가 나오미의 손에서 그 밭을 사는 날에 곧 죽은 자의 아내 모압 여인 룻에게서 사서 그 죽은 자의 기업을 그 이름으

로 잇게 하여야 할지니라"(5) 하고, 기업무를 자가 된다는 것이 무엇을 의미하는지 설명을 부가(附加)합니다. 이 설명 속에는 그래도 기업 무를 자가 되겠느냐는 뜻이 함의되어 있는 것입니다. 그러자 아무개는, "나는 내 기업에 손해가 있을까하여 나를 위하여 무르지 못하노니 나의 무를 권리를 네가 취하라 나는 무르지 못하겠노라"(6) 합니다. 그렇다면 분명히 집고 넘어가야 할 점이 있습니다.

④ 아무개는 선 듯, "내가 무르리라" 했다가 어떤 이유로, "무르지 못하겠노라" 하고 기피하고 있는가 하는 점입니다. 그 답이 그의 말속에 나타납니다. 한마디로, "내 기업에 손해가 있을까"해서입니다. 그가 선 듯 "무르리라" 한 것은 나오미의 기업을 무를지라도 후사가 없는 그 기업은 결국 자신의 기업이 될 것이라는 속셈 때문이었을 것입니다. 이를 눈치챈 보아스가, 룻도 취하여 "그 죽은 자의 기업을 〈그 이름으로〉 잇게 하여야 한다"는 설명을 듣고는 마음이 달라진 것입니다. 그렇게 한다면 전적으로 "내 기업에 손해"가 되는 일이기 때문입니다. 그는 속으로 이렇게 말했을 것입니다. "내가 정신 나간 사람인줄 아느냐".

⑤ 이점에서 생각해보아야만 합니다. 이 "기업을 무르는 일"에 "아무개"가 끼어 들고 있는 것을 통해서 무엇을 말씀하시려는 것인가? 첫째로 생각하게 되는 것은, 파산한 사람의 친족이 되어서 "기업 무를 자의 책임"(3:13)을 이행한다는 것은 전적인, ㉠ "은혜"임을 깨닫기를 원하는 것입니다. 기업 무를 자가 된다는 것은 "아무개"가 말함과 같이 "손해"나는 일임이 분명합니다. 생각해보십시다. 우리의 기업 무를 자로 자원하신 우리 주 예수 그리스도, ㉡ "그는 근본 하나님의 본체시나 하나님과 동등 됨을 취할 것으로 여기지 아니하시고 오히려 자기를 비어 종의 형체를 가져 사람들과 같이 되었고 사람의 모양으로 나타나셨으매 자기를 낮추시고 죽기까지 복종하셨으니 곧 십자가에 죽으심이라"(빌 2:6-8) 한, 이보다 더 손해나는 일이 달리 무엇이 있겠습니까? 이점을

아무개의 말을 통해서 증거하고 있는 것입니다.

⑥ 둘째로 생각할 점은, 주님께서 우리의 기업 무를 자가 되어주셨다는 것이 하나님의 공의(公義)에 어긋남이 없이 정정당당하게 되었음을 나타내기 위해서입니다. 본문에는, ㉠ "너희가 오늘날 증인이 되었다"(9, 10)는 말이 두 번이나 강조되어 있습니다. 보아스는 "아무개"를 제쳐놓고 비공식적으로 기업 무를 자가 된 것이 아닙니다. 이를 조심성 있게 말씀드립니다만, 여기 등장하는 "아무개"는, ㉡ "율법"을 상징한다고 말할 수가 있습니다. 왜냐하면 "율법이, 할 수 없는 그것을 하나님은 하시나니"(롬 8:3) 하고 말씀하고 있기 때문입니다. 율법은 우리의 잃어버린 기업을 회복시켜주지 못했습니다. 율법은, "네가 이렇게 하면 나도 이렇게 하겠다"는 상대적(계산적)인 것이지 그 안에는 희생이나 은혜가 없습니다. 그러나 복음은 일방적이고, 무조건적이고, 희생적입니다. 손해가 날 것을 뻔히 알면서도, "자기 목숨을 많은 사람의 대속 제물로 내어주신 것"이 복음입니다.

⑦ "아무개"의 말을 다시 한 번 음미해 보십시오. "나는 내 기업에 손해가 있을까 하여 나를 위하여 무르지 못하노니 나의 무를 권리를 네가 취하라 나는 무르지 못하겠노라"(6). 이 한 절 속에 "나"라는 자기중심적인 말이 5번이나 등장합니다. 한마디로 "나를 위하여" 무르지 못하겠다는 것입니다. 자기중심적으로는 무조건적인 희생이 따르는 기업 무를 자가 될 수는 없는 것입니다. 그렇습니다. 주님께서 우리의 기업 무를 자가 되어주신 것은 자신을 위한 것이 아니었습니다. "교회를 사랑하시고 위하여 자신을 주신"(엡 5:25) 전적인 사랑의 발로였던 것입니다.

둘째 단원(7-12) 기업 무를 자로 자원한 보아스

"보아스가 장로들과 모든 백성에게 이르되 내가 엘리멜렉과 기룐과 말론에게 있던 모든 것을 나오미의 손에서 산 일에 너희가 오늘날 증인이 되었고"(9).

① 본 단원의 핵심은, "여호와께서 이 소년 여자로 네게 후사(後嗣)를 주사"(12) 한 "후사"에 있습니다. 후사란 대를 이을 자식을 가리킵니다. 룻기에서 회복하기를 원하는 기업은 "땅"이 아니라 대를 이을 후사임을 놓치지를 말아야만 합니다. 생각해보십시오. 잃었던 땅을 찾았다해도 이를 상속할 자식이 없다면 허사가 되고 마는 것입니다.

② 10절을 보십시오. "또 말론의 아내 모압 여인 룻을 사서 나의 아내로 취하고"(10상) 합니다. 이것이 여호와께서 명하신 계대(繼代) 결혼입니다. 이 규례를 제정하신 목적이 어디에 있는가? ㉠ "그 죽은 자의 기업을 그 이름으로 잇게 하여 그 이름이 그 형제 중과 그곳 성문에서 끊어지지 않게"(10중) 하기 위해서입니다. 좀 더 설명을 가한다면, 후사가 없이 죽으면 그 가문은 언약 백성 중에서 영영 끊어지게 되고 마는 것입니다. 그러므로 계대 결혼제도를 구속사라는 맥락에서 바라보지 않는다면 이 제도를 명하신 하나님의 의도를 이해할 수가 없는 것입니다. 계대(繼代) 결혼을 통해서 낳은 맏아들은 죽은 자의 후사가 됩니다. 그래서, ㉡ "그 이웃 여인들이, 나오미가 아들을 낳았다"(17) 하고 말했던 것입니다. 이를 통해서 깨닫게 되는 것은 하나님께서 대를 이을 후사(後嗣)를 얼마나 중요시하고 있는가 하는 점입니다. 이점을 다시 한번 구속사의 맥락에서 살펴보겠습니다.

③ 인류의 시조가 범죄하자 하나님께서는, ㉠ "여자의 후손은 네 머리를 상하게 할 것이요"(창 3:15) 하고, 원 복음을 주셨습니다. 이점에서 "여자의 후손"이라는 표현을 주목하시기 바랍니다. 인류의 시조가

잃어버린 기업을 회복하기 위해서는 "후손"(後孫)이 필요하다는 것입니다. 그러므로 "여자의 후손"의 계보(系譜)가 끊어지지를 말아야 합니다. 그런데 이 선고를 받은 자는 사탄이라는 사실입니다. 사탄은 자신이, ㉡ "여자의 후손"에 의하여 정복당하게 되리라는 사실을 벌써 창세기 때부터 알고 있었던 것입니다. 그렇다면 그 계보를 끊어놓으려고 발악적으로 방해할 것은 불을 보듯 분명한 것입니다. 그럼에도 불구하고 하나님은 그 이름을 보존해 내려오셨음을 보여주는 것이 구속사입니다.

④ 가인이 아벨(여자의 후손의 줄기)을 죽이자 하나님은 "다른 씨"인 셋(창 4:4-25)을 주셨습니다. 홍수심판 중에서도 하나님은 "의의 후사"(히 11:7)로 노아의 가정을 보존하셨습니다. 창세기는 여자의 후손의 계보가 셋→ 노아→ 셈→ 아브라함→ 이삭→ 야곱→ 유다로 이어져 내려오는 것을 보여주고 있습니다. 역사서에서도 남북이 분열 될 때에도 여자의 후손의 계보로 "한 지파, 한 등불"(왕상 11:13)은 보존해주셨습니다. 이세벨의 딸 아달랴가 "왕의 씨를 진멸"(왕하 11:1)하는 중에서도 요아스를 도적하여 내어 왕의 씨를 보존해주셨습니다. 절정은 헤롯이 베들레헴의 사내아이를 진멸한 일인데, 그 와중에서도 아기 예수는 보존해주셨습니다. 어찌하여 성경이 "후사"를 그렇게도 중요시 여기고 있는가? 우리에게 "기업 무를 자가 없게 아니" 하시기 위해서였습니다. 이것이 구속사의 관점에서 본 해답입니다.

⑤ 보아스가 기업 무를 자로 확정이 되자, ㉠ "성문에 있는 모든 백성과 장로들"이 축복(11-12)을 합니다. 이 축복 속에서 주목하게 되는 것은, "이스라엘을 세운, 유력하고, 유명케 하시기를 원한다"는 말입니다. 그렇습니다. 보아스와 룻의 계보에서 "이스라엘을 세운 유명한 자" 그리스도가 탄생하게 되는 것입니다. ㉡ 또 하나 주목하게 되는 것은, "여호와께서 이 소년 여자로 네게 후사를 주사 네 집으로 다말이 유다에게 낳아준 베레스의 집과 같게 하시기를 원하노라"(12) 하고, "유다"

를 언급하고 있다는 점입니다. 그 의도가 무엇일까요?

셋째 단원(13-22) 오벳→이새→다윗을 낳았더라

"이에 보아스가 룻을 취하여 아내를 삼고 그와 동침하였더니 여호와께서 그로 잉태케 하시므로 그가 아들을 낳은지라"(13).

① "그가 아들을 낳았다"고 말씀합니다. 후사를 주신 것입니다. "죽은 자의 이름을 잇게" 된 것입니다.

② "여인들이 나오미에게 이르되 찬송할지로다 여호와께서 오늘날 네게 기업 무를 자가 없게 아니하셨도다"(14상) 하고 하나님을 찬양합니다. 보아스나 룻을 찬양하고 있지 아니합니다. 이러한 때가 또 있었습니다. 노아가 벌거벗은 수치를 가리움을 받은 후에, "셈의 하나님 여호와를 찬송하리로다"(창 9:26) 하고 찬양한 일입니다. 노아는 셈이나 야벳을 찬양한 것이 아닙니다. 그렇습니다. 우리들의 벌거벗은 수치를 가리워주시는 하나님, 우리의 잃었던 기업을 회복시켜 줄 기업 무를 자가 없게 아니하신 하나님은 찬양을 받으시기에 너무나 합당하십니다.

③ 여인들은, "이 아이의 이름이 이스라엘 중에 유명하게 되기를 원하노라 이는 네 생명의 회복자며 네 노년의 봉양자라"(14-15) 하고 축복을 합니다.

④ 성경의 예민함을 보십시오. ㉠ 룻기는 의외라 싶게 다윗의 족보(18-22)로 끝을 맺고 있습니다. 그런데 다윗의 족보는 "베레스"(18)까지 소급해 올라가고, "베레스"는 "다말이 유다에게서 낳아준 베레스"(12)라고 "유다"가 뿌리임을 밝혀주고 있습니다. 성경이 왜 이렇게 하고 있는가? 하나님께서 예선해 놓으신(삼상 16:1) 다윗 왕이, "유다"라는 뿌리에서 돋은 싹임을 밝혀주기 위해서입니다. 그리하여 다윗이, ㉡

"홀이 유다를 떠나지 아니하며 치리자의 지팡이가 그 발 사이에서 떠나지 않기를 실로가 오시기까지 미치리니"(창 49:10) 하고 예언하신 정통(正統)임을 드러내기 위해서입니다. 이것이 룻기의 귀결(歸結)이요, 결론입니다. 이렇게 하고 있는 의도는 분명합니다.

⑤ "그 때에 이스라엘에 왕이 없으므로"(삿 21:25), 하나님께서 왕을 준비하고 계심을 보여주기 위해서입니다. 이를 위해서가 아니라면, ㉠ "이새는 다윗을 낳았더라"(22)는 언급은 논리를 벗어나는 일입니다. 왜냐하면 다윗은 이새의 맏아들이 아니라 막내이기 때문입니다. 궁극적으로 룻기를 통해서 말씀하고자 하는 결론은, ㉡ 우리의 왕이요, 우리의 "기업 무를 자"는, "이새의 줄기에서 한 싹이 나며 그 뿌리에서 한 가지가 나서 결실 할 것이요"(사 11:1) 하신 예수 그리스도시라는 증거입니다. 이제 확신함에 거하게 되었습니까? 우리를 구원하시기 위해서 하나님은 이렇게 일을 해오셨습니다. 우리에게 기업 무를 자가 없게 아니하신" 신실하신 하나님을 찬양하십시다. 아멘.

구속사의 관점에서 본
구약성경 파노라마
사시기 • 룻기

초판 1쇄 발행 2006년 09월 25일
초판 3쇄 발행 2016년 03월 30일

지은이 유도순
펴낸이 유효성
펴낸곳 도서출판 머릿돌

등록번호 제17-240호
등록일자 1997년 5월 20일
주소 서울 동작구 노량진1동 205-7
TEL. 031-607-7678 / Mobile. 010-94728327
http://edendongsan.onmam.com
E-mail yoodosun@hanmail.net / yoohs516@hanmail.net

총판 기독교출판유통
경기도 고양시 일산동구 장항동 585-12
(031) 906-9191

ISBN : 978-89-87600-38-3 (03230)